Bernsdorf · **Auf heißen Spuren**

Dipl.-Ing. Günter Bernsdorf

Auf heißen Spuren

vom

Schmieden, Löten, Schweißen

mit 97 Bildern

VEB Fachbuchverlag Leipzig

Dieses Buch wird als technisch-wissenschaftliche
Abhandlung des Zentralinstituts für Schweißtechnik
der DDR, Halle (Saale), unter der Nr. 150 geführt

Bernsdorf, Günter:
Auf heißen Spuren : vom Schmieden, Löten,
Schweißen / Günter Bernsdorf. – 1. Aufl. –
Leipzig : Fachbuchverl., 1986 – 180 S. :
mit 97 Abb.

ISBN 3-343-00091-4

1. Auflage
Lizenznummer 114-210/32/86
LSV 3009
Gesamtgestaltung: Julia Strube, Naunhof
Printed in GDR
Gesamtherstellung: Offizin Andersen Nexö Leipzig,
Betriebsteil Hildburghausen
Redaktionsschluß: 15. 12. 1985
Bestellnummer: 547 142 0
01600

Inhaltsverzeichnis

Zwischen Feuer und Hammer

Der Mensch bezwingt das Feuer

An die Reling gelehnt, betrachtete der Kapitän der »Roddam« das geschäftige Treiben im Hafen der farbenfreudigen Stadt Saint-Pierre am Fuße des Mont Pelé. Eine mächtige Explosion riß ihn jäh aus seinen Gedanken. Riesige Glutwolken quollen aus dem erloschen geglaubten Vulkan und wälzten sich sturmartig auf die Stadt und den Hafen. Im Nu brannten alle Gebäude und Schiffe, brodelte das Meerwasser. Bevor die Wolke sein Schiff erreichte, konnte der Kapitän den Anker kappen und mit Volldampf den Hafen verlassen. In völliger Dunkelheit des glutheißen Ascheregens, mit verkohlten Decksaufbauten und zahlreichen Brandwunden gelang es, sich vor dem höllischen Inferno in Sicherheit zu bringen. Die Seeleute waren die einzigen Überlebenden dieser Katastrophe, die sich 1902 auf der Antilleninsel Martinique ereignete und der über 26000 Menschen zum Opfer fielen.

Das war einer der vielen Vulkanausbrüche unseres Planeten; sie flößten den Menschen Angst und Schrecken ein, brachten Tod und Verderben. Kein Wunder, daß diese furchterregenden Naturkatastrophen im Altertum und bei Naturvölkern dem Wirken übernatürlicher Wesen zugeschrieben wurden. So galt in der griechischen Mythologie ein Vulkan als Eingang in die Unterwelt, in der Hephaistos das unterirdische Feuer schürte. Von Geburt an mißgestaltet und hinkend, richtete er eine Schmiedewerkstatt unter dem Vulkan Ätna ein, in der er mit seinen Gehilfen, den Zyklopen, Blitze für Zeus, Waffen für die Kriegshelden und die Rüstung für Achilles schmiedete. Jedesmal, wenn ein Berg Feuer spie, galt dies den alten Griechen als Zeichen, daß der Gott in seiner Schmiede arbeitete.

In der Sagenwelt der Römer hieß dieser Gott Vulcanus. Er gab den feuerspeienden Bergen seinen Namen. Hephaistos und Vulcanus sind beide als Götter des Feuers und der Schmiedekunst für alle Handwerker und Künstler zuständig, die sich des Feuers bedienen.

Einige tausend Jahre später, als die Götter in der menschlichen Vorstellungswelt längst entthront waren, kam der Schutzpatron der Schmiede nochmals zu Ehren. Ursprünglich als »Elektrohephaistos« bezeichnet, verbreitete sich das elektrische Schweißverfahren in vielen Ländern und half den Menschen, »Wunderwerke« zu schaffen.

Auch in den deutschen Heldensagen finden wir in Wieland, dem Schmied, einen meisterhaften Beherrscher von Feuer und Eisen. Im Wettstreit um den Ruf des besten Meisterschmiedes sollte sein Rivale Helm und Rüstung anfertigen, während Wieland mit großer Sorgfalt sein Schwert »Mimung« schmiedete. Damit spaltete er im Wettkampf

Auf einer Darstellung aus der Aeneis des Virgil (70 bis 19 v. u. Z.) im Vatikan schmiedet Hephaistos, der Schutzpatron der Schmiede (bei den Römern Vulcanus genannt), einen Blitz für Zeus

Helm, Kopf und Harnisch seines Gegners. Um aber den kunstfertigen Schmied in seinem Dienst zu halten, ließ König Nidung ihm die Fußsehnen durchschneiden. Wieland rächte sich grausig und tötete die beiden Söhne des Königs. Mit einem selbst angefertigten Flügelpaar gelang ihm jedoch die Flucht.

Das Hinken von Hephaistos und der gelähmte Wieland deuten möglicherweise auf die alte Gepflogenheit, wichtige Handwerkerspezialisten durch Zerschneiden der Fußsehnen am Entlaufen zu hindern. Zudem genossen einerseits Menschen, die im Altertum Eisen gewinnen und verarbeiten konnten, hohes Ansehen; auch wurden ihnen übernatürliche Fähigkeiten zugeschrieben, die sie außerhalb der Gemeinschaft stellten.

Feuer und Eisen waren den Göttern der Sagenwelt offenbar ohne Schwierigkeiten zugänglich. Wann das Feuer den Menschen dienstbar wurde, läßt sich verständlicherweise nicht belegen. Prometheus soll es den Göttern entrissen und den Menschen gebracht haben. Zur Strafe ließ ihn Zeus an einen Felsen schmieden, wo ihm ein Adler die immer nachwachsende Leber abfraß. In der Gestalt des Prometheus sahen die alten Griechen einen Sieg über die Allmacht der Götter, indem sie sich selbst unter Opfern zum Beherrscher von Natur- und Geisteskräften erhoben.

Tatsächlich spielt die Entdeckung und Nutzbarmachung des Feuers die wichtigste Rolle in der Menschheitsgeschichte. Das einmal aus Blitzschlag oder Vulkantätigkeit gewonnene Feuer wurde von den wandernden Horden sorgsam beschützt und behütet. Bedeutete es doch Wärme, Licht, Schutz vor wilden Tieren und die Möglichkeit, pflanzliche und tierische Nahrung genießbar und haltbarer zu machen. Feuer war von nun an gleichbedeutend mit Leben überhaupt, führte zu einem tiefgreifenden Wandel in den Auseinandersetzungen des Menschen mit der Natur, wodurch es ihm immer besser gelang, die Umwelt nach seinen Bedürfnissen zu verändern.

Erst nach Jahrtausenden aber lernte der Mensch, das Feuer nicht nur zu hüten, sondern es auch selbst zu erzeugen. Die Gabe der Natur verwandelte er in einen technischen Vorgang, der ihm endgültig die Herrschaft über das Feuer gab. Die eigentliche Entwicklung der menschlichen Gesellschaft begann mit der Bändigung des Feuers, ohne das es keinen weiteren Fortschritt gegeben hätte.

Riesenschritte vorwärts

Am 21. Juli 1798 erreichte Napoleon auf dem Feldzug nach Indien mit seiner Truppe die ägyptischen Pyramiden. Staunend betrachteten die vom Marsch durch die Wüste ermatteten Krieger die eindrucksvollen Bauwerke. Plötzlich brach unter dem Schutz der Mauern das Heer der Mamelucken hervor. Napoleon rief seine Soldaten mit den Worten zur Schlacht: »Denkt daran, vier Jahrtausende blicken auf Euch herab«. Den besser ausgerüsteten Franzosen konnten die Mamelucken nur ihren Mut entgegensetzen. Nach einem kurzen Handgemenge flohen sie vor den Eindringlingen.

In den folgenden Tagen besichtigte Napoleon, ein großer Bewunderer der altägyptischen Kultur, eingehend die berühmten Steinmonumente. Obwohl ihn die Pyramiden sehr beeindruckten, hielt er sie für die nutzlosesten Bauten der Welt.

Die Pyramiden von Gizeh, sie sind das einzige erhalten gebliebene Weltwunder der Antike, stellen eine Höchstleistung damaliger Baukunst dar. Der griechische Geschichtsschreiber *Herodot* berichtet, daß allein beim Bau der Cheopspyramide, während der Überschwemmungsperioden, 100 000 Sklaven und Arbeiter zwanzig Jahre lang beschäftigt waren. Mit einfachen Werkzeugen schlugen sie die mächtigen Quader aus den Steinbrüchen und schleiften sie auf primitiven Schlitten zur Baustelle. Das Rad war noch nicht erfunden. Nur mit Hebelkraft und schiefer Ebene wurden die tonnenschweren Steinblöcke bis zur 147 m hohen Spitze gehoben, die zum Sonnengott Ra, dem Vater der Pharaonen, führte.

Die finanziellen Aufwendungen waren ungeheuerlich. Überlieferungen sprechen von 1600 Silbertalenten, das sind etwa sieben Millionen Mark, die allein für die Beköstigung der Bauleute mit Rettichen, Zwiebeln und Knoblauch ausgegeben wurden. Der Bau der unproduktiven Pyramiden verschlang solche Unsummen und benötigte soviel Arbeitskräfte, daß die blühenden Felder verödeten und die lebenswichtigen Bewässerungssysteme verfielen. Die steinerne Last richtete eine der ersten Staatsordnungen zugrunde, deren Entstehung gerade den Wasserbauten zu verdanken war.

Die jährlichen Überschwemmungen verwandelten das Niltal in ein fruchtbares Land, in dem schon frühzeitig Menschen lebten. Mit dem Bau ausgeklügelter Bewässerungsanlagen machten sich die Sippen den ertragreichen Boden urbar. Die Wasserregulierung erforderte ein über den gesamten unteren Lauf des Nils angelegtes System von Kanälen und Deichen. Deshalb waren Dorfgemeinschaften gezwungen, enger miteinander zu arbeiten. Aus den Ältesten der Stämme und den Führern der Gemeinden bildete sich eine Schicht heraus, die die Arbeiten leitete und abstimmte. Sie nutzte ihre wirtschaftliche und religiöse Stellung, um sich Vorrechte zu verschaffen und eine uneingeschränkte Herrschaft aufzubauen. Allmählich begann sich die Urgesellschaft der Jungsteinzeit aufzulösen. Zwischen dem 4. und 3. Jahrtausend v. u. Z. entstand einer der ältesten Staaten der Sklavenhalterordnung.

Gewaltige Staudämme und Deiche sind die wirklich großartigen technischen Leistungen der Menschen im alten Ägypten. Sie erforderten, ebenso wie die Pyramiden, einen hohen Aufwand, hatten jedoch im Gegensatz zu ihnen einen außerordentlich großen Nutzen: Sie ermöglichten zwei bis drei Ernten im Jahr und reiche Erträge. Der Überfluß an Nahrungsmitteln förderte das Seßhaftwerden der Stämme.

Die verbesserten Existenzbedingungen machten eine gleichmäßige Aufteilung der Arbeitsergebnisse überflüssig. Es bildeten sich spezielle Tätigkeiten heraus. Mit der Verrichtung bestimmter Arbeiten betraute Angehörige erwarben besondere Fähigkeiten und Erfahrungen, die nicht mehr Allgemeingut der ganzen Sippe waren. Ihre Arbeit erleichterten sie sich mit eigens angefertigten Werkzeugen, die in ihrem Besitz blieben. Sie produzierten nicht mehr nur für den eigenen Bedarf. Der durch die Spezialisierung erwirtschaftete Überschuß an Waren wurde untereinander ausgetauscht. Mit der Entwicklung der Produktivkräfte vollzog sich auch ein Wandel der Produktionsverhältnisse. Die Bildung des Privateigentums an Produktionsmitteln löste das Gemeineigentum ab, und die alte Gentilordnung zerfiel allmählich.

Ein ähnlicher Prozeß vollzog sich in Mesopotamien. In den fruchtbaren Stromtälern des Euphrat und Tigris siedelten sich die Sumerer an. Die Bewässerung verlangte hier keine überregionale Organisationsform, so daß mehrere Stadtstaaten entstehen konnten. Einzelne Städte waren von 30000 bis 50000 Menschen bewohnt. Am bekanntesten waren Uruk, Ur, Eridu und Lagasch. Das Zentrum der Städte bildeten die Tempelburgen (Zikkurate), in denen die Priesterschaft wohnte. Sie übte gleichzeitig die Regierungsgewalt aus. Die einfachen Wohnhäuser wurden aus Lehmziegeln, die öffentlichen Gebäude aus Backsteinen errichtet. Stein, Holz, Leder und Ton waren die wichtigsten Werkstoffe, aus denen Gebrauchsgegenstände und Arbeitsgeräte geformt wurden.

Die Sumerer betrieben eine blühende Feldwirtschaft, deren Überschüsse in die Tempelburgen gelangten. Vor allem die luxuriösen Bedürfnisse der Palastbewohner förderten das Entstehen neuer Handwerkszweige, den Handel, die Bautechnik und Kunst sowie den Beginn der Wissenschaften. Viele kulturelle Leistungen verdankt die Menschheit dem sumerischen Volk: die Schrift, die Rechenkunst, den Kalender, den Holzpflug, die Töpferscheibe, das Rad. Die Sumerer erfanden das Segel und nutzten die Zugkraft der Haustiere. Bis zur Einführung der Lokomotive und des Dampfschiffes waren über sechstausend Jahre die Methoden der Sumerer die einzigen auf der ganzen Welt gebräuchlichen Verfahren zum Transport schwerer Lasten und Reisemittel in bekannte und unbekannte Gebiete.

Anstelle von Tierfellen trugen sie einfache Gewebe, statt halbroher Fleischstücke bereiteten sie schmackhafte Speisen. Die veränderte Lebensweise erforderte geregelte Beziehungen der Menschen untereinander. Deshalb verdanken wir den Sumerern auch die Verwaltung sowie die Beamten (und auch den Bürokratismus).

Zwischen Faustkeil und Steinaxt lagen mehrere hunderttausend Jahre. Als der Mensch begann, Ackerbau und Viehzucht zu betreiben, als durch scharfsinniges Beobachten gewonnene Erfahrungen bewußt angewendet wurden, setzte ein wesentlich rascheres Entwicklungstempo ein. Jetzt reichten Hunderte von Jahren aus, um von der Steinaxt zum dahinjagenden Wagen zu gelangen, von Lehmhütten zu prachtvollen Palästen, von primitiver Stammesorganisation zu staatlichen Verwaltungsapparaten. Es ging mit Riesenschritten vorwärts. Auch eine qualitative Änderung im menschlichen Denken trat ein. Insgesamt war der Boden aufbereitet, auf dem der technische Fortschritt weiter gedeihen konnte.

Im Feuer geboren

Königin Hatschepsut, die erste bedeutende Frau der Weltgeschichte, herrschte von 1511 bis 1480 v. u. Z. über das Land am Nil. In kluger Regentschaft setzte sie das Werk ihres Vaters, Thutmosis I., fort, der sein Land von der 150jährigen Fremdherrschaft des asiatischen Hirtenvolkes der Hyksos befreit hatte und die frühere Vormachtstellung Ägyptens neu begründete. Sie ließ einen gigantischen Tempel errichten, der ihrem Vater und später auch ihr als Grabmahl dienen sollte. Um diesen Tempel mit Myrrhenbäumen zu schmücken, entsandte die Pharaonin eine Expedition in das sagenhafte Goldland Punt. Die Flotte kehrte, reich mit Elfenbein, Ebenholz, Gold, Silber, Zimtrinde und den Myrrhenbäumen beladen, zurück. Dieses wagemutige Unternehmen folgte Spuren vorangegangener Fahrten. Die Hieroglyphen einer Tontafel besagen, daß ein Steuermann namens Knemhotep bis zu seinem Tode um 2300 v. u. Z. elfmal nach Punt reiste. Heute läßt sich nicht mehr genau feststellen, wo das geheimnisvolle Goldland Punt lag. Das entfernte Simbabwe oder die Küste Somalias könnten die Quellen sein, aus denen damals der unermeßliche Goldstrom floß. Auch aus den nubischen Goldbergwerken schöpften die ägyptischen Herrscher ihren Reichtum. Mit dieser goldenen Pracht umgaben sich ausschließlich die Mitglieder des Hofstaates. Selbst auf dem Weg ins Reich der Götter wurden ihnen die vielfältigsten Schmuckstücke, Ketten, Armreifen und Trinkgefäße als Grabbeilagen mitgegeben. Gold war von Anfang an Ausdruck von Herrschaft und Macht.

Gold war vermutlich das erste Metall, mit dem die Menschen in Berührung kamen. Obwohl es zu jeder Zeit ein begehrtes Objekt war, leitete es keine entscheidenden Fortschritte in der Menschheitsgeschichte ein. Das Gold, das in gediegener Form gefunden wurde, eignete sich nicht für Werkzeuge oder Waffen; es war dafür zu weich. Sein strahlender Glanz ließ es bald zum Maßstab der Besitzverhältnisse werden. Schon *Menes*, der Gründer des ägyptischen Staates, bestimmte um 2980 v. u. Z. Goldbarren von 14 g als Wertmesser des Tauschhandels.

Das weiche Gold war geschmeidig und konnte mit dem Steinhammer zu Schmuck geformt werden. Im Feuer verlor es völlig seine ursprüngliche Gestalt und verwandelte sich in eine flüssige Masse. Im Umgang mit dem Gold machte der Mensch allmählich und zufällig Bekanntschaft und erste Erfahrungen mit einem neuen Werkstoff – den Metallen.

Größere Bedeutung erreichte zunächst das Kupfer, das anfangs sicher auch nur in geringem Umfang als gediegene Fundstücke zu Pfeilspitzen oder Schmuckgegenständen verarbeitet wurde. Als es aber gelang, Kupfer aus Erzen zu gewinnen und durch Schmelzen in die gewünschte Form zu bringen, wurden die Metalle für die Menschheit unentbehrlich. Genau läßt sich der Zeitpunkt nicht feststellen. Der Übergang vom Stein zum Metall erfolgte nicht plötzlich, sondern vollzog sich langsam. Lange Zeit wurden beide Werkstoffe nebeneinander zur Herstellung von Werkzeugen und Arbeitsgeräten benutzt.

Auch die Herkunft der Metallverarbeitung wird unbekannt bleiben. Ausgrabungen bestätigten die Vermutung, daß die Geburtsstätte der Metallkultur in der Bergregion zu suchen ist, die sich von Anatolien ostwärts über Armenien erstreckt. Die dort lebenden Völker beherrschten bereits die Kaltbearbeitung von Kupfer und hatten eine hochentwickelte Töpfertechnik. In das 5. Jahrtausend v. u. Z. fällt der Zeitpunkt, in dem wahrscheinlich zufällig beim Brennen von Keramik mit malachithaltiger Glasur die Reduzierbarkeit von Malachit zu reinem Kupfer entdeckt wurde. Malachit ist ein Kupfererz, das sich im Holzkohlenfeuer bei hohen Temperaturen zu Kupfer umsetzt. Zum Schmelzen des Kupfers ist sogar eine noch größere Hitze nötig. Erst die Erfindung des Blasrohres gestattete es, diese hohen Temperaturen zu erzielen.

Das Feuer erhielt eine neue Funktion. Verwandelte es bisher den weichen Lehm in der Hitze zu einem festen Stoff, wurde feste »Erde« im Feuer flüssig.

Eine in Vorderasien gefundene Perle von gediegenem Kupfer aus dem 10. Jahrtausend v. u. Z. erlaubt aber auch die berechtigte Annahme, daß sich die Metallgewinnung und -verarbeitung unabhängig in verschiedenen Gebieten, wenn auch nicht gleichzeitig, entwickelte. Zu Kenntnissen im Umgang mit Metallen gelangte man dort, wo diese in reiner Form oder als Erz vorkamen. Zunächst suchte man nur die an der Erdoberfläche liegenden Erze. Als die Nachfrage nach Kupfer immer mehr stieg, mußten die Erze bergmännisch abgebaut werden. Im 4. bis 3. Jahrtausend v. u. Z. besaßen die alten Ägypter viele Kupferbergwerke auf der Halbinsel Sinai. Der grüne Kupferspat, Malachit, gab der Halbinsel auch ihren Namen, denn Sinai bedeutet Malachit.

In den Bergwerken arbeiteten durchweg Sklaven, die mit primitiven Werkzeugen unter unsäglichen Qualen die Erze aus dem Stein schlugen. Der jährliche Vortrieb betrug nur etwa 8 bis 10 m. Kriegszüge sorgten ständig für Nachschub an billigen Arbeitskräften, denn die Peitsche des Aufsehers richtete viele der Bedauernswerten zugrunde, und der Bedarf an Kupfer wuchs unaufhörlich.

Selbst die durch die Kunst der Metallbearbeitung privilegierten Handwerker hatten nur beschränkte Freiheiten. Die Landesherren waren ängstlich darauf bedacht, sie in ihrem Machtbereich zu halten und ihr Geheimnis zu hüten. Trotzdem erreichte die Technik bei der Gewinnung und Bearbeitung des Kupfers bald einen hohen Stand. Aus Kupferblech getriebene Kessel, Nadeln, Messer und andere Fundstücke aus jener Zeit zeigen beachtenswertes handwerkliches Geschick. Auch das Gießen gehörte an einigen Orten schon zur geübten Praxis. In Ägypten fand man eine primitive Kupferaxt, die um 4000 v. u. Z. in einer Erdform gegossen wurde. Obwohl Kupfer neben den traditionellen Werkstoffen Stein, Keramik, Holz und Knochen weiterhin an Bedeutung für Waffen, Werkzeuge und Arbeitsgeräte zunahm, war es zu weich, um die Steinwerkzeuge ersetzen zu können.

Goldarbeiter mit Blasrohren am Schmelzofen. Relief im Grab des Ti; Sakkarah 2500 v. u. Z.

Silber gehörte ebenfalls mit zu den ersten bekannten Metallen. Ähnlich wie Gold diente es nur als Schmuck und füllte die Schatzkammern der Könige. Mit Silber versuchte man in Südturkmenien zu Beginn des 4. Jahrtausends v. u. Z., die Eigenschaften des Kupfers hinsichtlich seiner Härte zu verbessern. Diese Forderung zu erfüllen, blieb einem anderen Metall vorbehalten. Die Verbindung des Zinns mit dem Kupfer leitete ein neues Zeitalter ein – die Bronzezeit.

Wie bei den meisten bedeutsamen Erfindungen der Frühzeit, spielte der durch örtliche Besonderheiten ausgelöste Zufall eine wichtige Rolle. Man hatte beobachtet, daß beim Schmelzen von Kupfererzen, die mit zinnhaltigen Erzen »verunreinigt« waren, das Kupfer viel härter und fester wurde und eine andere Farbe hatte. Wird nämlich dem Kupfer etwa 5 bis 15 % Zinn zugesetzt, entsteht eine Legierung – die Zinnbronze. Sie zeichnet sich neben den genannten Vorteilen gegenüber dem reinen Kupfer durch leichte Schmelzbarkeit und gute Gießeigenschaften aus. Diese Möglichkeiten wurden bald zum Herstellen von Werkzeugen und Arbeitsgeräten genutzt. Mit Äxten und Keilen aus Bronze ließen sich Holz und Stein rationeller bearbeiten. Bronzesicheln erhöhten die Produktivität in der Feldwirtschaft.

In den großen Kulturzentren des Altertums, den Stromtälern zwischen Euphrat und Tigris sowie am Nil, erreichte im 3. Jahrtausend v. u. Z. die Bronzezeit zuerst ihre hohe Blüte. Pharaonen und Priester schmückten ihre Prunkbauten mit dem vielseitig verwendbaren Metall. Paläste und Tempel erhielten bronzene Tore, Becken und Säulen. Zum Gießen solcher großen Stücke gehörten schon viel Erfahrung und umfangreiches Wissen. Eine ausführliche Darstellung des Bronzegusses zeigt eine Wandmalerei im Grab des ägyptischen Statthalters *Rekhmara* aus der 18. Dynastie des Neuen Reiches (um 1475 v. u. Z.). Hier läßt sich auch erstmalig die Verwendung von Blasebälgen zum Schmelzen von Metallen nachweisen. Sie lösten die bisher üblichen Blasrohre ab, mit denen das Feuer zu höheren Temperaturen entfacht wurde. Für die künftige Metallverarbeitung bedeutete das einen wichtigen Fortschritt. Der Gebrauch bronzener Gegenstände wirkte sich nicht nur günstig auf eine verbesserte Produktionsweise aus. Mit wachsendem Bedarf entwickelten sich auch andere Bereiche, z. B. der Bergbau und der Handel. Oft mußten die Zinnerze über weite Strecken herangeschafft werden. Besonders die Phönizier dehnten ihre Handelszüge durch ganz Europa bis Südengland aus. Dadurch lernten viele Völker schon frühzeitig die Bronze, ihre Gewinnung und Verarbeitung kennen.

So wie viele technische Fortschritte, so wurde die Bronze nicht nur von Positivem begleitet. Ihre vorzügliche Härte und Festigkeit kamen auch der Waffentechnik zugute; kriegerische Auseinandersetzungen wurden blutiger und grausamer.

Die Kenntnis vom Schmelzen der Metallerze und von der Verarbeitung der Metalle war nach dem Webstuhl die wichtigste technische Errungenschaft des Altertums. Der Mensch hatte das Feuer gezähmt, und aus den Flammen wurde ein neuer Werkstoff geboren.

»Glänzende« Anfänge

Der Spaten gab ein scharrendes Geräusch, als er auf ein festes Hindernis stieß. Hastig wurde der lose Sand beseitigt und eine steinerne Treppe freigelegt. Sie führte hinab zu einer verborgenen Grabkammer. Gebannt schaute der englische Archäologe Ho-

ward Carter auf die versiegelte Tür. Für ihn war der 4. November 1922 der bedeutsamste Tag seines Lebens. Bei systematischen Grabungen im »Tal der Könige« bei Luxor hatte er das Grab von Tut-ench-Amun entdeckt.

Das Leben des Pharaos *Tut-ench-Amun* ist geheimnisvoll überschattet. Die wenigen schriftlichen Überlieferungen können es nicht erhellen. Bereits als Kind, mit einer Tochter des Königs *Echnaton* vermählt, erhielt er den Thron und wurde Herrscher über das alte ägyptische Reich. Nach neunjähriger Regierungszeit starb *Tut-ench-Amun* um 1350 v. u. Z., noch nicht einmal zwanzigjährig. Scheinbar sehr plötzlich, denn ihm wurde in aller Eile nur ein kleines Grabmal errichtet. *Tut-ench-Amun* und auch sein Grab gerieten in Vergessenheit. Dadurch teilte es nicht das Schicksal der meisten Königsgräber und blieb von Plünderungen verschont.

Um so einmaliger war der Blick auf ein über 3000 Jahre unberührtes Stück Geschichte. Eine unvorstellbare Pracht schimmernder Schätze und kunstvoller Gegenstände aus purem Gold blendete die Betrachter. Sie erhielten ein anschauliches Bild, mit welchem Prunk, mit welchem unermeßlichen Reichtum sich die herrschende Klasse Ägyptens umgab. Allein der wundervoll verzierte Sarg aus purem Gold wiegt 110 kg. Bewunderung erweckten auch die hohe künstlerische Meisterschaft sowie das handwerkliche Geschick der ägyptischen Goldschmiede. Mit einem ausgeprägten Formgefühl verarbeiteten sie das edle Metall zu Filigranschmuck, Spangen, Ringen und anderen Gegenständen. Saubere, fast unsichtbare Verbindungsstellen deuten an, daß zu ihrer ausgeübten Kunst bereits das Löten gehörte.

Unter Löten versteht man das Verbinden von Metallen mit einem Lot, dessen Schmelztemperatur niedriger als die der Metalle liegt. Um diese neue Arbeitstechnik anwenden zu können, waren auch neue Erkenntnisse notwendig. Die Goldschmiede entlockten dem Feuer und den Metallen nach und nach ihre Geheimnisse.

Die Metalle standen nur in geringen Mengen zur Verfügung. Deshalb fielen die daraus gefertigten Stücke meist klein aus. So bestand frühzeitig das Bedürfnis, kleine Stücke zu einem größeren zu verbinden. Der Niet in nagelähnlicher Form übernahm als erstes Verbindungselement diese Funktion.

Schon bei der Kaltbearbeitung der Metalle hatte man die Erfahrung gesammelt, daß sie unter den Schlägen des Hammers härter wurden. Ein Glühen im Feuer gab ihnen die Geschmeidigkeit zurück, die eine weitere Bearbeitung erlaubte. Sicher kam es dabei vor, daß in den primitiven Lehmöfen nach dem Glühen einige Teile fest miteinander verbunden waren. Die Hitze des Ofens hatte sie vereinigt. Da es eine automatische Temperaturregelung noch nicht gab, hing die Temperatur im Ofen von vielen Einflußfaktoren ab. Wehte ein kräftiger Wind, dann entwickelte das Feuer eine besonders starke Hitze. Einzelne Schmuckgegenstände begannen zu schmelzen und berührten benachbarte Stücke. Begünstigt durch einige Begleitumstände entstand ungewollt eine feste Verbindung. Die mühevolle vorherige Arbeit war zwar verdorben, aber der unbeabsichtigte Effekt verhalf zu neuen Erkenntnissen. Es dauerte sicher einige Zeit, bis die zufällig hervorgerufenen Erscheinungen bewußt ausgenutzt wurden. So führte das Beobachten eines Prozesses zu einem neuen Verfahren; das Löten ist die älteste Technik zur stofflichen Verbindung von Metallen.

Es wundert nicht, daß die Archäologen mit ihren Beweisstücken die Wiege der Löttechnik dorthin verlegen, wo die Metallbearbeitung bereits hoch entwickelt war. Die ältesten gelöteten Gegenstände sind Schmuckstücke aus Gold. Sie stammen aus ägyptischen vordynastischen Gräbern von El Gerzeh (um 3800 v. u. Z.) und aus Abusirel-Melek (um 3600 v. u. Z.). Auch aus den Gräbern der ersten Dynastie in Abydos (um 2800 v. u. Z.) wurde gelöteter Schmuck aus Gold geborgen.

Schon diese ältesten Lötungen sind unter der Lupe kaum zu erkennen. Farblich stimmen Lot und die goldenen Gegenstände vollständig überein. Die saubere Ausführung erlaubt den Schluß, daß die Lötkunst bereits noch früher beherrscht wurde.

Als Hauptelemente der Schmuckgestaltung dominierten in jener Zeit Draht und Hohlkugeln, die auf Platten und Spangen aufgelötet waren. Die Feinheit der filigranen Arbeiten erforderte nur geringste Lotmengen an den Verbindungsstellen. Durch mechanische Teilung konnte so feines Lot nicht gewonnen werden. Alle Funde weisen darauf hin, daß am Anfang der löttechnischen Entwicklung die Granulationstechnik stand. An die feinen Lötstellen wurde Malachitstaub aufgetragen, der im Holzkohlenfeuer zu reinem Kupfer reduzierte. Der Malachit kam aus Sinai, wo die Ägypter schon seit Jahrhunderten das Kupfererz abbauten.

Für größere Lötungen können auch Gold-Kupfer-Legierungen und Elektron, eine natürliche Gold-Silber-Legierung, als Lote nachgewiesen werden. Um 2500 v. u. Z. kommt Bronze hinzu. Zur gleichen Zeit ist das Silberlot bekannt. Den Baldachin der Königin *Hetepheres* (2550 v. u. Z.) tragen Kupferstangen, die mit Silberlot verbunden sind. Einen Höhepunkt der Granulationstechnik stellen der Goldschmuck der Prinzessin *Chemenet* (1910 v. u. Z.) sowie die aus 16 Teilen bestehende Uräusschlange (1900 v. u. Z.) dar.

Auch die Filigranarbeiten des Grabschatzes von *Tut-ench-Amun* zeigen saubere Lötstellen, die durch Reaktionslöten entstanden sind. Merkwürdigerweise fallen die größeren Lötungen an Trompeten, Dolchscheiden und an der Goldmaske mangelhaft aus. Offenbar waren die Kenntnisse früherer Generationen verlorengegangen oder die beauftragten Goldschmiede waren ihrer Aufgabe nicht gewachsen.

Zur Ausübung des Lötens ist ein Flußmittel notwendig. Es hat die Aufgabe, die Oxide auf der Metalloberfläche zu beseitigen, damit das Lot binden kann. Den alten Ägyptern waren einige Naturprodukte bekannt, die als Flußmittel gedient haben könnten: Bienenwachs, Harz, Alaun, Soda und Weinstein. Welche Stoffe und in welcher Zusammensetzung bevorzugt wurden, ist uns nicht überliefert. Sicher hatte jeder Goldschmied sein eigenes, sorgsam gehütetes Geheimrezept.

Wie in Ägypten wurde auch in Mesopotamien das Hartlöten von goldenen Gegenständen bereits sehr früh meisterhaft beherrscht. Um 3400 v. u. Z. gehört es zu den bekannten Arbeitstechniken in Ur. Die älteste Lötung an einer Silbervase ist um 2800 v. u. Z. nachweisbar. Filigrane Meisterwerke sind die Grabbeigaben der Prinzessin *Schubad* (2650 v. u. Z.). Für die feinen Lötstellen an den Fuchsschwanzketten und Ringen benutzten die Goldschmiede das Reaktionslöten mit der erwähnten Granulationstechnik. Aber auch Gold-Kupfer- und Silber-Kupfer-Lote waren bereits bekannt.

In Mesopotamien könnten als Flußmittel

Älteste Darstellung des Lötens. Ein ägyptischer Goldschmied lötet mit dem Blasrohr am Holzkohlenfeuer. Stuckmalerei im Grab des Rekhmara; Theben 1475 v. u. Z.

Beim Bau der »Hängenden Gärten der Semiramis«, einem der sieben Weltwunder, ließen die Baumeister die Erde in geschweißte Bleibehälter schütten. Unter den Trümmerresten des durch Xerxes um 462 v. u. Z. zerstörten Babylon wurden die teilweise guterhaltenen Bleibehälter gefunden

die Minerale Alunit und Soda sowie Pottasche und Pflanzenalkali gedient haben. Soda war sehr selten und wurde nur in geringem Umfang am Capauta-See in Form von Mauerausblühungen gesammelt. Das Pflanzenalkali gewann man durch Verbrennen der Pflanze Salicornia kali. Diese mühsamen Methoden zeugen von dem schwierigen Weg, den die Löttechnik am Anfang zurückzulegen hatte.

Ein weiteres unentbehrliches Hilfsmittel war das Lötrohr. Es bestand aus Schilf und hatte eine Spitze aus Ton. Damit wurde zusätzlich Luft in das Holzkohlenfeuer geblasen. Der Luftsauerstoff erhöhte die Temperatur, und eine spitze heiße Flamme konnte feinfühlig auf die kleinen Schmuckstücke gelenkt werden. Die älteste Darstellung eines Blas- oder Lötrohres befindet sich auf einem sumerischen Rollsiegel aus Susa um 3200 v. u. Z. Die bereits erwähnte farbenprächtige Stuckmalerei im Grab des *Rekhmara* aus Theben um 1475 v. u. Z. zeigt die Werkstatt eines Goldschmiedes. Ein Handwerker breitet vor dem Holzkohlenfeuer seine Arbeit vor. Es ist die bisher älteste Darstellung des Lötens.

Das Löt- oder Blasrohr gilt als das erste Werkzeug zum stofflichen Verbinden von Metallen. Es behielt in der Löttechnik noch bis in unsere Zeit hinein Bedeutung. Auch bei der Metallverhüttung brachte es die notwendig hohen Temperaturen. Ständig mußte Luft in die Öfen geblasen werden. Die Erfindung des ledernen Blasebalges im 3. Jahrtausend v. u. Z. erleichterte die Arbeit wesentlich und steigerte die Leistung der Öfen. Die älteste Abbildung eines Blasebalges von 1470 v. u. Z. zeigt bereits eine fortgeschrittene Konstruktion. Zwei tönerne Zylinder sind mit einem Fell verschlossen und weisen ein langes Rohr mit einer Düse auf. Beide Membranen werden abwechselnd niedergetreten und mit einer Schnur wieder hochgezogen.

Obwohl das Weichlöten einfacher durchführbar ist, sind Funde dieser Technik seltener und aus jüngerer Zeit. Durch Oxydation des Zinns wurden viele weichgelötete Gegenstände zerstört. Zum anderen dürfte das Zinn im Nahen Osten wohl erst 2500 v. u. Z. bekannt gewesen sein. Deshalb können über die Anfänge des Weichlötens nur Vermutungen angestellt werden.

Dagegen kannte man das »Bleilöten« schon in der El-Obeid-Kultur um 3400 v. u. Z. Eine Hirschgruppe aus Blei ist aus mehreren Teilen verbunden. Da als »Lot« jedoch ebenfalls Blei verwendet wurde, ist es nach heutiger Definition ein Schweißverfahren; übrigens das älteste, das aber noch bis zum Ende des vorigen Jahrhunderts »Bleilöten« hieß.

Auch an einem der sieben Weltwunder begegnet uns das »Bleilöten«. Von einem seiner Eroberungszüge brachte der babylonische König *Nebukadnezar II.* seine schöne Gemahlin mit. An die blühenden Gärten und grünen Berge ihrer Heimat gewöhnt, wurde sie in der fremden ebenen Landschaft unter der glühenden Sonne von großer Traurigkeit befallen. *Nebukadnezar* ließ seiner Gemahlin nach den Worten des Geschichtsschreibers *Flavius Josephus* »in der Nähe seines Palastes aus Steinen Anhöhen errichten ... und legte einen jener Gärten an, wie sie in der Heimat seiner Frau üblich waren«.

Es sind zweifelsfrei die berühmten »Hängenden Gärten der Semiramis« gemeint. Die sagenhafte *Semiramis* war jedoch nicht *Nebukadnezars* Frau, und die Gärten wurden auch nicht für sie errichtet. Antike Schriftsteller brachten diese legendäre Gestalt erst später mit *Nebukadnezars* Prachtbauten in Verbindung. Außerdem beruhen die »Hängenden Gärten« auf einem Übersetzungsfehler. Die Gärten von Babylon blühten auf einem terrassenförmig ansteigenden Bauwerk, das künstlich bewässert wurde. Die Baumeister ließen bei der Anlage der Gärten um 580 v. u. Z. die Erde in Bleibehälter legen und bleierne Isolierungen anbringen, die geschweißt waren. Bei der Zerstörung Babylons durch *Xerxes* (um 462 v. u. Z.) sanken auch die »Hängenden Gärten« in Schutt und Asche. Unter den Trümmerresten wurden die teilweise guterhaltenen geschweißten Bleibehältnisse freigelegt.

Mit dem Zusammenbruch des ägyptischen Großreiches und dem Fall des babylonischen Reiches gingen zwei Weltmächte unter, in deren Schoß sich über viele Generationen eine gewaltige gesellschaftliche und technische Entwicklung vollzogen hatte. Diese Erfahrungen überlebten und trugen zu weiterem Fortschritt auch auf dem Gebiet der Metallbearbeitung bei.

Bekanntschaft mit dem Eisen

»Steine des Himmels« nannten die Menschen der Urgesellschaft jene seltsamen Splitter, die sich bei der Bearbeitung mit dem Steinhammer verformten. Tatsächlich machten die Menschen erstmalig mit Eisen Bekanntschaft, das als Meteorit niedergefallen war. Auch die Sumerer, die schon frühzeitig mit einigen Metallen umgehen konnten, nannten das Eisen »Kupfer des Himmels«. Und die Ägypter zeichneten es in ihren Malereien immer blau.

Weil der »Himmel« seine Gaben aber nur spärlich auf die Erde verteilte, war Meteoreisen selten und daher sehr kostbar. So wurde es auch nur für Spangen und andere Schmuckgegenstände verarbeitet. Die frühesten Eisenfunde aus Ägypten stammen aus dem 4. Jahrtausend v. u. Z. Ein im sumerischen Ur um 3100 v. u. Z. gefertigter eiserner Dolch mit goldbelegtem Griff beweist, daß auch bald schon ein anderer Verwendungszweck des Eisens erkannt wurde.

Zu Beginn des 3. Jahrtausend v. u. Z. soll bereits das in den verborgenen Tälern südlich des Kaukasus lebende legendäre Volk der Chalyber den Vorgang der Gewinnung von Eisen aus Erz beherrscht haben. Vermutlich beim Schmelzen von Kupfer hatten sie entdeckt, daß aus dem unscheinbaren, harten dunklen Eisenerz bei Temperaturen um 900 °C ein poröser zähflüssiger Metallklumpen entstand. Der rotglühende Klumpen ließ sich durch Hämmern leicht bearbeiten. Die »Eisenzeit« hatte begonnen.

Einfache, überdeckte Erdgruben wurden mit Erz und Holzkohle beschickt. Blasebälge fachten die Glut an. Trotzdem waren die Temperaturen nicht hoch genug, um flüssiges Eisen zu erschmelzen. Dazu sind 1539 °C erforderlich, die mit diesem einfachen Verfahren nicht erreicht wurden. Die Holzkohle reduzierte nur das Erz, und stark mit Schlacke versetztes Eisen »rann« – deshalb auch Rennverfahren – auf den Boden des Erdlochs. Es bildete sich ein schwammiger Eisenklumpen, die sogenannte Luppe. Mehrmaliges kräftiges Schmieden trieb die Schlacke aus der Luppe. Die Schlacke »schwitzte« heraus, wodurch auch der Begriff »Schweißeisen« entstand. Diese Technologie blieb bis in das späte Mittelalter unverändert.

Das neue Metall eignete sich vorzüglich für Pfeilspitzen, Äxte und Dolche, die härter und geschmeidiger als die spröden Bronzewaffen waren. Deshalb hüteten auch die Hethiterfürsten das Geheimnis um diese strategisch wichtige Erfindung. Eine mit eisernen Waffen ausgerüstete Streitmacht verfügte über eine größere Schlagkraft. So waren die ersten geschmiedeten Gegenstände aus Eisen auch Waffen. Außerhalb des Hethiterreiches gelangte das Eisen nur in Form

Griechische Schmiede auf einer attischen Amphore aus der Zeit um 500 v. u. Z.

von Geschenken an befreundete Fürsten, Pharao *Tut-ench-Amun* trug unter der Edelmetallpracht ein kleines Schmuckstück aus Eisen.

Die Ägypter bezogen größere Mengen Eisen auch direkt von den Hethitern, wie aus einem überlieferten Text hervorgeht. Der Hethiterkönig *Chattusili* teilte dem Pharao *Ramses II.* auf einer Keilschrifttafel um 1280 v. u. Z. mit, daß »... schlechte Zeiten für die Eisenherstellung ...« sind. Wenn gutes Eisen fertiggestellt ist, wollte er ihm die bestellte Menge schicken. Nach der Zerschlagung des Hethiterreiches im 13. Jahrhundert v. u. Z. drang die Kunde der Eisengewinnung weiter westwärts nach Assyrien und Ägypten. Die Kunst des Schmelzens und Schmiedens beherrschten jedoch nur wenige. Eisen blieb vorerst selten und war fünfmal teurer als Gold. Der Held der griechischen Sage *Achilles* soll einen anderen Helden wegen Besitz an Eisen erschlagen haben. Könige horteten es in ihren Schatzkammern und verlangten es als Tribut von den unterworfenen Völkern. Bekannt ist der Eisenschatz des Königs *Sargon II.*, Großkönig von Babylon und Assyrien (722 bis 705 v. u. Z.). Unter den Trümmern seiner zerstörten Palaststadt Dur-Scharrukin fand man ein Magazin, in dem bis unter die Decke Eisenluppen im Gewicht von 160 000 kg lagerten.

Das Eisen verdrängte die Bronze nicht sofort. Es war auch sehr weich. Erst durch die Kunst des Härtens, die wiederum ein streng gehütetes Geheimnis der Schmiede blieb, wurde das Eisen der Bronze überlegen. Vom 8. Jahrhundert v. u. Z. an gelangte es in alle Kulturvölker. Außer für Schwerter, Speere und Rüstungen erhielt das Eisen zunehmende Bedeutung für Arbeitsgeräte in Haus und Handwerk. Äxte, Werkzeuge, Sicheln und Pflugschare ermöglichten einen spontanen Fortschritt in der Produktionsweise. Wie kein anderer Werkstoff beschleunigte das Eisen die Entwicklung der Produktivkräfte. Der Feldbau wurde in größerem Maße möglich, Wälder konnten in Ackerland verwandelt werden, im Handwerk gab es neue Werkzeuge zur Bearbeitung anderer Werkstoffe. Über die Ägäis gelangte das Eisen nach Griechenland. *Homer* erwähnt in seinen Dichtungen »Ilias« und »Odysseus« mehrfach das Eisen und die mit Mystik umgebene Arbeit der Schmiede. Schnell breitete sich das Eisen über ganz Europa aus. Nach dem Hauptfundort Hallstatt in Österreich wird die frühe Eisenzeit in Europa auch als Hallstattzeit bezeichnet. Später trugen die keltischen Stämme zum Siegeszug des Eisens bei. Sie waren Meister in der Bearbeitung eiserner Geräte und Waffen. Die Germanen übernahmen die Bezeichnung für Eisen, isarnon, von den Kelten.

Mit dem Eisen lernte der Mensch den letzten und wichtigsten aller Rohstoffe kennen, der geschichtlich eine umwälzende Rolle spielte. Damit wurde ein noch unbekanntes Entwicklungstempo ausgelöst.

In die Kette der Entwicklungsgeschichte der Menschheit war nach der Beherrschung des Feuers, den Erfahrungen bei der Metallbearbeitung, mit der Kunst der Eisengewinnung ein wichtiges Glied hinzugekommen.

Antik– meisterhaft

Am Weihnachtsabend des Jahres 1829 erhielt der achtjährige Heinrich Schliemann ein Kinderbuch geschenkt, in dem frei nach Homers »Ilias« die Zerstörung Trojas geschildert wurde. Die Bilder der brennenden Burg und die sagenhaften Taten der griechischen Helden sollen in dem begabten Kind den Wunsch geweckt haben, Troja wieder auszugraben. Es vergingen aber noch vierzig Jahre, ehe die Kindheitsträume verwirklicht werden konnten. Als Schliemann in Kleinasien die Mauerreste eines Palastes freilegte und viele Schätze der Antike barg, glaubte er, den Kriegsschauplatz der Homerschen Helden entdeckt zu haben.

In den griechischen Götter- und Heldensagen wird folgendes berichtet: Über zehn Jahre währte der Kampf der Griechen um das standhafte Troja, in dem die geraubte Helena gefangen war. Bei vielen vergeblichen Angriffen waren mit Achill und Ajax schon die tapfersten Helden gefallen. Da versuchte Odysseus es mit einer List. In einem hölzernen Pferd versteckten sich die mutigsten Krieger. Als die Griechen zum Schein ihre Belagerung abbrachen, zogen die ahnungslosen Trojaner das Pferd als Kriegsbeute in ihre Stadt. Nachts krochen die Kämpfer daraus hervor, öffneten dem bereitstehenden griechischen Heer die Stadttore. Nach einem blutigen Handgemenge wurden die Trojaner überwältigt. Von der stolzen Stadt blieben nur rauchende Trümmer.

Inzwischen hat die Wissenschaft bestätigt, daß *Homers* »Ilias« in das Reich der Legende gehört. Damit hatte *Schliemann* auch nicht das Troja der griechischen Sage ausgegraben, sondern eine antike Siedlung. Die in den historischen Mauern entdeckten Metallfunde aus der Zeit um 2600 v. u. Z. zeigen Merkmale meisterlicher Beherrschung der Handwerkstechnik. Besonders der »Schatz des Priamos« weist hervorragende Lötungen an allen damals bekannten Metallen auf. Eine glanzvolle Höchstleistung ist das große Diadem mit 12271 gelöteten Kettengliedern und über 4000 goldenen Blättern. Die Lötstellen sind selbst unter der Lupe kaum sichtbar. Auch Lötungen an kupfernen Geräten und Waffen sind gut ausgeführt.

Als *Schliemann* mit seinen Grabungen in Griechenland und der Türkei begann, waren bereits seit einigen Jahrzehnten Arbeiten im Gange, mit Pompeji eine andere versunkene Stadt freizulegen. Gemeinsam mit den Städten Herculaneum und Stabiae war sie in der Nacht vom 23. zum 24. August 79 u. Z. durch Lavamassen des Vesuvs begraben worden. Die über 9 m hohe Schicht konservierte über Jahrhunderte das getreue Bild einer Stadt um die Zeitenwende: Tempel, Theater, Badestuben, eingerichtete Wohnhäuser und Werkstätten, Bäckereien, Brunnen, Wasserleitungen, Hausrat, Inschriften und Statuen. – Mit höchster Vollkommenheit entwickelte chirurgische Instrumente, spezielle Werkzeuge und Geräte für alle Handwerkszweige und wissenschaftliches Instrumentarium zeugen von einem beachtlichen Fortschritt in der Metallbearbeitung. Neben dem Löten beherrschten die Römer ein weiteres Verfahren zum metallischen Verbinden – das Feuerschweißen. Den Beweis liefert ein durchdacht angelegtes Rohrleitungssystem, das sich in einem bemerkenswert guten Zustand befindet. Es weist eine große Anzahl von Schweißstellen auf. Erwärmte Blechstreifen waren zum Rohr gebogen und ein auf Weißglut erhitzter Eisenstab, in die Fuge gelegt, durch schnelle kräftige Schläge eingehämmert worden. Dadurch entstand eine dichte und feste Schweißnaht, die bis zum heutigen Tage erhalten blieb.

Nach Berichten *Herodots* um 450 v. u. Z. und des griechischen Schriftstellers *Pausanias* im 2. Jahrhundert u. Z. soll der Erzgießer *Glaukos* von Chios im 8. Jahrhundert v. u. Z. das Schweißen von Eisen erfunden haben. *Pausanias* schildert im 10. Buch seiner »Beschreibung Hellas«: »Von den Weihgeschenken, die die lydischen Könige schickten, war nichts übrig, als nur der eiserne Untersatz des Mischkessels des *Alyattes.* Das ist ein Werk des Chiors *Glaukos,* der das Schweißen des Eisens erfand. Jedes Stück ist an dem anderen nicht mit Nadeln oder Stiften befestigt, sondern nur die Verbindungsmasse hält es zusammen und ist selbst für das Eisen die Verbindung«.

Als technisches Wunderwerk wurde das aus poliertem Stahl bestehende feingliedrige Untergestell eines Mischkruges, das *Glaukos* für König *Alyattes* 690 v. u. Z. angefertigt hatte, jahrhundertelang im Tempel von Delphi gezeigt. Offenbar hatte die vollendete Arbeit des Meisters ihn in den Augen der späteren Geschichtsschreibung zum Erfinder des Schweißens (oder der Eisenlötung) werden lassen. Hier lag aber ein Irrtum vor, wie geschweißte Fundstücke aus viel älterer Zeit beweisen. Außerdem waren die wichtigen Entdeckungen und Erfindungen in der Frühzeit nie das Werk eines einzelnen. Wie alle Entwicklungen war auch das Schweißen das Ergebnis gemeinsam bei der Arbeit über einen langen Zeitraum gesammelter Erfahrungen. So muß bis heute die Frage unbeantwortet bleiben, wann und wo erstmals zwei Eisenstücke zu einem ganzen verschweißt wurden.

Einfache Überlegungen lassen annehmen, daß die Wiege des Schweißens in der Schmiedewerkstatt stand und die Geburt zeitlich mit dem Beginn der Eisengewinnung zusammenfällt. Wenn die Luppen aus dem Rennfeuer geholt wurden, mußte die Schlacke durch mehrmaliges Schmieden ausgetrieben werden. Die teigigen Eisenklumpen hatten eine formlose Gestalt. Die Beobachtung, daß sich überstehende Enden mit dem Hammer »verkneten« ließen und zwei Luppen zu einem größeren Eisenstück »verschmiedet« werden konnten, führte zur bewußten Anwendung des Feuer- oder Hammerschweißens. Eisen wurde durch Wärme und Druck vereinigt. Dieses Prinzip hat noch heute für einige Schweißverfahren unverändert Gültigkeit.

Das Feuerschweißen blieb über vier Jahrtausende das einzige Schweißverfahren für Eisen und Stahl. Lediglich für das Verbinden von Blei und Bronze existierte bereits das Schmelz- und Aufgießschweißen; für Goldarbeiten wurde schon das Kaltpreßschweißen angewendet. Diese Verfahren beruhen auf der Wirkung von Wärme (Aufschmelzen) oder Druck. In allen Fällen waren das Feuer und der Hammer die ersten Schweißwerkzeuge.

Wenn auch die Kunst der Eisengewinnung dem armenisch-kaukasischen Kulturkreis zugeschrieben wird, ist durchaus anzunehmen, daß günstige Bedingungen an anderen Stellen unabhängig zum gleichen Verfahren führten. Damit entwickelte sich auch das Feuerschweißen an verschiedenen Orten.

Eisen ist ein vergänglicher Werkstoff, deshalb blieben nur wenige Zeugnisse über die Anfänge der Schweißtechnik erhalten. In Theben gefundene geschweißte Stücke aus der Zeit um 1490 v. u. Z. sind die ältesten ihrer Art. Auch die mit Edelmetall überladene Grabkammer *Tut-ench-Amuns* barg eiserne Gegenstände. Die prächtige Goldmaske wurde von einer kleinen eisernen Kopfstütze gehalten, deren seitliche Arme feuergeschweißt sind. Allerdings sind die Schweißstellen mangelhaft ausgeführt und weisen Risse auf.

Das bereits erwähnte Eisenmagazin des Königs *Sargon II.* enthielt neben Eisenluppen, die den assyrischen Waffenschmieden als Rohlinge dienten, auch fertige Geräte und Gegenstände, u. a. feuergeschweißte Ketten und einzelne Glieder. Sie gehörten vermutlich zur Ausrüstung von Kampfwagen, Belagerungsmaschinen und anderem Kriegsgerät. Die assyrischen Schmiede waren wegen ihrer großen handwerklichen Kunst berühmt und beherrschten meisterhaft das Feuerschweißen. Aufgefunden wurde der einmalige Eisenschatz durch *Victor Place,* der im Auftrag von *Napoleon III.* in den Trümmern der Palaststadt Dur-Scharrukin 1852 grub. Der Zufall wollte es, daß der größte Teil des 160 000 kg umfassenden Eisenschatzes, der dank günstiger Umweltbedingungen über

Jahrtausende erhalten blieb, bei der Überfahrt nach Frankreich mit dem Schiff unterging. Nur wenige Stücke wurden gerettet und werden im berühmten Louvre in Paris aufbewahrt.

Nach ihrem Sieg über den Makedonierkönig *Demetrios* faßten die Rhodier den Beschluß, ihrem Schutzpatron Helios ein würdiges Denkmal zu setzen. Der Bildhauer *Chares* schuf in 12 Jahren eine Riesenstatue, die einst als Koloß von Rhodos zu den sieben Weltwundern zählte. Sie stand an der Hafeneinfahrt und soll 35 m hoch und 200 t schwer gewesen sein. Die einzelnen, aus Bronze gegossenen Teile wurden an einem eisernen Stützgerüst montiert. Viele Schmiede arbeiteten mehrere Jahre an diesem eisernen Gestell, das aus vielen tausend Luppen in wahrhafter Zyklopenarbeit feuergeschweißt wurde. Das Denkmal aus Erz mit seiner kühnen Schweißkonstruktion stand aber nur 60 Jahre auf festem Sockel. Ein Erdbeben erschütterte 224 v. u. Z. Rhodos und stürzte auch den Koloß ins Meer. Durch einen »Orakelspruch« wurde sein Neuaufbau verhindert. Im Jahre 653 erwarb dann ein Kaufmann die Bronzestücke, teilte sie auf 900 Kamellasten und ließ sie auf dem Festland einschmelzen.

Nach Mitteleuropa gelangte Eisen etwa um 1000 v. u. Z. Griechische Schmiede gaben mit der Kunst der Eisenbearbeitung auch das Geheimnis des Feuerschweißens weiter. In der Hallstätter Umgebung im heutigen Österreich siedelten einige Stämme, die mit Eisenbarren handelten und in der Bearbeitung dieses Werkstoffes sehr geübt waren. Funde aus der Zeit um 700 v. u. Z. weisen auch Schweißstellen auf, so z. B. zerbrochene Klingen, die durch Schweißen wieder repariert worden waren.

Zwei Jahrhunderte später begann der große Aufbruch der keltischen Stämme. Die Kelten waren Meister in der Bearbeitung des Eisens und haben viel zu seiner Verbreitung beigetragen. Zahlreiche geschweißte Geräte, die bei La Tène in der Schweiz gefunden wurden, legen Zeugnis von hoher Schmiedekunst ab.

Auch die Römer, die weite Gebiete Europas erobert und besiedelt hatten, hinterließen Spuren früher Schweißtechnik. Sie besaßen ein weit verzweigtes Straßennetz und ein gut entwickeltes Informationssystem. Herolde überbrachten mit schnellen Wagen dringende Depeschen. Bei den damaligen Straßenverhältnissen hatte ein römisches Wagenrad allerhand auszuhalten. Eiserne Reifen schützten die Räder vor den harten Stößen. Das Römermuseum in Augst in der Schweiz beherbergt einen solchen Radreifen, der auf dem Umfang vier feuergeschweißte Verbindungsstellen aufweist. Die Schweißstellen sind so geschickt ausgeführt, daß sie nur bei genauer Betrachtung zu erkennen sind.

Im selben Museum befindet sich auch ein Bronzegefäß, dessen Wandung durch das sogenannte Aufgießschweißen verbunden wurde. Über die vorgewärmte Nahtstelle goß man so lange flüssiges Metall, bis deren Kanten aufgeschmolzen waren und mit dem Zusatzmetall eine innige Verbindung bildeten. Ein Lehmstreifen unter der Naht verhinderte das Durchlaufen des flüssigen Metalls.

Im indischen und chinesischen Kulturkreis standen Eisengewinnung und -verarbeitung frühzeitig in hoher Blüte. Vor allem war ihnen das Geheimnis der Stahlherstellung bekannt. Stahl ist eine Legierung von Eisen mit geringem Zusatz von Kohlenstoff. Er läßt sich nach dem Erhitzen durch Abschrekken in Wasser härten. Die indischen Schwerter waren in jedem Heer begehrt und gefürchtet, denn sie blieben scharf und verbogen sich nicht.

Quintus Curtius Rufus berichtete im 1. Jahrhundert über die hohe Wertschätzung des indischen Stahls durch die Römer, die ihre Schwerter nur aus diesem Stahl anfertigen ließen. Der indische Stahl gelangte auf dem Handelsweg auch nach Damaskus, wo ihn geschickte Waffenschmiede zu den berühmten Damaszener Klingen verarbeiteten. Allein die Inder konnten den sogenannten Wutzstahl, einen Tiegelstahl, erzeugen. Die Wutzstahlklingen zeigen eine eigentümliche

Zeichnung der Oberfläche, die nach einem Ätzvorgang noch stärker hervortritt.

Um sich von den unsicheren Importen des »natürlichen« Damaszenerstahles unabhängig zu machen, kannte man bald ein Verfahren zur Erzeugung von »künstlichem« Stahl. Streifen weichen und »harten« Eisens kamen lagenweise aufeinander und wurden im Feuer verschweißt. Dadurch vereinigte sich die Elastizität des weichen Eisens mit der Härte des Stahls, und sogar die charakteristische Oberflächenzeichnung entstand.

Eine Prüfvorschrift der Qualitätsmerkmale von Damaszener Schwertern überlieferte der griechische Techniker *Philon* aus dem 3. Jahrhundert v. u. Z.: »Wenn man sie erproben will, ob sie gut sind, ergreift man sie mit der rechten Hand, legt sie auf den Kopf und drückt die beiden seitlichen Enden herab, bis sie die Schulter berühren. Dann läßt man sie los, indem man beide Hände in die Höhe hebt. Das losgelassene Schwert wird wieder gerade und so in seinen ehemaligen Zustand zurückversetzt, daß es keine Spur von Biegung behält. Und wenn man es noch so oft tut, die Schwerter bleiben gerade.«

Aber nicht immer scheinen alle Waffenschmiede Meister ihres Faches gewesen zu sein. Es wird berichtet, daß römische Legionäre während einer Schlacht den Kampf unterbrechen mußten, um ihre verbogenen Schwerter zu richten.

Das berühmteste schweißtechnische Zeugnis des Altertums ist die Kutubsäule von Delhi. Die über 7 m hohe und an der Basis 40 cm im Durchmesser aufweisende Eisensäule befindet sich im Tempelhof der Kuwat-Ul-Islam-Moschee am Rande Neu-Delhis. Ursprünglich stand sie in einem Hindu-Tempel im Bergland Mathusa. Eine Inschrift in Sanskrit-Poesie teilt mit, daß sie zu Ehren von König *Tschandra* um 370 errichtet

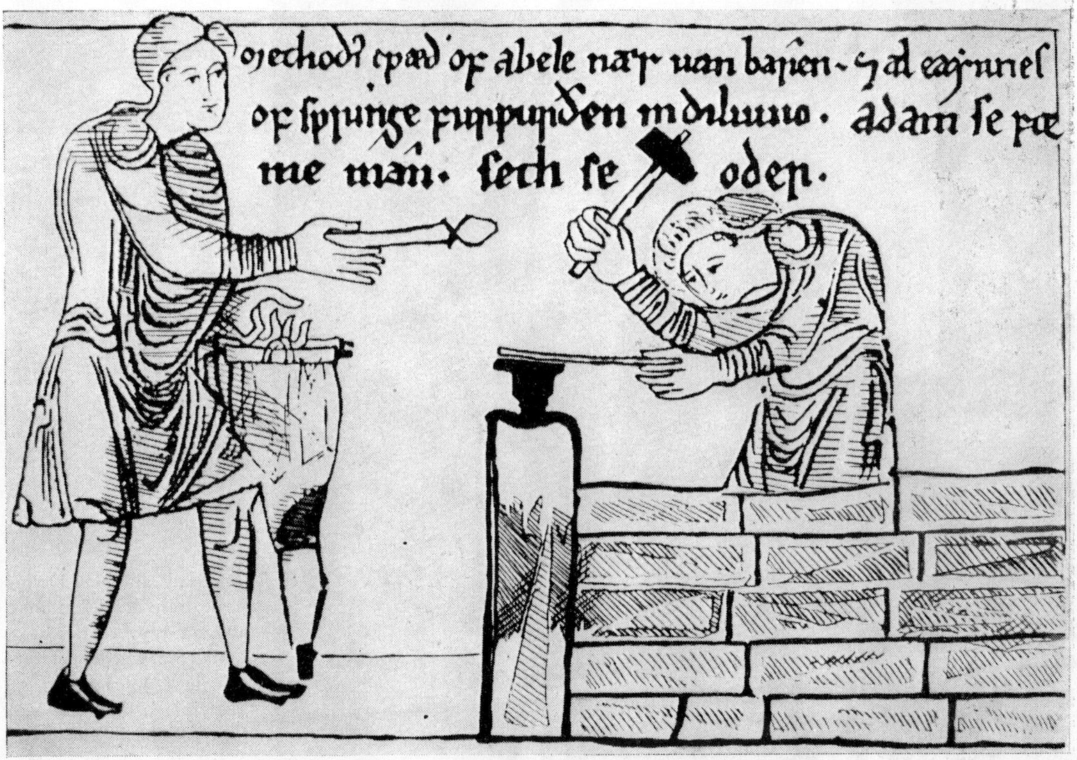

Angelsächsische Schmiede. Aus einer Handschrift des 11. Jahrhunderts

wurde. Das »Wunder« besteht weniger in dem Phänomen, daß die Eisensäule auch nach über 1600 Jahren noch keinerlei Rostspuren zeigt. Diese Tatsache läßt sich durch günstige klimatische Bedingungen und eine hohe Reinheit des Eisens erklären. Beeindruckend ist vielmehr die Kunst ihrer Herstellung. Kaum vorstellbar, wie die indischen Meisterschmiede, denen die Wasserkraft noch unbekannt war, die 6 000 kg schwere Säule aus einzelnen Luppen nur mit Hammer und Feuer zu diesem monumentalen kompakten Stück zusammenschweißten.

Die Eisensäule von Delhi ist aber nicht das einzige große Schmiedestück in Indien. In Kapurthala steht eine von ähnlichem Ausmaß, die 2000 Jahre alt sein soll. Und eine andere bei Dhara war fast zweimal so hoch wie diejenige von Delhi. Leider ist sie umgestürzt und zerbrochen.

Wie in allen Bereichen eiserne Geräte dem Menschen dienten, war auch die Feuerschwei-

Am Stadtrand Neu-Delhis steht diese etwa 7 m hohe und 6 t schwere Eisensäule. Sie wurde vermutlich im 4. Jahrhundert aus einigen hundert Luppen von indischen Meisterschmieden feuergeschweißt

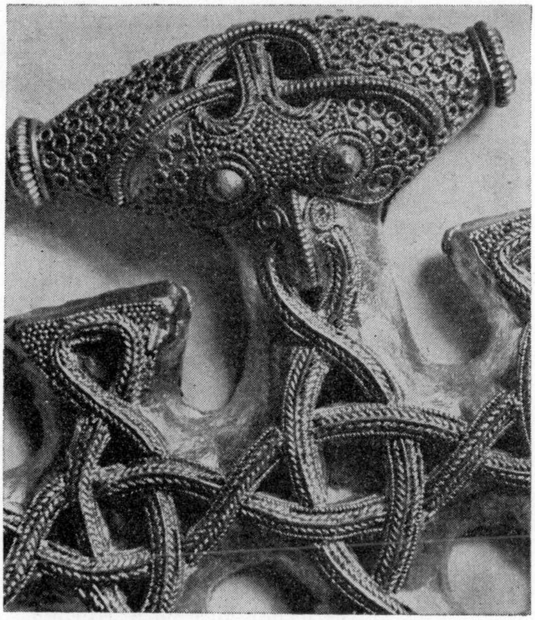

Zu den prachtvollsten Stücken des Hiddenseer Schatzes gehören die kreuzförmigen Hängestücke. Sie sind Belege meisterhaft ausgeführter Gold- und Silberschmiedekunst (vermutlich um 1000)

ßung an vielen dieser Gegenstände zu finden. Nur wenige sind erhalten geblieben, die uns über die angewandte Technik informieren können. Viele sind dem nagenden Rost zum Opfer gefallen oder warten noch verborgen auf ihre Entdeckung. Doch die wenigen Zeugnisse antiker Schweißkunst beweisen, wie der schaffende Mensch dieses Problem schon damals meisterhaft löste.

Überall, wo Eisen im Gebrauch war, wurde auch geschweißt. Das Schmiedefeuer, bei der Eisenbearbeitung unentbehrlich, war die Wärmequelle, und aus dem Hammer, eines der wichtigsten Werkzeuge des Menschen, wurde das Schweißwerkzeug.

Das Eisen beeinflußte wie kein anderer Werkstoff alle Gebiete der Produktion, des Alltags und vor allem zu dieser Zeit der Militärtechnik. Um die Zeitwende beherrschten alle bedeutenden Völkerstämme die Eisengewinnung und -bearbeitung. Dazu gehörte untrennbar das Feuerschweißen. Damit war die erste Etappe der Geschichte der Schweißtechnik abgeschlossen. Der erreichte

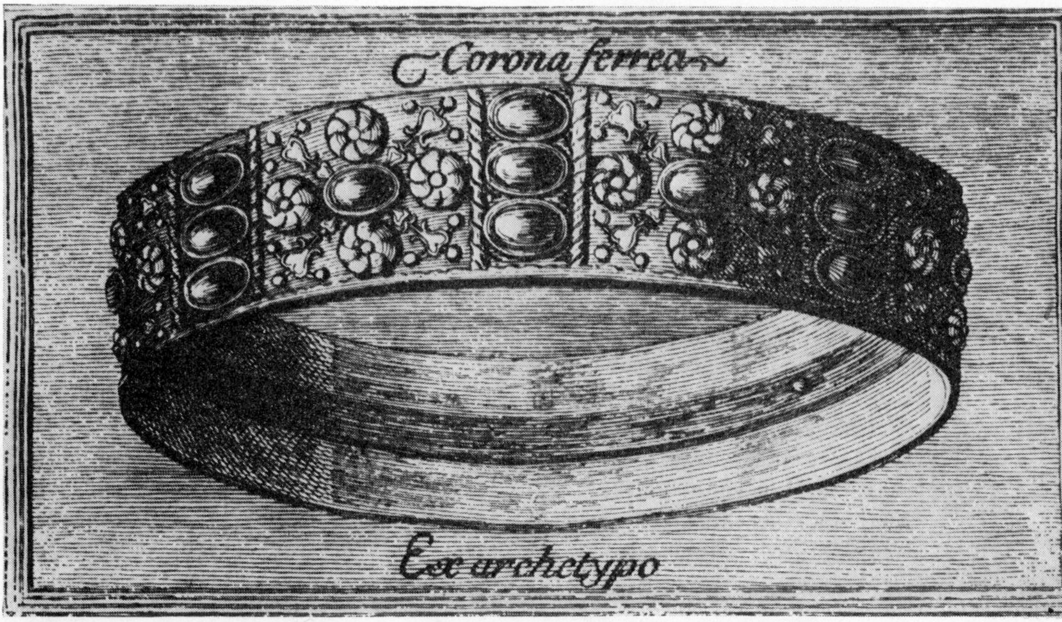

Die eiserne Krone der Langobarden zeugt von dem hohen Stand ihrer Schmiedetechnik

Stand wurde allen Anforderungen bis zum Ende des 19. Jahrhunderts gerecht. Es mußten noch viele Voraussetzungen erfüllt und grundlegende Erkenntnisse gesammelt werden, ehe weitere Fortschritte in der Schweißtechnik notwendig und möglich wurden.

Zeittafel

v. u. Z.

um 10000	Erntewirtschaft und Haltung sowie Züchtung von Haustieren zwischen Euphrat und Tigris sowie am Nil
8000	Erfindung der Keramik
6000	Bau von Bewässerungsanlagen
5000	Anwendung des Webstuhles; Beginn der Kupfermetallurgie in Vorderasien
4000	Erfindung des Rades im Mittelmeerraum; Benutzen des Blasrohres; Einsatz von Ziegeln in Ägypten; Hartlöten in Ägypten und Mesopotamien
3500	Anfänge der Stadtstaaten in Vorderasien; Staatsbildung in Ägypten; Entstehung der Keilschrift; Schmelzschweißen von Blei
3000	Werkzeuge und Waffen aus Bronze; Kaltbearbeitung von Meteoreisen; Einführung des festen Kalenders
2500	Bau der Pyramiden; Beginn der Eisengewinnung; Einsatz des Blasebalges; Weichlöten von Gold, Silber, Kupfer und Bronze
2000	Anfänge der Mathematik, Medizin, Chemie; Segelschiffe auf dem Nil; Feuer- oder Hammerschweißen bei der Eisenbearbeitung
1500	Erfindung der Drehbank; Glasmacherwerkstätten in Ägypten; Eisenmetallurgie und Eisenbearbeitung gelangt über Griechenland nach Europa
1000	Indischer Wutzstahl für Schwerter; Beginn der Hallstatt-Zeit
500	Mit Aufbruch der keltischen Völker verbreitet sich das Eisen über ganz Europa; Eisen hat Bronze besiegt

---

u. Z.	Gewinnen und Bearbeiten von Eisen, Stahl, Bronze, Gold, Silber, Kupfer, Blei, Zinn, Antimon, Zink und Messing ist allen bedeutenden Kulturvölkern bekannt; zu den angewendeten Metallbearbeitungsverfahren gehören: Schmelzschweißen (Blei), Aufgießschweißen (Bronze), Kaltpreßschweißen (Gold), Feuer- oder Hammerschweißen (Eisen und Stahl), Hart- und Weichlöten (alle bekannten Metalle)

Erste Fundamente

Vier Elemente

Große Aufregung herrschte unter den Bürgern Athens, als sich 399 v. u. Z. wegen »Leugnen der Staatsreligion und Verführung der Jugend« der berühmte Philosoph Sokrates vor Gericht zu verantworten hatte. In Wirklichkeit hatte Sokrates sein Wirken gegen die athenische Sklavenhalterdemokratie eingesetzt. Seine Lehren, z. B., daß jeder gleichermaßen zur Erlangung der Weisheit befähigt sei, fanden nicht nur unter der Jugend großen Zuspruch. Mit der ihm eigenen Unerschütterlichkeit bekannte er sich auch vor den über 500 Richtern zu seinen Ideen. Sie verurteilten mit knapper Mehrheit den greisen Denker zum Tode durch den Schierlingsbecher. Unter den Freunden, die in der letzten Stunde bei Sokrates weilten, befand sich auch sein Schüler Platon. Tief beeindruckt beschloß der junge Philosoph, das Werk seines Lehrers aufzuschreiben und fortzusetzen. Im Jahre 387 v. u. Z. gründete er eine Schule, die nach ihrem Ort, dem Hain des Heros Akademos vor den Mauern Athens, Akademie, genannt wurde.

Auf der Suche nach ihrem Weltbild hatten die altgriechischen Philosophen Feuer, Wasser, Luft und Erde zu den Urstoffen erklärt, aus denen durch Mischung alles entsteht, durch Entmischung alles vergeht. Der Gegensatz sei die Ursache ständiger Veränderungen. Diese Vier-Elemente-Theorie baute *Platon* weiter aus und ordnete den vier Elementen je ein regelmäßiges Polyeder zu. In seiner abstrakten Ideenlehre betrachtete er die materiellen Dinge nur als Abbild des Geistes. Zu den bedeutendsten Schülern, die aus *Platons* vielbesuchter Akademie hervorgingen, gehörte *Aristoteles*, der größte Denker des Altertums. Er übernahm die meisten Ansichten seines Lehrmeisters, versuchte aber, sie den in der Natur tatsächlich beobachteten Erscheinungen anzugleichen. Die vier Elemente verband er mit ihren sinnlich wahrnehmbaren Eigenschaften: Feuer ist trocken und warm, Wasser feucht und kalt, Luft warm und feucht, Erde kalt und trokken. Immer zwei Elemente bilden in beiden Eigenschaften unvereinbare Gegensätze, die beiden anderen stimmen in einer überein. *Aristoteles* nahm an, daß miteinander verwandte Elemente sich vereinigen und ineinander übergehen; daraus entstehen die verschiedenen Stoffe.

Metalle gehörten demnach zum Element Erde (mit größerem Anteil Wasser als z. B. Steine). Durch Zuführen von Wärme aus dem Element Feuer wird die Eigenschaft »trocken« aus dem Metall verdrängt, und das Element Wasser mit der Eigenschaft »naß« entsteht. In der Erkenntnis, daß die entstan-

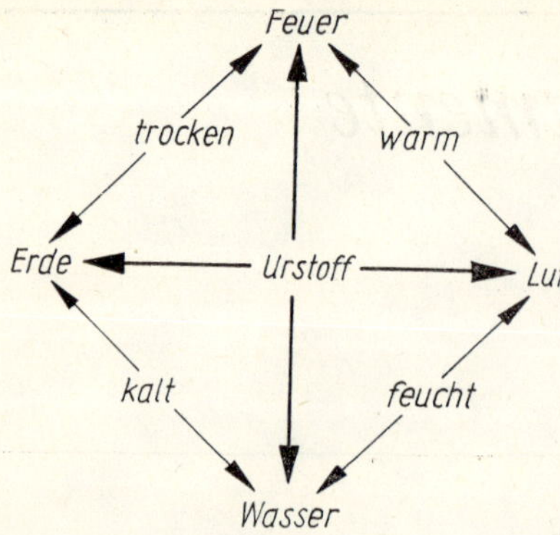

Das aristotelische Elementenviereck kennzeichnet die vier Urstoffe Feuer, Luft, Erde und Wasser als die »Wurzeln aller Dinge«. Nach Auffassung damaliger Zeit sollen alle Stoffe durch Mischung der Urstoffe entstanden sein

dene Mischung eine neue Qualität erlangt, in der die ursprünglichen Stoffe ihre eigene Natur verloren haben, besteht eine der großen Denkleistungen des *Aristoteles*. Aber er befand sich mit vielen Lehren auf Irrwegen. So charakterisierte er z. B. die Sklaven als sprechende Werkzeuge und behauptete vom gewerblichen Schaffen, es führe zu niederer Gesinnungsart.

Aristoteles wandte sich auch gegen die Auffassung von *Demokrit*, der vorher gelehrt hatte, daß die Welt aus unendlich vielen kleinen Urkörperchen zusammengesetzt ist (er prägte den Begriff »atomos«), die in ständiger Bewegung sind. Das ist aber nur möglich, wenn zwischen ihnen ein leerer Raum besteht. Da es nach Meinung von *Aristoteles* keinen leeren Raum gibt, kann die Materie auch nicht aus Teilchen zusammengesetzt sein. Seine Vier-Elemente-Lehre war so zwingend und für alle Erklärungen ausreichend, daß sie mehr als 2000 Jahre überlebte. Und das Dogma der Unmöglichkeit des luftleeren Raums führte zum »horror vacui«, der Scheu vor dem Leeren.

Platon und *Aristoteles* hatten die Philosophen in einen »gottähnlichen« Stand versetzt, der sie über die Praxis erhaben machte. Da aber nur durch die Berührung mit der Praxis neue Impulse kommen können, führte die geistige Entwicklung zum Stillstand. Auch der technische Fortschritt verlor seinen progressiven Charakter. Unter den gesellschaftlichen Verhältnissen der Sklaverei und des frühen Feudalismus wurde die gesamte Entwicklung zur Stagnation verurteilt. Die Herrschenden waren bestrebt, das Bestehende zu erhalten; die Unterdrückten zu schwach, eine Änderung zu erzwingen. Sklaven und später Leibeigene hatten kein Interesse an einer Verbesserung der Arbeitswerkzeuge und Verfahren. Da sie die allein produktiv Tätigen waren und nur in der Auseinandersetzung mit der Arbeit etwas Neues entstehen kann, geriet die technische Entwicklung ins Stocken. Nach einem Zeitalter, das mit zunehmender Geschwindigkeit vom Steinbeil zur hochzivilisierten Gesellschaft führte, entwickelte sich der technische Fortschritt über Jahrhunderte nur im Schneckentempo weiter, der erst mit Entstehen der Handwerkszünfte vom 11. bis 13. Jahrhundert und der damit verbundenen sozialen Veränderungen wieder Aufschwung nahm.

Die Rittersleut'

Mit leisem Ruf kündete der Wächter vom Turm das Nahen eines Geleitzuges ehrsamer Kaufleute an. Während die Fuhrwerke mühsam über den holprigen Weg durch das Tal rollten, legten sich die Raubritter mit ihren Vasallen in einen Hinterhalt. Nach kurzem Kampf überwältigten die Wegelagerer den Troß und bemächtigten sich der Beute. – Fehden, Raubzüge und Überfälle waren im 13. und 14. Jahrhundert auch im Harz keine Seltenheit. Doch die Missetaten des Heinrichsburgers und des Erichsburgers, zweier Brüder aus dem Rittergeschlecht derer von Mohrungen, erreichten zweifelhaften Ruhm. Für die lärmenden Zechgelage bei Becherschall und Hörnerklang leisteten ihre Untertanen schwere Fronarbeit, und mancher Kaufmannszug wechselte unrechtmäßig den Besitzer. Die finsteren Brüder schreckten nicht zurück, selbst ihren eigenen Lehnsherrn, den Grafen Hohenstein, zu erschlagen, als er mit seinem Gefolge und einem Wagen kostbarer Geschenke über das Gebirge ritt, um seine Braut heimzuholen. Als die Kunde den Landesherrn erreichte, rüstete er eine Ritterschar, um dem räuberischen Gesindel das Handwerk zu legen. Mit Harnisch, Helm und Schild gepanzert, zogen die Ritter zur Heinrichsburg. Die zentnerschwere Last der eisernen Rüstung machte den steilen Aufstieg zum Burghügel zur Qual. Die erschöpften Krieger wurden mit gezogenem Schwert empfangen und mit gezielten Hieben außer Gefecht gesetzt. Jedoch siegten die in der Überzahl Streitenden letzten Endes und zerstörten das Räubernest. Seit 1344 blicken von der einst stolzen Heinrichsburg nur Ruinen ins Tal.

Die Ritter, sonst meist an ein leichtes Leben gewöhnt, hatten an ihrer eisernen Rüstung wahrhaft schwer zu tragen. Helm, Brünne und Eisenhosen sollten vor den wuchtigen Lanzenstößen und kräftigen Schwerthieben schützen. So mußte der Panzer ausreichend dick sein, wodurch die Rüstung nicht leichter oder bequemer wurde. Trotz vieler Scharniere, Ringgürtel und Gliederbänder war sie alles andere als beweglich, und die schmalen Schlitze im Klappvisier engten das Gesichtsfeld stark ein. Für klirrenden Frost und glühende Hitze erscheint die Montur ebenso ungeeignet wie für einen unfallfreien Ritt. Deshalb ist zu vermuten, daß bei den oft wochenlangen Belagerungen oder Jahre dauernden Kreuzzügen mancher Ritter weniger den Folgen eines Kampfes als den Strapazen erlag.

Eine Rüstung herzustellen, erforderte großes Geschick. Daher besaßen die Waffenschmiede, die sogenannten Sarwerker, hohes Ansehen. Schon König *Artus* speiste als Anerkennung gemeinsam mit seinem Sarwerker an einer Tafel. In Nürnberg erfreute sich vor allem die Gilde der Helmschmiede eines guten Rufes. Hing doch das Leben eines Ritters weitgehend von der Qualität seines

Im Mittelalter gehörte die Waffenschmiedekunst zu den »sieben mechanischen Künsten«. Die Abbildung von etwa 1511 zeigt den »Plattner« bei der Arbeit

Helmes ab. Trotzdem berichten Überlieferungen immer wieder von Helden, die ihrem Gegner mit einem Hieb Helm und Kopf spalteten.

Die Plattner schlugen das Eisen zu dünnen Blechen und Bändern, die von den Brünnern, Halsbergern und Helmern kunstvoll weiterverarbeitet wurden. Mehrere hundert Einzelteile gehörten zu einer Rüstung, die über 50 kg wiegen und eine große Summe kosten konnte. Kaiser *Karl V.* zahlte für seine Kampfrüstung mehr als für ein Gemälde von *Tizian.* Mit Edelsteinen belegte und vergoldete Prunkharnische waren noch teurer. Der Bedarf an dieser damals standesgemäßen Ausrüstung war groß. *Gislebert von Mons* berichtet z. B. vom 1184 stattgefundenen Reichstag zu Mainz, daß 70000 Ritter erschienen waren, um an den Kampfspielen teilzunehmen. Das Heer der vermummten Gestalten und klirrenden Eisenpanzer muß auch für die damalige Zeit ein überwältigender Anblick gewesen sein.

Bereits im 8. Jahrhundert schützten sich die Wikinger durch Kettenhemden aus Drahtringen. Der geschmiedete Rohdraht wurde mit einer Zange durch verschieden große Löcher eines Zieheisens geführt. Später erleichterte die Schockenzieherei diese schwere Handarbeit. Der Drahtzieher saß auf einer Schocke (Schaukel) und konnte durch kräftiges Abstoßen eine größere Zugkraft ausüben. Im 14. Jahrhundert übernahm eine von einem Wasserrad getriebene Kurbel das mühselige Ziehen, während der weiterhin auf der Schaukel sitzende Drahtzieher mit seiner Zange nur geschickt und schnell nachzufassen brauchte.

Zu den meisterhaft beherrschten Handwerkskünsten eines Waffenschmiedes gehörte auch das Löten und Feuerschweißen. An der praktischen Anwendung dieser Verbindungstechniken hatte sich seit über tausend Jahren bisher wenig geändert. Das Mineral Chryso-

Das Innere einer Drahtmühle. Durch Muskelkraft, seit dem 14. Jahrhundert durch Wasserkraft betrieben, blieb die Technik des Drahtziehens bis zu Beginn der Industrialisierung im wesentlichen die gleiche. Kupferstich aus Regensburg, 1698

koll, 430 v. u. Z. von *Hippokrates* und 300 v. u. Z. von *Theophrast* als »Goldlot« (krysos-Gold; kolla-Leim, Lot) erwähnt, findet in den ersten Jahrhunderten nach der Zeitenwende das Interesse der Alchimisten. Die Reduzierbarkeit des Malachits zu metallischem Kupfer wurde als Beweis für die Möglichkeit der Stoffumwandlung angesehen. Ein griechisches Manuskript aus dem 6. Jahrhundert zeigt erstmals chemische Symbole für Lote. Chrysokoll wird durch Verdopplung des Goldzeichens (Sonne), Gold- und Silberlot durch einen Zusatz zum Silberzeichen (Mond) dargestellt. Im 8. bis 11. Jahrhundert entstanden im persisch-arabischen Kulturkreis technische Schriften mit Rezepturen für Dutzende von Loten. Das erste Mal seit Erfindung der Löttechnik war auf dem Gebiet der Flußmittel ein Fortschritt zu verzeichnen. Die Schriften sahen den Gebrauch von Borax und Salmiak zum Löten vor.

Der Mönch *Theophilus* (eigentlich *Roger von Helmarshausen*) beschrieb 1122 in seiner »Schedula diversarum artium« u. a. die handwerkliche Technik des Lötens im Mittelalter in Deutschland und gab Anleitungen für eine Reihe von Loten und Flußmitteln. Ein im Feuer zu erhitzender Lötkolben hatte bereits die bis vor wenigen Jahren benutzte Form. Die entstandenen Zünfte der Goldschmiede legten in ihren strengen Ordnungen die Mindestanteile von Gold und Silber in den Loten fest, um den unverfälschten Charakter der Edelmetalle zu erhalten. In der Stadt Sienna war 1361 für Silber jedes Lot verboten, das mehr als ein Fünftel geringwertigere Beimengungen enthielt. Lüneburg gestattete das Weichlöten von Gold nur für Reparaturen.

Auch bei gewissenhafter Beachtung der Rezepturen schien das Löten nicht immer zu gelingen. Der Stoßseufzer »Kinder betet, Vater lötet« stammt aus jener Zeit und beweist, daß zum Löten außerordentliches Geschick notwendig war. Außer den Waffenschmieden und den Goldschmieden benutzten die Kandelgießer das Löten zur Herstellung von Zinngeschirr, die Schlosser zur Anfertigung

Turnierharnisch aus dem 15. Jahrhundert. Er bestand meistens aus blankpoliertem Stahl, der in der Sonne glänzte (harnais blanc)

kunstvoller Türschlösser, die Nadler zum Anlöten verzinnter Köpfe an Stecknadeln und die Glaser zum Einfassen der Butzenscheiben sowie farbenprächtiger Glasfenster. Noch heute beeindrucken die herrlichen Glasmalereien in mittelalterlichen Kathedralen.

Während das Löten in die Werkstatt verschiedener Handwerkszweige Einlaß fand, blieb das Feuerschweißen in der Schmiedewerkstatt. Immer wieder sind es Funde von Schwertern, Lanzen und anderem Kriegsgerät, die vom Stand des Feuerschweißens über den gesamten Zeitraum unterrichten. Im 6.

Berufswappen der Glaser. Über einem Glasbecher erhebt sich senkrecht ein Lötkolben, der von einem Hammer und dem Krösseleisen gekreuzt wird. Diese Werkzeuge wurden für die Bleiverglasungen verwendet; Nürnberg 1550

Der Messerer. Aus dem Handbuch der Mendelschen Zwölfbrüderstiftung; Nürnberg 1476

bis 8. Jahrhundert benutzten die Germanen Stahl zum Feuerschlagen. Auf eine mit Griffen versehene Blechplatte wurde eine Stahlschneide aufgeschweißt.

Ob Eisen, weicher oder harter Stahl aus dem Rennfeuer kam, hing weitgehend von den verwendeten Erzen sowie den örtlichen Verhältnissen ab. Meist hatten die Luppen unterschiedliche Zusammensetzung. Um trotzdem eine gleichmäßige Qualität zu erhalten, schmiedete man dünne Lagen aus und legte abwechselnd weichen und harten Stahl aufeinander. Dieses Paket wurde im Feuer verschweißt und zu einem Stab ausgeschmiedet. Den Stab teilte man je einmal längs und quer und schmiedete die aufeinandergelegten Stücke in der Schweißhitze erneut aus. Dieser Vorgang, der öfter wiederholt werden konnte, ergab den sogenannten Raffinierstahl. Ein dreifach raffinierter Stahl hatte 320 gut durchgeschmiedete Schichten und stellte ein hervorragendes Ausgangsmaterial für Schwerter sowie Schneidwaren dar.

Auch in den asiatischen Ländern kannte man diese Technik. In Japan gehörten die Schwertschmiede zum Adel, und selbst Kaiser übten gelegentlich dieses Handwerk aus. Um 1300 entstanden aus dem indischen Schwert die berühmten Krise der Javaner. Die gezackte Klinge, die einen Drachen versinnbildlichen sollte, war aus einem Raffinierstahl. Sie zeigt nach dem Schleifen und einem Ätzvorgang die typische damastartige Maserung.

Solinger Schwertklingen standen schon seit langer Zeit in gutem Ruf. Durch die Eigenart der Wupperlandschaft war es früh zu einer Arbeitsteilung zwischen Schwertschmied, -schleifer und -feger gekommen. Als sich die offenen Bruderschaften um 1400 zu geschlossenen Zünften zusammenfanden, nahmen die Schwertschmiede die Bestimmung auf, an einem Arbeitstag nur vier Schwerter auszuschmieden, diese aber »ufrichtig, gut und ungefelscht«.

Meisterlich geschmiedete und feuergeschweißte Tore, reichverzierte Fenstergitter, Leuchter und Brunnenlauben, die mit ihrer

Fülle von Blumen und Ranken lebenden Hecken gleichen, führen uns noch heute sichtbar vor Augen, daß die Schmiede im Mittelalter ihre Kunst auch für erfreuliche Zwecke verwandten.

Eisen und Stahl hatten vielfältige Einsatzmöglichkeiten gefunden. Die steigende Zahl der Rennfeuer konnte den zunehmenden Bedarf kaum noch decken. Nur mit dem von eigener Kraft geführten Hammer verschweißte und formte der Schmied das gesamte Eisen.

Ketzer, Gelehrte, Scharlatane

Als der spanische König Karl II. heiratete, bot er seinen Gästen ein grausiges Schauspiel. Der Schein brennender Scheiterhaufen beleuchtete die letzten Augenblicke der Zeremonie. Mit einer Prozession hatten am Morgen des 30. Juni 1680 in Madrid die Feierlichkeiten begonnen. In einer öffentlichen Gerichtssitzung sprach das Tribunal der Inquisition 118 der Ketzerei angeklagte Opfer schuldig. Abschließender Höhepunkt war gegen Mitternacht die Verbrennung der zum Tode verurteilten Frauen und Männer. Die meisten wurden dem Scheiterhaufen lebend übergeben. Nur wer Reue gezeigt hatte, wurde vorher, »als Zeichen besonderer Milde«, erwürgt. Die 350jährige Willkür der Inquisition gehört zur dunkelsten Epoche der spanischen Geschichte. Ihre Blüte erlebte sie, als der Papst das katholische Königspaar Isabella I. von Kastilien und Ferdinand II. von Aragonien offiziell zur Bildung »Heiliger Gerichte« ermächtigte. Der von ihnen 1483 zum Großinquisitor ernannte Dominikanermönch Tomás de Torquemada übte ein erbarmungsloses Schreckensregiment aus. Unter der Anklage der Ketzerei wurden unbequeme Gegner und Nebenbuhler verfolgt und beseitigt. Verhaftet wurde auf bloßen Verdacht, die Geständnisse erpreßte man durch Folter. Die Strafen reichten vom Todesurteil über jahrelange Kerkerhaft sowie Strafarbeit auf Galeeren bis zum lebenslänglichen Tragen eines Büßerhemdes. Verdächtig war auch, wer sich mit naturwissenschaftlichen Studien und anderem »Teufelswerk« beschäftigte.

Leonardo da Vinci mußte, um nicht den Häschern in die Hände zu fallen, seine Manuskripte streng geheimhalten. Sie wurden erst Jahrhunderte nach seinem Tode wieder entdeckt und vermitteln ein eindrucksvolles Bild vom schaffensreichen Werk des gleichermaßen berühmten Künstlers, Bildhauers, Naturwissenschaftlers, Baumeisters und Technikers. 1452 in Anciano bei Vinci geboren, befaßte er sich schon in jungen Jahren mit Musik und Zeichnen. Der Florentiner Meister *Verrocchio* unterrichtete *Leonardo da Vinci* im Silber- und Goldschmiedehandwerk sowie in der Kunst des Bronzegusses. 1482 berief ihn der Herzog *Lodovico Sforza* nach Mailand. Hier entstanden *Leonardos* berühmteste Kunstwerke. Später war er in Venedig bei *Cesare Borgia* als Kriegs- und Festungsingenieur tätig. Auf über 2 000 Blättern seines »Codex Atlantico« skizzierte *da Vinci* Entwürfe von Maschinen und Arbeitsgeräten. Es gibt kaum ein technisches Gebiet, auf dem er nicht Bedeutendes geleistet hat. Wie kein anderer seiner Zeit beherrschte er die Prinzipien der Mechanik, den Bau und das Zusammenspiel von Maschinenelementen. Er entwarf Schleudergeschütze, Dampfkanonen sowie einen selbsttätigen Bratenwender; konstruierte Turbinenräder, selbstfahrende Wagen; skizzierte ein Blechwalzwerk, eine Feilenhaumaschine, eine Bohrmaschine für Brunnenrohre; befaßte sich mit Flugapparaten und erfand den Fallschirm sowie ein Tauchgerät. Selbst mehrere Arten des Perpetuum mobile gab er an, erkannte aber deren Unausführbarkeit.

So nimmt es nicht wunder, daß *Leonardo da Vinci* auch für die Schweißtechnik einen Beitrag leistete. Zum Verschweißen der besonders in Italien üblichen Bleidächer skizzierte er eine Vorrichtung und gab in seiner eigentümlichen Spiegelschrift folgende Arbeitsanleitung: »Die Art, einen Belag von Blei auf ein ungedecktes Dach zu verlöten ... Du wirst ein Eisen von $1/3$ Elle Länge nehmen. Es habe nach oben hin vier scharfe Ränder wie du es siehst. Dies wirst du unter die Naht der Bleiplatte legen. Alsdann klopfe mit einem Holzhammer auf die Platten, so daß die Schneiden des Eisens von unten eindringen. Dann habe einen Lötofen ohne Boden, der $1/4$ Breite und die gleiche Höhe habe und so lang sei als das untergelegte Eisen. Diesen Ofen fülle mit Kohle und schmelze die Ränder des Bleies zusammen.« Das untergelegte Blech verhinderte ein Ausfließen des geschmolzenen Bleis und wurde nach dem Verschweißen – nach damaligem Sprachgebrauch Löten – wieder entfernt. Auch ein Walzwerk zum Verschweißen von vorgeformten Blechstreifen zu Rohren, ein Vorläufer der im 19. Jahrhundert üblichen Rohrherstellungsverfahren, entstammt seiner Feder.

Die meisten seiner Erfindungen und Ideen waren dem damaligen Entwicklungsstand weit voraus. Die handwerkliche Produktionsweise hatte noch kein Bedürfnis nach neuartigen Werkzeugmaschinen. Deshalb blieben viele seiner Lösungen nur auf dem Papier und wurden Jahrhunderte später nochmals erfunden. Und doch hatte *Leonardo* als einer der bedeutendsten Vertreter der Renaissance starke Impulse gegeben, um das mittelalterliche Denken und dessen Dogmen zu durchbrechen.

Zuvor hatten die beiden Gelehrten *Albert von Bollstedt*, genannt *Albertus Magnus*, und *Roger Bacon* mit ihren naturwissenschaftlichen Universalstudien vielerlei Zweifel an den Glaubenssätzen der katholischen Kirche wachgerufen. Sie beschäftigten sich vor allem auf dem Gebiet der Physik, Astronomie, Botanik, Medizin und, wie alle großen Gelehrten jener Zeit, mit der Alchemie.

Die Alchemie war eine Entwicklungsetappe der Chemie, in der versucht wurde, eine in sich logisch aufgebaute, jedoch auf falschen Voraussetzungen beruhende Theorie durch das Experiment zu erhärten. In Verruf geriet die Alchemie erst, als Scharlatane und Betrüger behaupteten, unedle Metalle in Gold verwandeln zu können. Sie stützten sich auf die Lehre von *Platon* und *Aristoteles*, daß alle Materie durch Mischung der vier Grundelemente Erde, Wasser, Luft und Feuer entstanden sei.

Die Hoffnung, durch künstliches Gold das leere Staatssäckel rasch aufzufüllen, bewog Landesfürsten, Könige und Kaiser, die Experimente der Goldmacher an ihrem Hof zu fördern. Zur Transmutation (Verwandlung) unedler Metalle in Gold benötigte man den Lapis Philosophorum, den »Stein der Weisen«, auch das »große Elixier« oder die »rote Tinktur« genannt. Bei der vergeblichen Suche nach diesen Reichtum und ewige Jugend versprechenden Geheimnissen, landeten nicht wenige an einem mit Flittergold übertünchten Galgen.

Um Kopf und Kragen zu retten, griffen viele Alchemisten bei der Kunst des Tingierens zu betrügerischen Tricks, damit sie vor den Augen ihrer Geldgeber das begehrte Gold im Tiegel erschmelzen konnten.

Der Schweizer »Chymicus« *Turneysser*, den ein wechselvolles Schicksal als Alchemist und Wunderdoktor durch die Lande trieb,

Goldschmiedewerkstatt. Die Goldschmiede hatten über Jahrtausende die meisten Erfahrungen mit der Löttechnik. Kupferstich von Etienne Delaune, 1576

verwandelte einst einen Eisennagel zur Hälfte in Gold, und das im Beisein eines Kardinals, der es schriftlich bezeugte. *Turneysser* tauchte die glühende Nagelspitze in die rote Tinktur, und das eingetauchte Stück wurde zu Gold. So geschehen in Rom am 20. November 1586. Dieser Nagel wurde lange Zeit als Beweis alchemistischer Kunst gezeigt, bis man 1730 feststellte, »... daß ein Betrug dahinter stecke und eine subtile Löthung das ganze Kunst-Stück ausmache«. *Turneysser* hatte sein Publikum genarrt. Mit großer Geschicklichkeit hatte er eine goldene Spitze an einen Eisennagel gelötet und mit einer unauffälligen Farbe versehen, die während des Experimentes verschwand.

Mit einem ähnlichen Gaunerstück täuschte der polnische Alchemist *Sendivogius* den *Kaiser Ferdinand II.*, der von 1617 bis 1637 regierte. *Sendivogius* verwandelte eine Seite einer Silbermünze in Gold. Auch dieses »Wunder« hatte eine einfache Erklärung. Der gewitzte Goldmacher lötete ein Goldblech mit einer Silberplatte zusammen und ließ daraus eine Münze prägen. Er bestrich die Goldseite mit etwas Quecksilber, wodurch die Münze von beiden Seiten silbern glänzte. Dann tauchte er die Münze unter mystischen Beschwörungen in eine geheimnisvolle Tinktur und führte in den Flammen eines Kohlefeuers die Transmutation durch. Vor den Augen der verblüfften Zuschauer war eine Münzhälfte zu Gold geworden, natürlich nur so tief, wie die Tinktur »eindringen« konnte. In Wirklichkeit hatte sich das Quecksilber im Feuer verflüchtigt und die aufgelötete Goldseite kam wieder zum Vorschein. Mit diesen Tricks nutzten alchemistische Scharlatane auch die Löttechnik für ihre Betrügereien.

Hammerwerke pochten

Als der russische Zar Peter I. in Begleitung Augusts des Starken im Jahre 1711 den Grünthaler Althammer besuchte, soll dieser auf dem größten der drei Hämmer »geritten« sein. Überliefert ist weiter, daß sich der Zar sehr beeindruckt vom technischen Stand des sächsischen Bergbau- und Hüttenwesens gezeigt hat.

Aus dieser an und für sich unbedeutenden Legende wird die Bedeutung und das Ansehen der Hammerwerke im 15. Jahrhundert erkennbar. Ausgangspunkt waren der steigende Eisenbedarf und die Nutzung der Wasserkraft. Der Grünthaler Althammer war nur eines der über hundert Hammerwerke, die es allein im Erzgebirge gegeben hat. Die in den Rennfeuern der Eisenhütten erschmolzenen Luppen wurden in den Hammerwerken mehrfach geglüht und durch wiederholtes Schmieden von der Schlacke befreit. Ein Wasserrad trieb eine mächtige hölzerne Zapfenwelle und hob die bis zu 250 kg schweren Hämmer. Mit der Wucht der niedersausenden Hämmer konnten Stücke geschmiedet werden, die bisher kein menschlicher Arm zu bearbeiten vermochte. Aus diesen Hammerwerken kam jahrhundertelang der vorbereitete Rohstoff für die Plattner,

Der erstmals 1603 erwähnte Kupferhammer in Thießen zählt als bedeutendes technisches Denkmal zu den wenigen, noch erhaltenen Hammeranlagen der DDR. Die heutige Anlage aus der zweiten Hälfte des 19. Jahrhunderts zeigt einen Schwanz- und einen Breithammer

Nagel- und Messerschmiede, Schloßmacher und Schwertner.

Die als neue Energiequelle erschlossene Wasserkraft trieb die technische Entwicklung auf vielen Gebieten voran. Rastlos drehende Wasserräder setzten Mühlsteine, Sägegatter, Drahtziehwerke, Tuchwalkmühlen und Pochwerke in Bewegung. Die treibende Kraft des Wassers hatte auch für die Eisenmetallurgie eine unvorhergesehene umwälzende Bedeutung.

Bei dem vom 12. Jahrhundert an stark zunehmenden Bedarf an Eisen und Stahl genügten die alten Rennherde nicht mehr, die einen Durchmesser von etwa 1 m und eine Höhe von etwa 2 m erreicht hatten. Infolgedessen wurden die Öfen größer und bald so hoch, daß die Luppe nicht mehr von oben herausgeholt werden konnte. Um das »Stück« oder den »Wolf« herauszuziehen, mußte man den nur mit Lehm verschlossenen Ofen aufbrechen. Das war keine leichte Arbeit, und an manchen Orten rief eine Glocke alle Männer zusammen, um die hellglühende Eisenluppe aus dem Ofen zu holen.

Als man diese »Stücköfen« 4 m und noch höher baute, reichte die Luftzufuhr der meist durch Pferdegöpel betriebenen Blasebälge nicht mehr aus. Jetzt bewegten Wasserräder stärkere Gebläse. Die Hitze im Ofen stieg so weit an, daß die Schmelztemperatur des Eisens erreicht wurde. Wie groß war das Erstaunen, als das Eisen wie Wasser aus dem Ofen floß; erstmalig war Eisen flüssig geworden. Es war jedoch noch nicht verwendbar, sondern spröde und zerbrach beim Hämmern. »Dreckstein« oder »Schweineeisen« nannten es die Hüttenleute. Aber das

Hammerherrenfamilien gelangten oft zu großem Reichtum. Die Abbildung aus dem 14. Jahrhundert zeigt kostbare Gewänder, wertvollen Schmuck und das Familienwappen

Stückofenbetrieb nach einer Darstellung aus Agricolas Buch »De re metallica«, um 1557

Agricola zeigt, wie im Frischfeuer das spröde, kohlenstoffreiche Roheisen zu schmiedbarem Eisen umgewandelt wird

flüssige Roheisen ließ sich wie Bronze oder Zinn in Formen gießen. So begann im 14. Jahrhundert die Eisengußtechnik.

Bald entdeckten die Hüttenleute auch, daß sich das spröde Roheisen in weiches Schmiedeeisen verwandelte, wenn es erneut mit Holzkohle im Windstrom geschmolzen (»gefrischt«) wurde. Die »Floßöfen« konnten nun viel mehr Eisen erzeugen und ermöglichten einen kontinuierlichen Betrieb. Man brauchte nur von Zeit zu Zeit ein Abstichloch durchzustoßen, und das Roheisen floß heraus. Das Bestreben, die Wirtschaftlichkeit noch weiter zu erhöhen, führte zum »Hochofen« mit einem kegelförmigen Schacht von etwa 8 m Höhe. Dieser Hochofen, der vermutlich im Siegerland seinen Ursprung hatte, verbreitete sich im 15. Jahrhundert in alle Zentren der Eisenbearbeitung. Obwohl sich die technologische Umwälzung in der Eisenmetallurgie allmählich und ohne großes Aufsehen vollzog, wirkte sie auf die Entwicklung vieler Gebiete sehr folgenreich.

Ende des 15. Jahrhunderts erlebten der Erzbergbau und das Hüttenwesen ihre Blütezeit. Berg- und Hüttenwesen waren nicht scharf getrennt, der Bergmann verrichtete auch die Arbeit des Hüttenmannes. Kaiser *Karl V.* bezeichnete 1525 die Bergwerke als »die größte Gabe und Nutzbarkeit, die der Allmächtige den deutschen Landen gegeben hatte«, und er veranschlagte den Wert der jährlichen Ausbeute aus den Bergwerken auf 2 Millionen Goldgulden – eine für damalige Zeit phantastische Summe. So groß die wirtschaftliche Bedeutung auch sein mochte, für viele galt der Bergbau nicht nur als etwas Unheimliches, sondern auch als ein unehrenhaftes Gewerbe. Dabei mußte sich gerade der Bergmann vieler Künste und Wissenschaften bedienen, um die Schätze ans Tageslicht zu fördern und zu verarbeiten.

Einen umfassenden Überblick über das damalige Wissen des Berg- und Hüttenmannes gab *Georgius Agricola,* der »Vater des deutschen Bergbaus« und Begründer vieler mit dem Bergbau und Hüttenwesen verbundenen Wissenschaften, in seinem berühmten Werk »De re metallica«. *Agricola* wurde 1494 in Glauchau als *Georg Bauer* geboren, später nannte er sich als Gelehrter, der Sitte folgend, auf lateinisch *Georgius Agricola.* In Leipzig studierte er Philosophie und in Italien Medizin. Beim Studium alter Schriften entdeckte er, daß im Altertum mit Erfolg Heilmittel aus dem Mineralreich angewendet wurden. Diesen Mineralen wollte er nachspüren, als er 1526 nach Deutschland zurückkehrte.

Agricola ging in die freie Bergstadt Joachimsthal im Erzgebirge. Hier hatte sich zehn Jahre vorher ein »gar gewaltig Berggeschrey« erhoben, das heißt, man war auf starke silberführende Adern gestoßen, und das Geschrei darüber zog Bergleute aus allen Ländern an. Neben seiner Tätigkeit als Stadtarzt machte er sich mit dem Bergbau und der Hüttentechnik vertraut. Später folgte er einem Ruf nach dem damaligen Chemnitz, wo er auch mehrere Jahre als Bürgermeister wirkte. Unermüdlich setzte *Agricola* seine Studien in den Bergbaugebieten des Erzgebirges, im Harz und im Mansfeldischen fort. Kurz nach seinem Tode im Jahr 1555 erschien sein zwölfbändiges Hauptwerk über die Metalle. Diese umfassende Enzyklopädie des gesamten Berg- und Hüttenwesens war für zwei Jahrhunderte führend und richtungweisend. 292 vortrefflich ausgeführte Holzschnitte zeigen bis in die letzten Einzelheiten ein getreues Spiegelbild der Technik jener Zeit.

Bemerkenswert ist, daß in seinem umfangreichen Werk das Hammerschweißen und das Raffinierstahlverfahren nicht erwähnt werden. Über diese Verarbeitungstechniken wollte er in einem gesonderten Buch berichten. Leider ist er jedoch dazu nicht mehr gekommen.

Die durch die Nutzung der Wasserkraft eingeleitete Veränderung der Eisengewinnung löste das über drei Jahrtausende alte Rennverfahren ab. Der produktive Hochofen und der Frischherd konnten den steigenden Bedarf an Eisen und Stahl wieder stillen. Noch konnte das Hammerschweißen den stärker fließenden Eisenstrom bewältigen, wobei der vom Wasser getriebene Hammer den menschlichen Arm um ein Vielfaches an Leistung übertraf.

Große Kaliber und feine Ketten

Panischer Schrecken erfaßte die streitbaren Bürger der belagerten Stadt Terni um 1340, als die Angreifer aus einem eisernen Ungetüm mit ohrenbetäubendem Donnerknall eine Steinkugel gegen die Mauer schleuderten. Die Kugel richtete nur geringen Schaden an, die von Feuerschein und Rauch begleitete Explosion indes verfehlte ihre moralische Wirkung nicht. In größeren Abständen wiederholte sich der »erschröckliche Hall«. Die vor Angst gelähmten Verteidiger übergaben ihre Stadt den, wie sie glaubten, mit dem Teufel im Bunde stehenden Feinden. Der italieni-

sche Dichter Francesco Petrarca schrieb 1360: »Es ist ein grausam rasend Ding zu großem Verderben der Land und Leute ... Der Teufel hat solche Erfindung aufgebracht ...«. Weder der Teufel noch der häufig als Erfinder genannte Mönch Bertold Schwarz aus Freiburg im Breisgau haben das Schießpulver erfunden.

Angriff auf eine Burg mit Pfeilen und Bogen sowie Schilden. Buchmalerei aus der Manessischen Liederhandschrift, um 1310

Von China über Kleinasien und Byzanz gelangten die als »Lanzen des stürmenden Feuers« bezeichneten Feuerwaffen nach Europa. Um dicke Befestigungsmauern brechen und größeren Schaden auf weite Entfernung anrichten zu können, kamen bald Bombarden, Steinbüchsen und Wurfkessel großen Kalibers zum Einsatz. Das Laden riesiger Geschütze im 15. Jahrhundert und das Schießen mit ihnen war sehr umständlich. Mit einer Schaufel füllte der Stückknecht das Pulver in die Pulverkammer im hinteren Rohrende. Die Kammer wurde mit einem Holzpflock abgedichtet und die Kugel mit flachen Holzkeilen festgeklemmt. Nach dem Schießen mußte das Rohr ausgewaschen werden, damit keine glimmenden Pulverreste das neu eingefüllte Pulver vorzeitig entzündeten. Der Zeitraum zwischen zwei Schüssen betrug ein bis zwei Stunden. Kein Wunder, daß einige Riesengeschütze Beinamen, wie »Faule Magd« oder »Faule Grete« erhielten. Die niedrige Schußfrequenz mußte durch eine große Anzahl von Geschützen wettgemacht werden. So standen z. B. 1580 in Kursachsen 654 Geschütze. Das Kriegführen war grausamer und die Militärtechnik viel teurer geworden. Ein großes Geschütz hatte den Wert von mehreren hundert Kühen. Hinzu kamen Pulver, Kugeln und Transportmittel.

Das Herstellen der Feuerwaffen war mit neuem technischen Können in der Metallbearbeitung verbunden. Die ersten Geschütze hatten schmiedeeiserne Rohre, bestehend aus einer Stab-Ring-Konstruktion, ähnlich, wie sie der Böttcher beim Bau der Fässer anwendete. Geschmiedete Längsstäbe bildeten die Rohrwand, darüber wurden Eisenringe gezogen. Als Pulverkammer dienten einzelne breite, an den Stirnflächen miteinander verschweißte Ringe. Der Boden war ein eingeschweißter Klotz. Wurfkessel dieser Bauweise konnten mit 20 kg Pulver 60 kg schwere Steinkugeln etwa 1000 m weit werfen. Manche Steinbüchsen verfügten auch über zwei Lagen von Stäben und Ringen, wie der Steyrische Riesenmörser in Wien. Mit einem Kaliber von 80 cm hatte er das größte aller bekannten schmiedeeisernen Rohre. Diese konnten in solchen Ausmaßen nicht mehr in einer kleinen Dorfschmiede hergestellt werden. Große Herde, Flaschenzüge, kräftige Blasebälge, mechanische Hämmer waren erforderlich; auch geübte

Schmiede. Doch ist 1547 noch von einem Meister *Melcher* zu Nürnberg die Rede, »welcher die großen Schlangen aus Eisen mit der Hand geschmiedet«. Ein besonderes Prachtexemplar ist die »Dulle Griete« (Tolle Grete), die noch heute auf dem Freitagsmarkt in Gent steht. 1382 wurde sie aus 32 schmiedeeisernen Barren verschweißt, die mit 41 verlöteten Eisenringen zusammengehalten wurden. Die Pulverkammer faßte 70 kg Schießpulver und das 5 m lange Rohr verschoß 325 kg schwere Steinkugeln. Ob und wie oft diese Geschosse ihr Ziel erreichten, darüber ist nichts Genaues bekannt. Der 16 400 kg schwere Koloß ist ein beeindruckendes Zeugnis des Schmiedehandwerks, des Hammerschweißens sowie der Löttechnik jener Zeit.

Bald lösten gegossene Geschützrohre aus Bronze oder Gußeisen die schwer herzustellenden geschmiedeten Rohre ab. Aber auch das Gießen solch großer Stücke erforderte höchstes Geschick. Ein Meisterwerk dieser Art ist die 1586 gegossene »Zarenkanone«. Das reichverzierte Rohr ist 5 m lang und wiegt 40 000 kg. Mit 89 cm hat es das größte Kaliber der erhalten gebliebenen Geschützrohre.

Ursprünglich verwendete man als Geschosse ausschließlich von Steinmetzen mehr oder weniger rund behauene Steine. Bei dem großen Bedarf bevorzugte man aber bald Eisenkugeln. Zunächst waren es geschmiedete Kugeln, die nicht aus Luppen hergestellt, sondern aus schmiedeeisernen Stäben zu einem Knäuel verschweißt und rund geschmiedet wurden. Da dies aber nicht in einem Gesenk geschah, waren sie mehr eckig als rund. Das war nicht so wichtig; Hauptsache, die Kugel paßte in den dafür vorgesehenen Lauf, der beim damaligen Bearbeitungsstand auch nicht immer rund war. Als Kaiser *Maximilian* die Kalibrierung der Geschütze einführte, bot der Eisenguß die Möglichkeit der Massenherstellung formgenauer Kugeln. Der Italiener *Vannoccio Biringuccio* beschreibt in seinem 1540 veröffentlichten berühmten Buch »Pirotechnica« sehr ausführlich den Guß von Eisenkugeln in metallenen Formen, in denen bis zu sieben Kugeln gleichzeitig gegossen werden konnten. *Biringuccio* beschäftigte sich in seinem Werk, das die Metallurgie, den Bergbau und die Töpferei behandelt, auch eingehend mit der Technologie des Hammerschweißens.

Mit diesem Verfahren stellte der Büchsenmacher die ersten Handfeuerwaffen her. Ein breiter Flacheisenstab wurde zu einem Rohr gebogen und die Längsnaht in der Schweißhitze über einem Dorn feuergeschweißt. Seit Mitte des 16. Jahrhunderts wurden »Damastläufe« beliebt. Drähte aus weichem und hartem Stahl wickelte man nebeneinander und schweißte sie zusammen. Die Läufe können als Vorgänger spiralgeschweißter Rohre angesehen werden. Wahre Kunstwerke stellen

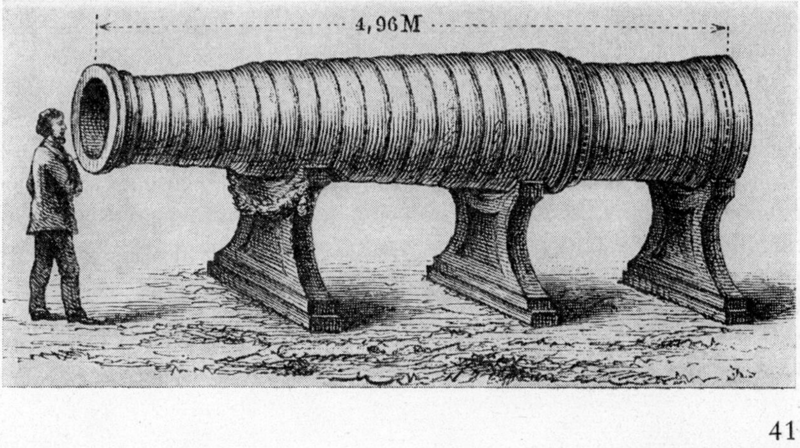

»Dulle Griete« von Gent. Das wahrscheinlich 1382 geschmiedete Riesengeschütz besteht aus einem feuergeschweißten Geschützrohr und einer ebenfalls feuergeschweißten Pulverkammer

manche reichgemusterten Büchsen dar, so sauber gearbeitet, daß die Schweißnähte unsichtbar blieben. Manche Handbüchse war allerdings noch so schwer, daß sie zwei Männer zur Bedienung brauchte; einer zielte und der andere feuerte.

Herzog *Johann von Braunschweig* ließ um 1580 auf der Teichhütte zu Gittelde im Harz Riesengeschütze nach dem Verfahren der alten Inder herstellen. Durch Aneinanderschweißen einzelner 4 bis 6 kg schwerer Eisenstücke erzeugte man eine massive Welle, die anschließend ausgebohrt wurde. 1591 entstand so aus 2041 zusammengeschweißten Teilen ein 11,6 m langes, 10 000 kg schweres Geschütz.

In Indien sind die Kenntnisse dieser Metallbearbeitungstechniken durch Jahrhunderte überliefert worden. Im 16. und 17. Jahrhundert ließen mohammedanische Sultane zur Demonstration ihrer Macht Riesengeschütze schmieden, die in ihrer Größe die europäischen des Mittelalters noch übertrafen. In der Ruinenstadt Bidar wurde ein Schlangengeschütz gefunden, dessen 9 m langes Rohr vermutlich aus einzelnen Luppen durch Hammerschweißen vollgeschmiedet und dann ausgebohrt wurde. Auf alle Fälle brachte der Bau der großen Kanonen des Mittelalters neue Erkenntnisse im Gießen, Schmieden und Schweißen, die nachhaltig die weitere Entwicklung der Eisenbearbeitung beeinflußten.

Einige geschweißte Gegenstände gehörten mit zur Ausrüstung, als *Christoph Kolumbus* am 3. August 1492 an Bord des Flaggschiffes »Santa Maria« mit seiner kleinen Flottille aufbrach, um den Seeweg nach Indien zu suchen. Am 12. Oktober konnte *Kolumbus* die Anker werfen lassen und auf der Bahama-Insel Guanahani (San Salvador) an Land gehen. Wenn er auch nicht nach Indien gelangte, so hatte er doch einen neuen Kontinent entdeckt, der übrigens erst 1507 »Amerika« nach dem Seefahrer *Amerigo Vespucci* benannt wurde. Außer geschweißten eisernen Schiffskanonen, die keinen Zweifel an Machtverhältnissen aufkommen lassen sollten, führte die Expedition von *Kolumbus* auch eiserne Gerätschaften mit. Besonders begehrte Tauschobjekte waren Messer, Beile und Nägel. Für zwei Messer erhielten die Matrosen von den Inselbewohnern ein Schwein. Weitere wichtige, zur Ausrüstung der Schiffe gehörende geschweißte Gegenstände waren verschiedene Ketten und der Anker.

Feuergeschweißte eiserne Ketten kennt man bereits aus dem Eisenschatz des Königs *Sargon II.* aus der Zeit um 710 v. u. Z. *Cäsar* erwähnt, daß die von ihm im Jahre 56 v. u. Z. besiegten Veneter, ein nördlich der Loiremündung lebender keltischer Volksstamm, eiserne Ankerketten benutzten. Diese setzten sich aber zunächst nicht durch. Der englische Marineleutnant *Samuel Brown* führte sie 1808 erfolgreich wieder ein und rüstete den Westindiensegler »Penelope« damit aus.

Ketten übten schon immer vielfältige Funktionen aus. Die ältesten dienten dem Schmuckbedürfnis. 525 v. u. Z. soll von den Römern die Fesselkette eingeführt worden sein. Sie bestand je nach Würde und Stand des Gefangenen aus Gold, Silber oder Eisen. Die Kettenschmiede bildeten eine eigene Zunft der »Rinken- und Kettenschmiede«. Außer Meß-, Wag-, Brunnen-, Zaum-, Halfter-, Brust-, Deichsel- und Kuhketten stellten sie u. a. Ringe oder Schnallen her. Außerdem gab es Kettenschmiede, die besonders große Sperrketten zum Beziehen der See-Häfen oder Straßen anfertigten. Mit einer Sperrkette versuchten z. B. die Republikaner im amerikanischen Unabhängigkeitskrieg, das Eindringen englischer Schiffe in den Hudson zu verhindern. Dreimal riß die 457 m lange Eisenkette wegen ihrer schlechten Ausführung, vor allem der Schweißungen. Schließlich gelang das Unternehmen mit einer von der Sterling Iron Works aus Orange County gelieferten Kette, deren überlappt geschweißte Flacheisenglieder die nötige Qualität besaßen. Diese Kette wog 180 t. Sie war an beiden Ufern befestigt und wurde von verankerten Bojen gehalten.

Auch im Bergbau verrichteten geschweißte Ketten ihren Dienst. Sie boten zwar gegenüber den Hanfseilen eine größere Sicherheit, aber bei den im 18. Jahrhundert schon üblichen Schachttiefen von 400 m kam es immer häufiger zu Unglücksfällen. Die Ketten wurden durch die größer werdende Eigenlast überbeansprucht und rissen. Oberbergrat *Albert* untersuchte die Bruchursache und ermittelte, daß zusätzlich eine Versprödung der Glieder eintrat. Er erfand das Drahtseil und führte es 1830 auf einer Grube im Harz ein.

Erste Gedanken, die aufwendige Handarbeit beim Schmieden und Schweißen der Ketten zu vereinfachen, liegen lange zurück. 1634 erhielt *Philipp White* ein Patent für die mechanisierte Herstellung von Schiffsketten. 1813 konstruierte *Thomas Brunton* eine Maschine zum Anfertigen von Ankerketten und stellte Stegketten her. Drei Jahre später konnte die maschinelle Kettenfabrikation so verbessert werden, daß damit die Grundlage für die heutige Kettenschweißmaschine gelegt wurde. Die erste Ankerkettenfabrik in Deutschland entstand 1831.

Ursprünglich erfolgte die Erzförderung mit Hanfseilen, und die Ein- und Ausfahrt der Bergleute geschah über Leitern. Mit tiefer werdenden Schächten ging man zu Eisenketten über

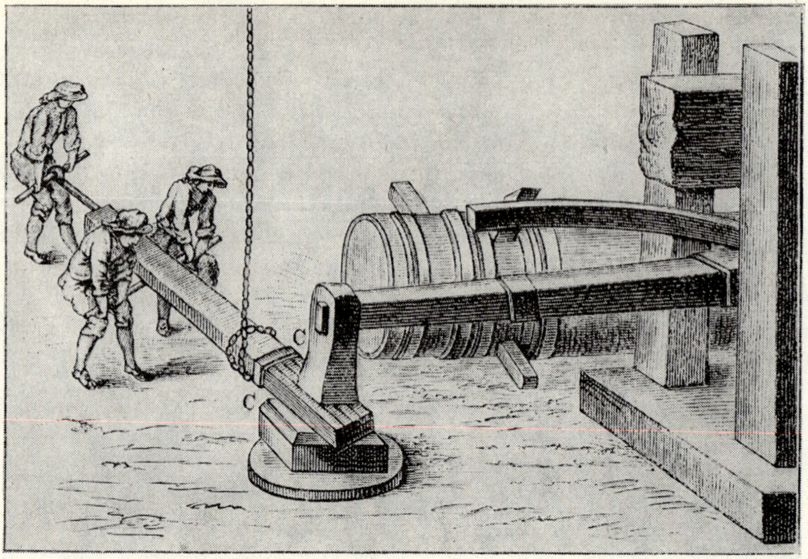

Blick in eine alte Ankerschmiede des 18. Jahrhunderts. Ein am Kran hängendes »Paket« aus Stabeisen wird unter dem Aufwerfhammer feuerverschweißt

Ursprünglich dienten keilförmige Ankersteine zum Festmachen der Schiffe. Hakenähnliche, mit Steinen beschwerte Holzanker stellten schon eine Verbesserung dar. Seit Mitte des 1. Jahrtausends v. u. Z. kamen vereinzelt eiserne Anker in Gebrauch. Alte griechische Münzen zeigen Darstellungen eiserner Schiffsanker, die aus Ankerstock und zwei Armen bestanden.

Sicher zum Schmuck ummantelte man häufig im griechisch-römischen Altertum den eisernen Anker mit edlen Hölzern. Aus einem Kratersee bei Aricia in Italien konnte man die Prunkbarke des römischen Kaisers *Tiberius* (42 v. u. Z. bis 37 u. Z.) bergen. Zur Ausrüstung gehörte auch ein holzummantelter Anker, dessen Eisenkern aus feuergeschweißten Luppen mit einer Masse von 414 kg hergestellt wurde. Der eiserne Anker war stets Glanzstück meisterlicher Schmiedekunst. Die Ankerschmieden, die oft Kettenschmieden beherbergten, lagen naturgemäß in der Nähe der Häfen. Schiffsanker waren die schwersten Schmiedestücke, die man im Mittelalter herstellte. Öse, Ankerschaft, Arme und Flunken wurden als Einzelstücke aus gebündelten Stabeisen geschmiedet und dann miteinander verschweißt.

Die Grenze des zu verbindenden Querschnitts war beim Handschmieden mit 15 bis 20 cm erreicht. Bis zu 24 aufeinander eingeübte Zuschläger waren nötig. Sie schwangen Hämmer von 7 bis 9 kg. Eng im Kreise mußten sie stehen und so dicht bei der glühenden Eisenmasse, daß sie eine lederähnliche Haut bekamen. Der Hagelschauer der Hammerschläge, die minutenlang auf die Eisenmasse fielen, genügte jedoch nicht immer, um die Anker durchzuschweißen.

Mit der Einführung der von Wasserkraft getriebenen Hämmer wurde die schwere Arbeit beträchtlich erleichtert. Das Schmieden und Schweißen größerer Anker war möglich geworden. *R.-A. F. de Réaumur* schrieb 1723: »Was man aber gegeneinanderhalten muß, ist die Wirkung eines Hammers von 12 bis 15 Pfund am Gewichte, welche vermittelst der Armę eines Menschen geführet wird, mit der Wirkung eines Hammers von 800 Pfund am Gewichte, welcher von einer weit größeren Höhe herabfällt in den Hammerwerken. Denn es ist gewiß, daß die Stärke des letzteren der Kraft des ersteren unermeßlich überlegen ist, daß wenn die Stäbe bis zu dem Mittelpunkte durchschweißet werden können, es durch solche Schläge gewiß geschieht.« Zur Wichtigkeit einer guten Arbeit führte er weiter aus: »Wie würde es mit einem Schiffe werden, dessen Erhaltung oftmals seinen Ankern anvertraut wird, wenn dieselben aus einem gar zu zerbrechlichen oder schlecht zusammengeschweißten Eisen gemacht wären?« Die grundlegenden Arbeitsgänge bei der Ankerherstellung beschrieb *Réaumur* so: »Die Verfestigung der Anker erfordere zwey Gattungen von Arbeit, diejenige nämlich, daß man die verschiedenen Theile derselben schmiede, und diese, daß man die verschiedenen Theile aneinander schweiße.«

Änderte die Wasserkraft am Prinzip des jahrtausendealten Feuerschweißens nichts, hatte der Mensch durch die Nutzung der Naturkraft seinen Arm um ein Vielfaches verstärkt. Wurde das Feuerschweißen bisher nur in der kleinen Schmiedewerkstatt ausgeübt, nahm es nun ebenso in den großen Hammerwerken einen festen Platz ein. Der Hammer, vorläufig immer noch das einzige Schweißwerkzeug, erhielt neue größere Dimensionen.

Wasserräder trieben auch Eisenschneidemühlen, die den Hammerwerken meist angegliedert wurden. In ihnen wurde das ausgeschmiedete Eisen zu Stangen und Bändern verarbeitet. Eine zeitgenössische Darstellung beschreibt die Technologie: »In Eisenschneidmühlen wird das Eisen durch Scheiben, die auf gegeneinander treibenden Walzen befestigt, glühend geschnitten. Das Eisen wird zuvor in gewöhnlichem Frisch-

Die bisher älteste Abbildung einer Eisenschneidmühle aus der Gegend von Lüttich aus dem Jahre 1734 ist durch den schwedischen Hüttenfachmann Svedenborg überliefert worden. Durch Walzen angetriebene Scheiben zerteilen glühende, unter dem Fallhammer vorgeschmiedete Eisenstangen zu Bändern, die den Nagel- und Kettenschmieden als Vormaterial dienten

feuer, aber ohne besonders schwere Hämmer vorbereitet, und die nochmalige Glühung geschiehet beym Flammenfeuer. Das Werk gehet mit unglaublicher Geschwindigkeit, und verthut eine große Menge Eisen. Es werden auf solchem die Reifen zu den Weinfässern geschnitten und andere Bestellungen gearbeitet.«

Zeittafel

etwa 400 bis 322 v. u. Z.	Die griechischen Philosophen *Platon* und *Aristoteles* entwickeln eine auf der Vier-Elemente-Theorie beruhende Lehre, die etwa 2000 Jahre Bestand hat
430 v. u. Z./ 300 v. u. Z.	*Hippokrates* und *Theophrast* beschreiben Chrysokoll als mineralisches Reaktionslot
79 v. u. Z.	Feuergeschweißte Rohrleitung in Pompeji
56 v. u. Z.	*Cäsar* erwähnt eiserne Ankerketten der Veneter
um 50	Feuergeschweißter Anker von der Prunkbarke des römischen Kaisers *Tiberius*
um 180	Erste alchemistische Schriften
um 370	Eisensäule von Kutub (heute Delhi)
8. bis 11. Jh.	Persisch-syrisch-arabische Schriften geben Lotrezepte an, Borax als Flußmittel
10. Jh	Beginn des Silber- und Kupferbergbaus im Harz
um 1100	Der Mönch *Theophilus* (*Roger von Helmarshausen*) beschreibt in der »Schedula diversarum artium« das Löten und einen Lötkolben
11./12. Jh.	Wasserrad und Windmühle finden als neue Energiequelle Anwendung
11. bis 13. Jh.	Bildung der Zünfte, Übergang von häuslicher Produktion zum Zunfthandwerk
13. Jh.	*Albertus Magnus* und *R. Bacon*, naturwissenschaftliche Studien; Schießpulver wird in Europa bekannt
um 1300	Wasserantrieb für Schmiedehämmer; Übergang vom Rennfeuer zum Stückofen, erste Floßöfen, später Hochöfen; Frischverfahren und Eisengußtechnik entwickeln sich
um 1350	Geschweißte Geschützrohre; Wasserkraft zum Drahtziehen; Raffinierstahl durch Verschweißen von »hartem« Holzkohlenstahl mit »weichem« Schweißeisen
um 1360 bis 1400	Zunftordnung der Gold- und Schwertschmiede legt Qualitätsmerkmale fest
1430	einfache Walzwerke
1435	Erfindung des Buchdrucks durch *J. Gutenberg*
1492	*Ch. Kolumbus* entdeckt Amerika
um 1505	*Leonardo da Vinci* entwirft u. a. Vorrichtungen zum Schweißen von Bleidächern und Rohren
1517 bis 1525	Reformation und Bauernkrieg in Deutschland
1540	*V. Biringuccio* beschreibt in seinem Buch »Pirotechnica« das Feuerschweißen
1556	Zwölfbändiges Werk »De re metallica« von *G. Acricola* erscheint

Neue Impulse

Gebändigte Dampfkraft

»Eine ganze Erzgrube brauche man für das Baumaterial und ein riesiges Kohlebergwerk für die Feuerung«, so wurde derjenige verspottet, der eine Newcomen-Dampfmaschine benutzen wollte. Sie war klobig und ihr Brennstoffverbrauch gewaltig, aber sie funktionierte. Seit 1712 wurde sie in Bergwerken eingesetzt, wo Kohle in beliebiger Menge und ohne lange Transportwege zur Verfügung stand. Ihre Aufgabe bestand darin, das unablässig sickernde Wasser aus den Gruben zu pumpen.

Seit Menschengedenken diente bis zum 17. Jahrhundert fast ausschließlich Holz als Brennstoff. Da es in steigendem Maße für Eisenerzeugung, im Bauwesen, auf Werften und für viele andere Zwecke benötigt wurde, litt besonders England seit Ende des 16. Jahrhunderts an zunehmender Holzknappheit. Infolgedessen nahm die Zahl der Bergwerke zu, in denen man Kohle in immer größeren Tiefen abbaute. Je tiefer die Flöze lagen, um so mehr Wasser brach in die Stollen. Hunderte von Pferdegöpeln betriebene Pumpen hoben das Wasser. Die Notwendigkeit eines wirkungsvolleren Pumpenantriebs zeigte sich immer deutlicher.

Zuvor hatten *Denis Papin* 1685 in Hessen und *Thomas Savery* 1706 in England mehr oder weniger erfolglos versucht, mit der Kraft des Dampfes das Wasser aus den Gruben zu fördern. Mehr Erfolg hatte der Schmied *Newcomen* mit seiner Dampfmaschine. Ein Dampfstrahl hob den Kolben im Zylinder. Eingespritztes Wasser ließ den Dampf kondensieren und das entstandene Vakuum zog den Kolben zurück. Spätere Erfinder verbesserten zwar Einzelheiten und erhöhten den Wirkungsgrad auf etwa 1%. Die Maschine blieb aber trotzdem unwirtschaftlich und hatte außerdem den Nachteil, daß sie nur hin- und hergehende Bewegungen ausführen konnte.

Erst *James Watt* beseitigte mit seinen genialen Ideen diese Mängel. *Watt*, der als Universitätsmechaniker in Glasgow tätig war, erhielt eines Tages den Auftrag, das Modell einer Newcomen-Maschine zu reparieren. Für den geschickten Mechaniker bereitete das keine Schwierigkeiten. Er beschäftigte sich mit den Nachteilen dieser Maschine und experimentierte mit Dampf in seiner Kellerwerkstatt. Nach fünf Jahren harter Arbeit fand er die Lösung, die er 1769 für seine »Feuermaschine« patentieren ließ.

Watt hatte weder die finanziellen Mittel, noch gab es technische Möglichkeiten, seine an Präzision hohe Ansprüche stellenden Zylinder und Kolben herzustellen. In dem Birminghamer Fabrikanten *Boulton* fand er schließlich den Geldgeber, der sich dafür jedoch zwei Drittel aller Einkünfte aus *Watts* Patent sicherte.

Als *Watt* mit seinen Versuchen begann,

die Dampfkraft zu bändigen, verpuffte ein Teil seiner Bemühungen im wahrsten Sinne des Wortes. Der Dampf entwich zwischen Kolben und Zylinderwand, da es an der Möglichkeit einer genauen Bearbeitung mangelte. Aus Tagebuchaufzeichnungen des »Kunstmeisters« *Reynolds* von 1760 ist zu erfahren, wie mühselig das Ausschleifen eines Rotgußzylinders von 20 Zoll (50,8 cm) Weite und 9 Fuß (274,3 cm) Länge war. 150 kg Blei wurden um eine Eisenstange in den Zylinder gegossen. Der Bleiklotz wurde nun »von je 6 kräftigen und flinken Männern an Eisenstange und Tauen hin- und hergezogen, immer ein wenig weiterdrehend«. Öl und Schmirgel sorgten für den Abrieb, bis nach 3 Tagen »ein solcher Grad von Rundheit erreicht war, daß der größte Durchmesser des Zylinders sich vom kleinsten nur noch um die Dicke meines kleinen Fingers unterschied«. Wir wissen nicht, ob der Meister eine kräftige oder feingliedrige Hand hatte. Aber da der zum Zylinder gehörende Kolben auch nur mit einem frei von Hand geführten Stahl bearbeitet wurde, können wir uns die ersten Dampfmaschinen als fauchende Ungetüme vorstellen.

Erst als der Mechaniker *John Wilkinson* ein Bohrwerk baute, mit dem die Abweichungen »auf 50 Zoll Durchmesser nicht größer sind als die Dicke eines Schillingstückes« (etwa 6 mm), konnte *Watt* seine Pläne verwirklichen. Er verlegte die Kondensation des Dampfes außerhalb des Zylinders und ließ den Dampf zusätzlich auf den Kolben drükken. Dadurch wurde der Dampf zur treibenden Kraft, und der Kohleverbrauch sank auf ein Viertel gegenüber der Newcomen-Maschine.

Der Siegeszug der Dampfmaschine begann. Nach der Erfindung des doppeltwirkenden Prinzips, des Zentrifugalreglers und der Umwandlung der geradlinigen Kolben- in eine Drehbewegung lief dieser »Universalantrieb« überall in Gruben, in der Textilindustrie, anderen Industriezweigen und revolutionierte das Verkehrswesen (Dampfschiffe, Eisenbahn) in der frühkapitalistischen Wirtschaft. *Watt*, der »Bändiger« der Dampfmaschine, konnte sich zwar auf die Erfahrung vieler Erfinder vor ihm stützen, aber noch viel mehr war er auf die Ideen und Kunstfertigkeiten der Mechaniker angewiesen, die ihm beim Bau der Maschine halfen, sowie auf den Bedarf, den die aufstrebende kapitalistische Produktionsweise an Antriebsmaschinen hatte.

Die *Watt*sche Dampfmaschine war die erste universell einsetzbare Kraftmaschine, die unabhängig von den bisher genutzten Naturkräften des Windes und des Wassers arbeitete. Sie konnte dort aufgestellt werden, wo ein Antrieb erforderlich war. Sie bewegte die Transmissionen, mit denen die Handarbeit abgelöst wurde. Die Dampfmaschine wurde zur treibenden Kraft der industriellen Revolution.

Jahrzehntelang hatte England das Monopol im Dampfmaschinenbau. Ausfuhrbeschränkungen sicherten die Vormachtstellung des technischen Fortschritts und damit die Vorteile auf dem Weltmarkt. Die feudalen Schranken behinderten die technische Entwicklung auch in den deutschen Ländern. 1785 nahm in Preußen die erste Dampfmaschine ihren Betrieb auf, nachdem man sich heimlich die Bauunterlagen beschafft hatte. Sie blieb aber ein Einzelstück, bis 17 Jahre später eine weitere folgte. Erst Anfang der 20er Jahre des 19. Jahrhunderts begannen sich auch in Deutschland Dampfmaschinen durchzusetzen.

Kohle und Eisen

Lärm und Feuerschein weckten den Hüttenbesitzer Dud Dudley. Er wollte seinen Augen nicht trauen, als er sah, was auf seinem Grundstück vorging. Eine aufgebrachte Menschenmenge riß die Hochöfen ein, zerschnitt die Blasebälge und zündete die Lager an. Neidvolle Konkurrenten und Besitzer der Holzkohlehütten, die um ihre einträglichen Einkünfte bangten, ließen ihrer Wut vollen Lauf. Zunehmender Holzmangel und dadurch steigende Preise für Holzkohle hatten Dudley zu Versuchen veranlaßt, Roheisen mit der reichlich vorhandenen Steinkohle zu schmelzen. Seine Bemühungen hatten Erfolg, und er konnte das Eisen preiswerter verkaufen. Damit schuf er sich viele Feinde, die ihm deshalb auch seinen Hüttenbetrieb zerstörten. Ein an anderer Stelle errichtetes Werk ereilte das gleiche Schicksal. Dudley starb verschuldet und nahm sein Geheimnis mit ins Grab.

Der vielseitige Wissenschaftler René Antoine Réaumur (1683 bis 1757) befaßte sich auch mit Fragen der Eisen- und Stahlmetallurgie. Er konstruierte den abgebildeten frei aufgehängten, fahrbaren Ofen. Beim Neigen des Ofens kann das flüssige Eisen durch das Abstichloch fließen

Der wachsende Bedarf an Schmiedeeisen erhöhte die Nachfrage an Holzkohle, mit der man die Hochöfen und Frischfeuer betrieb. Ganze Wälder wurden dadurch »verschlungen«. England war bald so kahl, daß man 1674 alle königlichen Eisenwerke stillegte und die englische Admiralität nur russisches Eisen zur Ausrüstung ihrer Schiffe verwenden durfte. Es mußte ein Ausweg gefunden werden.

Abraham Darby gelang es endlich, nach vielen Rückschlägen, brauchbares Roheisen mit Steinkohlenkoks zu gewinnen. Der Weg zur Massenproduktion von Roheisen war frei, ohne die Wälder zu vernichten. *Darbys* Enkel setzte ihm 1779 mit der ersten gußeisernen Brücke ein ehernes Denkmal.

Doch zum Frischen konnte die Holzkohle noch nicht durch Steinkohle ersetzt werden. Der Engländer *Henry Cort* löste 1784 dieses Problem mit dem sogenannten Puddel-Verfahren. Er trennte den Verbrennungsraum vom Frischherd. Das geschmolzene Roheisen wurde mit einer Eisenstange kräftig umgerührt (»gepuddelt«), dabei befreite die erhitzte Luft das Eisen von sprödemachendem Kohlenstoff und anderen Begleitelementen. Die zähflüssige Schmelze kam dann als teigige Luppe aus dem Ofen. *Cort* walzte die weißglühenden Luppen mit einer von ihm erfundenen Formwalze aus, wobei der größte Teil der Schlacke herausgepreßt wurde. Um eine gleichmäßige Zusammensetzung zu erreichen, mußten die Stäbe geteilt, zu Paketen gebündelt und nach Erhitzen durch erneutes Walzen geschweißt werden; daher

Ein französisches Eisenwerk des 18. Jahrhunderts. Der Hochofen ist z. T. im Schnitt dargestellt. Deutlich ist das die Blasebälge treibende oberschlächtige Wasserrad erkennbar. Im Vordergrund transportieren und wiegen Arbeiter die abgestochenen Eisenmassen

leitet sich vermutlich auch der Name Schweißeisen ab.

Der Puddelprozeß schuf die Voraussetzungen einer Massenerzeugung von Schmiedeeisen. *Corts* Erfindung und *Watts* Dampfmaschine ermöglichten erst das Entstehen der Großindustrie. Ein weitsichtiger Zeitgenosse *Henry Corts* prophezeite, daß die Dampfmaschine von *James Watt* und das Puddelverfahren zu den Erfindungen gehörten, die England mehr Nutzen bringen würden, als die im Jahre 1786 verlorenen dreizehn nordamerikanischen Kolonien.

Aber der Mann, der die moderne Stahlerzeugung eingeleitet hatte und durch den England zum größten Stahlhersteller wurde, stürzte in Not und Elend. Sein Teilhaber, ein Marinezahlmeister, entpuppte sich als Betrüger; er hatte sich aus der Admiralitätskasse bedient. *Cort* verlor sein Vermögen und seine Patente. Er beendete sein Leben in größter Armut, während andere Stahlfabrikanten mit seinem Verfahren Millionen verdienten.

Wie hart die Konkurrenz war, mußte auch der englische Uhrmacher *Benjamin Huntsman* erfahren. Er verbesserte die ungleichmäßige Zusammensetzung des Schweißstahls durch Umschmelzen in feuerfesten Tiegeln. Seinen Tiegelgußstahl verarbeiteten französische Stahlschmiede zu besten Qualitätswaren. Um hinter sein Geheimnis zu kommen, verkleidete sich der Hüttenbesitzer *Samuel Walker* als Bettler und fand in einer kalten Winternacht Einlaß in der Fabrik von *Huntsman*. Am warmen Ofen konnte er sich nicht nur aufhalten, sondern auch die Tiegelstahlbereitung aus nächster Nähe beobachten. Ein anderer erschien als Priester verkleidet, und ein Hüttenbesitzer aus Schweden erlangte mit Bestechungsgeldern den Besitz des begehrten Verfahrens.

Mitte des 19. Jahrhunderts stieg durch die industrielle Revolution der Eisenbedarf gewaltig an, und das Puddelverfahren konnte ihn nicht mehr befriedigen. 1855 gelang es *Henry Bessemer*, ein Verfahren zu entwickeln, das die preiswerte Massenerzeugung von Eisen und Stahl einleitete. Durch Einblasen von Luft in ein kippbares, feuerfest ausgekleidetes Gefäß, auch Konverter oder nach dem Erfinder Bessemerbirne genannt, wurde das eingefüllte Roheisen in etwa 20 Minuten gefrischt, während beim Puddelprozeß für die gleiche Menge Roheisen 24 Stunden erforderlich waren. Außerdem verschwand die schwere körperliche Arbeit der Puddler, die in der Gluthitze des Ofens ständig die lavaähnliche Schmelze zerteilen mußten.

Sidney Gilchrist Thomas verbesserte das Windfrischverfahren für phosphorreiches Roheisen. Als 1864 der Franzose *Pierre Martin* mit einem von *Friedrich Siemens* erbauten Regenerativofen hochwertigen Stahl erschmolz, war eine weitere Möglichkeit zur Stahlerzeugung vorhanden. Seine Bedeutung erhielt das Siemens-Martin-Verfahren besonders durch die Wiedergewinnung von Stahl aus Schrott.

Als Stahl bezeichnete man damals alle Eisenwerkstoffe, die einen etwas höheren Kohlenstoffgehalt hatten sowie schmied- und härtbar waren. Eisen mit sehr wenig Kohlenstoff war zwar schmiedbar, ließ sich aber nicht härten. Da bei den neuen Verfahren Stahl oder Eisen flüssig abgestochen wurden, hießen sie Flußstahl bzw. Flußeisen; im Unterschied zum Schweißstahl bzw. Schweißeisen, die man im Puddelverfahren teigig gewann und auf Walzen zu Rohschienen verschweißen mußte.

Die Bessemer-, Thomas- sowie Siemens-Martin-Verfahren zur Eisen- und Stahlerzeugung gehören zu den größten technischen Errungenschaften des vorigen Jahrhunderts. Damit wurde der Grundstein für die weltweite Nutzung des Stahls gelegt.

Metallbearbeitung erfordert Präzision

200 Pfund versprach Joseph Bramah demjenigen, der das von ihm entwickelte Patentsicherheitsschloß öffnen würde. Erst 1851 – fast 60 Jahre nach der Erfindung – vermochte nach 50stündiger Arbeit ein Amerikaner, das Schloß zu »knacken«. Die Nachfrage nach diesen Schlössern war sehr groß. Um aber die komplizierten Einzelteile präzise und in hoher Stückzahl zu fertigen, mußte die Herstellungsweise verändert werden.

Bis dahin wurden alle entsprechenden Gegenstände wie Nadeln, Uhren, Pfannen oder Musketen einzeln in Handarbeit gefertigt. Dadurch glich kein Stück dem anderen. Größere Gegenstände, wie Kutschen oder Dampfmaschinen arbeitete man sowieso nach den Sonderwünschen des Auftraggebers. Die Zünfte wachten auch streng darüber, daß die überlieferten Herstellungsverfahren beibehalten wurden. So entstanden durch die Hände der Meister und ihrer Gesellen die kunstvollen Arbeiten, die wir heute noch bewundern. Der Qualität kam diese Produktionsweise oft zugute, aber den steigenden Bedarf an Arbeitsgeräten und Gebrauchsgegenständen konnte sie nicht mehr befriedigen.

Der junge *Henry Maudslay*, der in *Bramahs* Werkstatt arbeitete, ersann Vorrichtungen, Hilfsmitel und Lehren, mit denen die Einzelteile der Sicherheitsschlösser von verschiedenen Schlossern in getrennten Arbeitsgängen mit erforderlicher Präzision und Stückzahl hergestellt werden konnten. *Maudslay*, der später zu den bedeutendsten Pionieren des Werkzeugmaschinenbaus gehörte, verwirklichte seine genialen Ideen mit der Arbeit seiner geschickten Hände. Zunächst tauschte er Fußhebel und Wippe, bis dahin üblicher Antrieb der Drehbänke, gegen ein Rad aus, das über eine Transmissionswelle von einer Dampfmaschine angetrieben wurde. 1797 baute er eine Drehbank mit einem

Werkzeugschlitten, den eine sich drehende Schraubenspindel vorwärtsführte.

Diese »englische Drehbank«, mit der gegenüber der üblichen Drechslerbank eine bisher unerreichte Genauigkeit und Schnittkraft erzielt werden konnte, leitete neue Möglichkeiten der Metallbearbeitung ein. *Maudslays* Fabrik – er hatte sich inzwischen selbständig gemacht – wurde zu einer Schule des Maschinenbaus und der Ingenieurkunst, in der man Hobel-, Fräs- und Bohrmaschinen, Pressen und Stanzen entwickelte und baute. Seine Maschinen waren vollständig aus Eisen und hatten funktionsgerechte sowie abgerundete Formen. Mit einem von ihm konstruierten »Meß-Schraubstock«, einer Meßschraube, konnte er seine Maschinen bis auf 1/100 mm genau bearbeiten. *Joseph Whitworth*, ein Schüler von ihm, ordnete als erster die verschiedenen Gewindesysteme und sorgte für austauschbare Schrauben sowie Muttern. Ein grundlegender Umschwung in der Schmiedetechnik setzte ein, als 1839 *James Nasmyth*, ebenfalls jahrelang Mitarbeiter von *Maudslay*, den Dampfhammer erfand. Diese leistungsstarken und hochproduktiven Maschinen lösten an die Wasserkraft gebundene und von ihr getriebene Hämmer ab. Dampfhämmer von 100 t und mehr konnten nun Stahlteile von bisher ungeahnter Größe schmieden. Hydraulische Pressen zum Gesenkschmieden großer Teile und zum Ziehen von Rohren sowie Walzstraßen zum Herstellen von Profilen, Schienen und Blechen ergänzten die vielfältigen Möglichkeiten des sich in raschem Tempo entwickelnden Maschinenbaus.

Der Werkzeugmaschinenbau wurde zu einem der wichtigsten Zweige der Industrie sowie zur Grundlage der industriellen Großproduktion. Das Werkzeug und der Arbeitsgegenstand verlagerten sich aus den Händen des Arbeiters in die Werkzeugmaschine. Mit dem Übergang von der Manufaktur zur maschinellen Fertigung vollzog sich die industrielle Revolution, die auch tiefgreifende Veränderungen der gesellschaftlichen Verhältnisse zur Folge hatte. Mit dem Entstehen neuer Industriezentren formierte sich das junge industrielle Proletariat. Die Gegensätze zwischen der Bourgeoisie und den in zunehmender Armut lebenden Arbeitern, die sich 14 bis 17 Stunden unter unerträglichen Bedingungen schinden mußten, wurden immer deutlicher.

Bei Todesstrafe hatte die englische Regierung die Ausfuhr von Textilmaschinen verboten. Sie wollte die Monopolstellung der Textilfabrikation behalten und die Welt weiterhin mit ihren Baumwollwaren beliefern. England hatte, als die Dampfmaschinen aufkamen, die Vorherrschaft im Maschinenbau und war bestrebt, das industriell führende Land der Welt zu bleiben.

Nicht nur die Ausfuhr von Maschinen und Weitergabe von Konstruktionsunterlagen waren verboten, sondern den Ingenieuren und Mechanikern war untersagt, England zu verlassen. So wandte *Samuel Slater*, ein geschickter junger Schlosser, der wie viele in Amerika neue Hoffnung sah, eine List an. Er wurde allmählich »verrückt«. Bei seiner Auswanderung erregte er dadurch keinen Argwohn. Auf dem neuen Kontinent aber baute er aus dem Gedächtnis eine Spinnmaschine bis auf die letzte Schraube nach. Innerhalb kurzer Zeit entwickelte sich auch in Amerika der Textilmaschinenbau, der zur Grundlage des amerikanischen Maschinenbaus überhaupt wurde.

Das rasche Aufblühen der Wirtschaft Amerikas schuf einen unersättlichen Markt an Gütern aller Art. Amerikanische Fabrikanten und Ingenieure entwickelten, unbelastet von traditionellen Handwerksmethoden, neue Fertigungsverfahren sowie Maschinen, die eine Serienproduktion ermöglichten. Einen wichtigen Schritt leistete dabei *Eli Whitney*, der sich als Hauslehrer auf den Baumwollfarmen der Südstaaten einen Hungerlohn verdiente. Er entwickelte unter primitivsten Verhältnissen eine Baumwollentkernmaschine, die zwar das Los des Sklavenheeres nicht verbesserte, den Pflanzern aber zu unermeßlichem Reichtum verhalf.

Whitney selbst ging leer aus, da man die

Maschine ohne Rücksicht auf seine Patentrechte nachbaute. Er wurde aber 1798 von der Regierung beauftragt, 15 000 Gewehre an die Armee zu liefern. Dieser Auftrag war nur zu erfüllen, wenn er die Gewehre serienmäßig fabrizierte. Zwei Jahre baute *Whitney* Maschinen und Vorrichtungen, auf denen die Einzelteile so hergestellt werden konnten, daß sie haargenau einander glichen. Der Kriegsminister drängte auf Lieferung. Vor den Augen der erstaunten Offiziere montierte *Whitney* aus den mitgebrachten Einzelteilen 10 Gewehre zusammen, ohne daß auch nur ein Feilstrich notwendig gewesen wäre. Damit war das Prinzip der Austauschfertigung geboren, das für eine Massenproduktion unentbehrlich ist.

Nähmaschinen, Fahrräder und schließlich Autos konnten nun zu Millionen hergestellt werden. Bei den großen Stückzahlen ist es verständlich, daß auch die Werkzeugmaschinen der Großserienfertigung in Amerika ihren Ursprung hatten. *Whitney* selbst konstruierte 1818 die erste Fräsmaschine. 1854 kam die Revolverdrehmaschine auf, der bald die Mehrspindelbohrmaschine folgte. Die Dampfmaschine hatte eine neue Ära der Produktion eingeleitet. Innerhalb eines Jahrhunderts entwickelten sich daraufhin der Werkzeugmaschinenbau sowie die gesamte metallverarbeitende Industrie. Gemeinsam mit den neuen Verfahren der Stahlherstellung waren alle Voraussetzungen für eine großindustrielle Massenfertigung gegeben.

Wissenschaft und Gewerbe

Die alte Bergstadt Freiberg hatte im Winter 1811 ihre Sensation. Allabendlich scharten sich viele Einwohner um das Haus des Professors Wilhelm August Lampadius. Die Spannung erreichte den Höhepunkt, wenn der Gelehrte mit würdigen Bewegungen die Gaslaterne neben seiner Tür entzündete. Helles Licht beleuchtete einen Teil der dunklen Gasse sowie die umherstehende Menge, die das Ereignis mit begeisterten Rufen feierte. In Freiberg brannte die erste Gaslaterne des europäischen Kontinents.

Bereits 1799 hatte *William Murdock* in England die Fabrikhallen von Boulton & Watt mit Gasbeleuchtung versehen. Er war einer der geschicktesten Mechaniker von *James Watt* und hatte nicht nur mit vielen Erfindungen die Dampfmaschine verbessert, sondern auch die technischen Probleme der Gasbeleuchtung gemeistert. Überall flammten nun Gaslaternen auf. 1815 erhellten sie die Straßen von Paris, und vier Jahre später brannten 50 000 Laternen in London. Diese rasche Verbreitung des Leuchtgases für Beleuchtungs- und Heizungszwecke ließ die Nachfrage an Rohren sprunghaft steigen. Auch die verbesserte Wasserversorgung in den Städten förderte den Bedarf. Gußeiserne Rohre konnten ihn nicht decken; außerdem waren sie für geringe Querschnitte ungeeignet. Den Ausweg bildeten geschweißte Stahlrohre.

1808 hatte bereits ein englischer Flintenmacher erfolglos versucht, die nach der damals üblichen Art über einen Dorn durch Hammerschweißen hergestellten Rohre mit Zieheisen oder Walzen zu strecken. Einem anderen Verfahren, bei dem die Kanten nicht mehr geschmiedet, sondern zwischen Walzen geschweißt wurden, blieb ebenfalls der Erfolg versagt. Dem Engländer *Osborne* gelang es dann 1812, diese Idee zur Herstellung von Gewehrläufen anzuwenden. *Cornelius Whithouse* gebührt das Verdienst, ein rationelles Verfahren zum Schweißen längerer Rohre entwickelt zu haben. Auf Schweißhitze erwärmte Blechstreifen wurden durch ein trichterförmiges Zieheisen bewegt. Da die Streifen etwas breiter als der Umfang des Rohres waren, wurden die Kanten im Trichter stark gepreßt und miteinander verschweißt. *Whithouse* erfand 1825 das Stumpfpreßschweißen. Das Prinzip ist dem Hammerschweißen ähnlich, nur wird der Druck nicht durch den Hammer, sondern gleichmäßig durch eine Vorrichtung aufgebracht.

Die Rohrschweißmaschinen erfuhren noch viele Detailverbesserungen. Bis Ende des 19. Jahrhunderts blieben längsnahtgeschweißte Stahlrohre ohne Konkurrenz. Erst die Erfindung von Verfahren zum Herstellen nahtlos gezogener Stahlrohre brachte neue Anregungen. Noch heute finden nahtlose und geschweißte Rohre nebeneinander ihre Anwendungsmöglichkeiten.

Watts Dampfmaschine arbeitete in dieser Zeit noch mit Niederdruck. Bald versuchten die Techniker, durch Hochdruckdampf eine höhere Leistung bei kleinerer Bauart zu gewinnen. Auch die Kessel wandelten sich. Anstelle der teekesselförmigen Dampferzeuger sowie der späteren Kofferkessel kamen stehende oder liegende Walzenkessel. Mit den höheren Drücken wuchsen auch die Anforderungen an Festigkeit und Qualität. Die Werkstückdicken nahmen zu; das Vernieten und Verschrauben druckdichter Verbindungen wurde schwieriger. Zum Schweißen stand den Kesselschmieden nur das Hammerschweißen zur Verfügung.

Der Dampfhammer hatte die Schmiedewerkstatt von den wassergetriebenen Hammerwerken unabhängig gemacht. Er konnte sowohl mit ungestümer Kraft als auch mit leichten Schlägen das glühende Eisen formen. Das Schweißen dickerer Querschnitte nahm neue Dimensionen an.

Schwieriger wurde es, die Schweißkanten gleichmäßig und ausreichend zu erwärmen. Überlappte Nähte runder Kesselbehälter erhitzte man, indem ein Koksfeuer unter die Schweißnaht gefahren wurde. Einen großen Fortschritt bedeutete die 1882 erstmalig von *E. Blass* und *A. Knaudt* in Essen angewandte Methode, zum Erwärmen der Schweißkanten Wassergas zu benutzen. Hierbei handelt es sich um ein Gemisch von Wasserstoff und Kohlenmonoxid, das durch Überleiten von Wasserdampf über glühenden Koks entsteht.

Das nach der Erwärmungsart benannte Wassergasschweißen, im Prinzip nach wie vor das übliche Feuerschweißen, führte sich

Feuerschweißen von Eisenstäben für spiralgeschweißte Rohre unter dem Dampfhammer, um 1860

schnell ein. Die Kesselfabrik von *Julius Pintzsch*, Berlin, zeigte auf der Pariser Weltausstellung 1889 einen mittels Wassergas geschweißten, zylindrischen Kessel von 20,2 m Länge und 1,83 m Durchmesser. Bis etwa 1930 blieb es das einzige und leistungsfähige Verfahren für das Schweißen hochbeanspruchter Behälter. Bei Blechdicken über 30 mm brachten hydraulisch angepreßte Rollen den Druck auf die Schweißnaht, da Hämmern kein einwandfreies Durchschmieden mehr gewährleistete.

Die großen Wassergasschweißanlagen sind längst hochleistungsfähigen Schweißverfahren gewichen. Ohne sie wären aber die gewaltigen Energieanlagen der damaligen Zeit nicht denkbar gewesen. Die technischen Leistungen früherer Generationen von Schweißern und Ingenieuren nötigen uns noch heute Achtung und Bewunderung ab.

Mit dem Puddelverfahren war die Methode der Stahlgewinnung erheblich verbessert worden. Die Schmiede machten aber beim Schweißen des Puddelstahls (»Schweißeisen«) zunächst weniger gute Erfahrungen. Durch das Walzen der teigigen Luppen wurde ein größerer Teil der Schlacke herausgepreßt, als es bisher beim Hämmern der im Rennfeuer oder Frischherd gewonnenen Luppen möglich war. Die schmelzflüssige Schlacke begünstigte jedoch den Schweißvorgang, indem sie die Oberfläche überzog und störende Oxide auflöste.

Aus der Definition im Zedlerschen Universallexikon des 18. Jahrhunderts ist zu erkennen, daß die Fachleute aber mit der Praxis gut fertig wurden. »Schweißen heißt zwey oder mehr Stück Eisen, nachdem sie in Hitze gebracht, vermittelst eines groben Flusses von Sand, Leimen oder gestossenen Galle auf dem Amboß über einander geleget und gehalten, so zusammen schlagen, daß sie aneinander ankleben und sich vereinigen, ohne daß man sehen könne, wo sie zusammengesetzt sind. Es ist dieses weit besser als Löthen, erfordert aber eine Geschwindigkeit, weil sonst das Eisen, und noch eher der Stahl, verbrennet, indem er in die

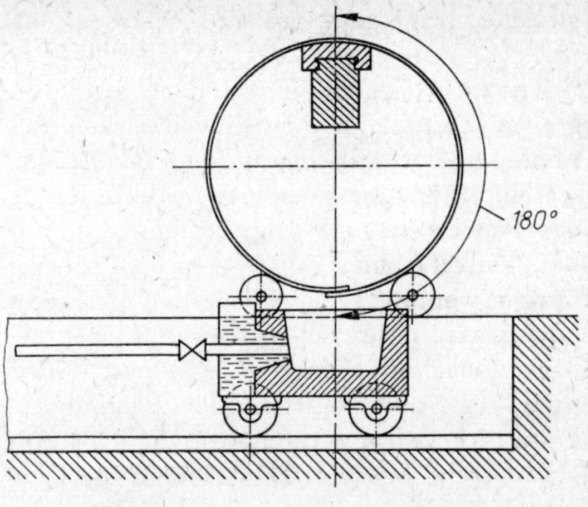

Prinzipdarstellung der Kesselschweißung um 1880. Mit einem unter den Kessel gefahrenen Koksfeuer wurden die Schweißkanten erwärmt; die überlappte Naht konnte dann in Schweißposition mit Maschinenhämmern feuergeschweißt werden

Flauten gehet, und einen todten Hammerschlag zurückläßt. Der Fluß wehret theils der Verbrennung, theils aber reiniget er das Metall, daß eine mercurialische Substantz die andere könne annehmen.«

In der zweiten Hälfte des 19. Jahrhunderts erlebte die Stahlherstellung einen bedeutenden Fortschritt. Die Flußeisenproduktion überholte bald die Schweißeisenerzeugung. Wurde 1870 noch zehnmal mehr Schweißeisen hergestellt, lag 1887 die Flußeisenproduktion bereits an erster Stelle. Auch bei tragenden Konstruktionen ging der Einsatz von Schweißeisen zurück. Beispielsweise wurden die letzten Brücken dieser Art in Deutschland 1891 bis 1894 über den Nordostseekanal erbaut. Zwar errichtete man solche Bauwerke noch in der üblichen Nietenbauweise, jedoch nahm das Schweißen von Flußeisen zu. Es wurde aber nahezu schlackenfrei erschmolzen und hatte deshalb nicht die guten Schweißeigenschaften des schlackenhaltigen Schweißeisens. Deshalb warf der Schmied Schweißpulver, meist reinen Quarzsand, auf die Schweißstelle. Dabei bildete das Pulver einen schmelzflüssigen Überzug, der die Oxide löste. Der Druck des Hammers quetschte die Schlacke wieder aus der Naht und verband die Schweißteile.

Trotzdem hegten verschiedene Fachleute großen Zweifel an der Schweißbarkeit des Flußeisens. Aus diesem Grund beauftragte Anfang 1880 der »Verein zur Beförderung des Gewerbefleißes« eine Kommission mit der Durchführung von Versuchen. Dieser Verein war 1821 zur Förderung der technischen und industriellen Entwicklung Preußens von *Peter Christian Wilhelm Beuth*, trotz der Schwierigkeiten der Feudalbürokratie, ins Leben gerufen worden. Der aufgeschlossene *Beuth* erkannte: »Wo die Wissenschaft nicht in die Gewerbe eingeführt ist, da gibt es kein sicher gegründetes Gewerbe, da gibt es kein Fortschreiten.«

Mit wissenschaftlicher Gründlichkeit prüfte die beauftragte »Schweißkommission« unter dem Vorsitz von Professor *H. Wedding* in der Königlich Mechanisch-Technischen Versuchsanstalt Berlin die Schweißbarkeit verschiedener Eisensorten. Die Schweißproben aus Flußeisen wurden »mehr oder weniger mißglückt« befunden, wobei »die Gefahr des Mißlingens einer Schweißung bei härterem Flußeisen weit größer ist als bei weichem«. Als Ursache wurde die Kristallisation des aus dem flüssigen Zustand erhaltenen Flußeisens angesehen, während sich das aus dem teigigen Zustand kommende Schweißeisen gut schweißen ließ. Die Kommission schlußfolgerte deshalb, daß »zuvörderst eine durch Schweißung des Eisens hergestellte Verbindung auch bei der größten Sorgfalt des Schmiedes unzuverlässig sei und daß man daher Schweißungen bei Flußeisen überhaupt vermeiden sollte«.

Zu einer ganz anderen Ansicht gelangte *F. A. Hill* aus Amerika. Er hielt die Schweißbarkeit des Flußeisens aufgrund seiner Untersuchungen für vollkommen erwiesen und setzte nur eine vorsichtige Behandlung im Feuer sowie einen erfahrenen Schmied voraus. Auch in England konnte man bereits zuverlässig Flußeisen schweißen und in Österreich durchgeführte Versuche bestätigten diese Ergebnisse. In einer »schnellen und saftigen Hitze« geschweißte Proben aus steirischem Bessemereisen hielten ebenso wie das beste Schweißeisen. Man kam daher zu der Meinung, daß die in Berlin geprüften Schweißproben von Schmieden ausgeführt worden seien, die das Schweißen nicht verstanden.

Der bekannte Hüttenfachmann *Adolf Ledebur*, seit 1875 Professor am Lehrstuhl für Eisenhüttenkunde an der Bergakademie Freiberg, erkannte den Zusammenhang zwischen der chemischen Zusammensetzung des Flußeisens und seiner Schweißbarkeit; nicht geeignet war nach *Ledeburs* Untersuchungen Flußeisen mit einem Gehalt von mehr als 0,22 % Kohlenstoff; 0,15 % Phosphor und 0,11 % Silicium.

Unterdessen bewies die Praxis, daß sich auch Flußeisen schweißen ließ. Der harte Konkurrenzkampf zwang Handwerk und Industrie, ihre Erzeugnisse aus Flußeisen ohne Rücksicht auf Expertenurteile zu schweißen.

Wende der Chemie

Unter den zahlreichen Bittstellern, die aus Anlaß des Reichstags 1654 nach Regensburg gekommen waren, befand sich auch der Bürgermeister von Magdeburg, Otto von Guericke. Er stritt für die Wiederherstellung freiheitlicher Rechte seiner Vaterstadt, die seit dem Westfälischen Frieden von 1648 zu Kurbrandenburg gehörte. Kaiser Ferdinand III. schlug die Bitte ab, ersuchte den Bürgermeister aber, zur Erheiterung der hohen Herren des Reiches, eines seiner Experimente zu wiederholen, das bereits weit über Magdeburgs Grenzen bekannt geworden war. – So demonstrierte Guericke nochmals in aller Öffentlichkeit mit den »Magdeburger Halbkugeln« die Kraft des äußeren Luftdrucks. Zwei sorgfältig aufeinander gepaßte Halbkugeln verschloß er mit einer ledernen Abdichtung und zog mit der von ihm erfundenen Luftpumpe die Luft aus dem Hohlraum. Selbst 16 Pferde vermochten nicht, die Kugel zu trennen. Öffnete Guericke jedoch ein Ventil, fielen die Hälften von allein auseinander.

Mit diesem Experiment war die Existenz des luftleeren Raumes, eines Vakuums, nachgewiesen, das nach dem auf der Lehre von *Aristoteles* fußenden Dogma der Kirche gar nicht existieren durfte. In weiteren Versuchen stellte *Guericke* fest, daß im luftleeren Raum keine Flamme brennt, der Schall sich nicht fortpflanzt und kein Sperling leben kann. Zuvor hatten schon *Galilei* und *Torricelli* durch Versuche das Geheimnis des »horror vacui«, des Abscheus vor der Leere, gelüftet. Die Erkenntnisse über die physikalischen Eigenschaften der Luft schufen die Voraussetzungen für viele technische Prozesse.

Die alte Residenzstadt Halle kam nach dem Tode ihres Administrators gemeinsam mit dem Erzbistum Magdeburg unter die Herrschaft des Kurfürsten von Brandenburg. Die 1694 eröffnete Hallesche Universität berief *Georg Ernst Stahl* als Professor für Medizin, welcher 1710 die Phlogistontheorie begründete. Sie ging davon aus, daß in allen brennbaren Stoffen ein »Feuerstoff« (griech. Phlogiston) negativer Masse enthalten sei, der bei Verbrennung entweicht. Auch die Metall»verkalkung«, wie die Oxydation genannt wurde, und die Atmung waren mit der Abgabe von Phlogiston verbunden. Diese Theorie erwies sich später als ein Irrtum, erklärte aber zunächst gewisse Vorgänge und gab Anlaß, sich mit dem »zügellosen Geist« zu beschäftigen, für den *Jan Baptist van Helmont* nach dem griechischen Wort »Chaos« den Begriff »Gas« geprägt hatte. Er erkannte auch, daß es außer Luft noch weitere gasförmige Stoffe gab.

Professor *Stahl* beschränkte sich bei seinen Arbeiten meist auf qualitative Untersuchungen, *Henry Cavendish* förderte die Entwicklung der Chemie zu einer Wissenschaft vor allem dadurch, daß er die quantitativen Verhältnisse berücksichtigte. Sein Leitspruch war: »Alles ist nach Maß, Zahl und Gewicht geordnet.« Bei Experimenten mit Luft entdeckte 1766 *Cavendish* »brennbare Luft« (Wasserstoff). Er war überzeugt, das reinste »Phlogiston« vor sich zu haben. »Dephlogistisierte Luft« (Sauerstoff) setzte der englische Philosoph und Naturforscher *Joseph Priestley* bei seinen Versuchen 1774 frei, als er Quecksilberoxid mit dem Brennglas erhitzte. Eigentlicher Entdecker des Sauerstoffs aber ist *Carl Wilhelm Scheele*, der bereits 1771 in der Fensternische einer Apotheke »Feuerluft« analysierte. Hauptsächlich durch Verschulden eines Verlegers erschienen seine Abhandlungen darüber erst, nachdem *Priestley* mit seinen Ergebnissen längst an die Öffentlichkeit getreten war.

Ebenso wie der Sauerstoff hat der Stickstoff mehrere »Väter«. So fand *Cavendish* 1772 eine »mephitische Luft«, als er Luft über glühende Holzkohle leitete. Er unterließ es jedoch, seine Beobachtungen gleich zu publizieren. Auch *Rutherford* arbeitete an der Entdeckung des Stickstoffs oder der »giftigen Luft«, wie er ihn nannte. *Scheele* und *Priestley* stießen bei ihren Untersuchungen der Luft zwangsläufig auf Stickstoff. *Scheele* bezeichnete ihn als »verdorbene Luft« und *Antoine-Laurent Lavoisier* schlug später vor, das Gas »azeto« (das Leben erstickend) zu nennen.

Scheele, Priestley und *Cavendish* waren überzeugte Anhänger der Phlogistontheorie.

Mit ihren Arbeiten hatten sie jedoch einen bedeutenden Beitrag für die Auflösung dieses Rätsels geleistet. Auf ihren Ergebnissen aufbauend, gelang es *Lavoisier* 1787 nach zahlreichen Experimenten, eine wissenschaftliche Erklärung des Verbrennungsvorganges zu geben. Mit der Entdeckung, daß jede Verbrennung auf einer Umsetzung des Sauerstoffs mit dem brennbaren Stoff beruht, leitete er einen Wendepunkt in der Chemie ein und versetzte der Phlogistontheorie den Todesstoß.

Nicht nur in der chemischen Industrie, sondern in den meisten Zweigen der übrigen Wirtschaft spielen neben Sauerstoff und Stickstoff fast alle Gase in freiem oder gebundenem Zustand eine mehr oder minder bedeutende Rolle. Sauerstoff begleitete z. B. in der mit dem Lötrohr ins Holzkohlefeuer oder mit dem Blasebalg ins Schmiedefeuer eingeblasenen Luft zur Erhöhung der erforderlichen Temperatur von Beginn an die Löt- und Schweißtechnik. Dem Wasserstoff blieb es vorbehalten, eine Wende in dem über Jahrtausende unveränderten Verfahren herbeizuführen. Mitte des 19. Jahrhunderts wurden die ersten mit Wasserstoff und Druckluft betriebenen Brenner konstruiert. Die Temperatur reichte aus, um niedrigschmelzende Metalle zu löten oder zu schweißen. Später ersetzte man die Druckluft durch Sauerstoff und konnte nun auch Stahl schweißen. Als weitere Brenngase kamen dann Azetylen, Stadtgas und Propan hinzu.

In der Schweißtechnik von heute begegnen uns außerdem Argon und Kohlendioxid. Letzteres wurde von *Andreas Libavius* erstmalig in Mineralwässern bewußt beobachtet. Der belgische Physiker und Chemiker *Helmont* erkannte, daß das gleiche Gas bei Gärung und besonders bei Verbrennung entsteht, denn »aus 62 Pfund Eichenholzkohlen wird ein Pfund Asche erhalten. Also sind die verbliebenen 61 Pfund jener wilde Geist«. Aber erst *Lavoisier* ordnete das Kohlendioxid mit seiner Verbrennungstheorie als Kohlen-Sauerstoff-Verbindung in die ebenfalls von ihm aufgestellte Elemententabelle ein.

Die Entdeckung der Edelgase erfolgte auf rein wissenschaftlicher Grundlage. Mit der von *Robert Wilhelm Bunsen* und *Gustav Robert Kirchhoff* entwickelten Spektralanalyse war es 1894 den beiden englischen Forschern *William Ramsay* und *Lord Rayleigh* gelungen, ein Gas nachzuweisen, das keinerlei chemisches Reaktionsvermögen zeigte. Sie nannten es deshalb Argon, was im Griechischen »träge« bedeutet. In der Schweiß- und Löttechnik fallen den Gasen unterschiedliche Aufgaben zu. Ob als Brenn- oder Schutzgase, Träger hoher Energien im Schweißprozeß, unerwünschte Begleitelemente im Schweißgut, in jedem Fall ist die Kenntnis ihrer Eigenschaften sowie die Möglichkeit ihrer Erzeugung oder Beseitigung wichtig, um die unsichtbare Materie beherrschen und richtig anwenden zu können.

Kraft der Elektrizität

Große Bewunderung riefen Kunststücke beispielsweise auf Jahrmärkten von Gauklern hervor, bei denen den Anwesenden Funken aus der Nase gezogen, elektrische Schläge versetzt oder kleine Pulverladungen zur Explosion gebracht wurden. Aus einer schnell rotierenden Kugel erzeugte man Reibungselektrizität, die sich auf diese Weise entlud. Dem Magdeburger Bürgermeister und Naturforscher Otto von Guericke gelang dieses Experiment zum ersten Mal mit einer Kugel aus geschmolzenem Schwefel. Drehte er die in einem Gestell mit einer Achse und einer Kurbel verbundene Kugel und rieb ein Tuch dagegen, so lud es sich auf.

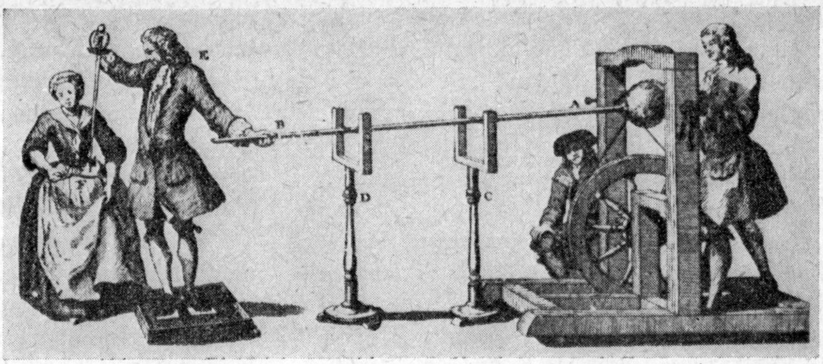

Die Vorführungen elektrischer Versuche auf Gesellschaften und auf Jahrmärkten riefen stets Bewunderung hervor. Diese Experimente regten jedoch viele Gelehrte zu ernsthaften Untersuchungen des Phänomens »Electrica« an

Dieses Phänomen teilte *Guericke* dem Universalgelehrten *Gottfried Wilhelm von Leibniz* mit und schickte ihm auch eine Elektrisiermaschine. Beim Experimentieren sah *Leibniz* 1672 erstmals kleine elektrische Funken überspringen. Ähnliche Erscheinungen beobachtete man bereits im Altertum bei Bernstein, den die Griechen »Elektron« nannten. Rieb man ein Schmuckstück aus Bernstein, um seinen Glanz zu erhöhen, zog es kleine Stoffteilchen oder Haare an. Auch an anderen Objekten wurden seltsame Erscheinungen festgestellt. In Stunden mit Gewitterneigung tanzten bläuliche Büschelentladungen an Spitzen von Schiffsmasten – Elmsfeuer nannten es die Seeleute. Funken sprühten beim Kämmen an den Haaren und knisterten im Fell der Katzen. Der englische Arzt *William Gilbert* nahm sich um 1600 dieser Seltsamkeiten an. Er untersuchte viele Stoffe und nannte solche, denen man durch Reiben eine anziehende Wirkung verleihen konnte, Elektrica. Damit schuf er den Ursprung für die Bezeichnung Elektrizität.

Von nun an beschäftigten sich viele Naturwissenschaftler mit den wunderbaren Eigenschaften der Elektrica. Die Elektrisiermaschine wurde verbessert. Man konnte sie sogar mit auf Reisen nehmen. Mit einem derartigen Apparat experimentierte auch der Domdechant *Ewald Georg von Kleist*, dessen heimliche Neigungen den naturwissenschaftlichen Studien galten. Am 11. Oktober 1745 versuchte er, einen Nagel mit Reibungselektrizität aufzuladen. Der Nagel steckte in einem feuchten Medizinglas. Als *Kleist* den »elektrisierten« Nagel aus dem Glas nehmen wollte, erhielt er einen heftigen Schlag. Auf diese etwas schmerzliche Art hatte er entdeckt, daß elektrische Ladung verstärkt und gespeichert werden kann. Damit war der Kondensator erfunden.

Zwar berichtete der Hallenser Professor *Johann Gottlieb Krieger* schon kurze Zeit später in einer Abhandlung über die »elektrische Flasche« von *Kleist*. Er konnte aber nicht verhindern, daß der erste Kondensator nicht als Kleistsche Flasche sondern als Leidener Flasche bekannt wurde. Der Physikprofessor *Pieter van Musschenbroek* hatte nämlich an der Leidener Universität fast gleichzeitig und auf ähnliche Weise dasselbe Prinzip der Stromspeicherung gefunden und grundlegende Untersuchungen darüber durchgeführt.

Die gespeicherte Elektrizität in der Kleistschen Flasche regte viele naturwissenschaftlich interessierte Gelehrte zum Experimentieren an. Den Tagebuchaufzeichnungen des Göttinger Professors *Johann Beckmann* ist es zu verdanken, daß ein für die Schweißtechnik historisches Ereignis der Nachwelt bekannt wurde. Eine seiner Reisen führte *Beckmann*, der sich mit der Begründung der Technologie als Wissenschaft große Verdienste erworben hatte, nach Schweden. Dort traf er 1766 auch mit dem aus Weimar stammenden Physiker *Johann Karl Wilcke* zusammen. Dieser zeigte ihm bei elektrischen Versuchen ein effektvolles Experiment:

Durch Entladung einer Kleistschen Flasche auf mehrere eiserne Flintenkugeln verschmolzen diese so fest miteinander, daß »... obgleich sie nur in einem Punkt zusammenhingen, doch über ein Schalpfund getragen, ehe sie voneinander gegangen.«

Offensichtlich konnte *Beckmann* eine durch den elektrischen Strom ausgelöste Schweißung beobachten, dessen Prinzip heute als Kondensatorimpulsschweißen angewendet wird. Er, sowie *Wilcke*, erkannten jedoch nicht die Tragweite des Vorganges. So blieb es bei einem historisch interessanten Versuch, der für die weitere Entwicklung der Schweißtechnik völlig bedeutungslos war. Für eine gezielte Anwendung fehlten das technische Erfordernis und wichtige Grundlagen. Eine Entdeckung oder Erfindung verliert nur dann ihren rein historischen Charakter, wenn sie zu naturwissenschaftlich-technischen oder gesellschaftlichen Veränderungen führt, wenn sie nutzbringend in der Praxis wirksam wird oder Anregungen zu weiteren Arbeiten gibt.

Von den stoffverbindenden Eigenschaften des elektrischen Stroms hatte der für seine geistreichen Aphorismen bekannte Schriftsteller und Physikprofessor *Georg Christoph Lichtenberg* vermutlich nichts vernommen. Aber auch er beschäftigte sich an der Göttinger Universität mit der geheimnisvollen Elektrizität. Bei einem seiner Experimente machte er eine Entdeckung, über die er 1782 in einem Brief an den Hamburger Arzt *Johann Albrecht Heinrich Reimarius* berichtete. Darin schreibt er: »Ich habe in diesen Tagen mittels der künstlichen Elektrizität etwas angerichtet, was sich bisher nur der künstliche Blitz vorbehielt, nämlich eine Uhrfeder und eine englische Federmesserklinge so zusammengeschmolzen, daß ein Teil der Uhrfeder und Messerklinge in einem Tropfen zusammenliefen.«

Lichtenberg hatte wie knapp zwei Jahrzehnte vorher *Wilcke* eine Schweißung durch das Wirken des elektrischen Stroms herbeigeführt. Um jedoch aus dem Zufallsexperiment ein produktionswirksames Verfahren zu gestalten, waren noch zahlreiche grundlegende Erkenntnisse sowie die schöpferischen Ideen vieler Gelehrter und Praktiker nötig.

Lang ist die Namensliste derer, die dazu beitrugen, daß heute überall elektrischer Strom fließt. Die Beobachtungen seines Landsmannes, des Arztes *Luigi Galvani*, weiterführend, leitete der italienische Physiker *Alessandro Volta* die elektrische Spannungsreihe ab und baute 1800 die »Voltasche Säule« auf. Damit stand eine neue Quelle der Elektrizität zur Verfügung. Im Gegensatz zur Kleistschen Flasche, aus der sich eine geringe Strommenge augenblicklich entlud, lieferte die Voltasche Säule kontinuierlich elektrischen Strom in beliebiger Spannung. Sie war der Ausgangspunkt für die Lehre von der »fließenden« Elektrizität, also vom elektrischen Strom, auf der die gesamte Elektrotechnik beruht.

Die größte Voltasche Säule oder galvanische Batterie der damaligen Zeit schuf 1802 der russische Wissenschaftler *W. W. Petrow*. Sie bestand aus 4200 kleinen Kupfer- und Zinkscheiben und lieferte eine Energie von 1700 V. Als *Petrow* zwei Kohlestückchen, die mit den Batterieanschlüssen verbunden waren, kurzzeitig berührte und dann auseinanderzog, erstrahlte ein glühendes Licht, das alle bekannten Lichtquellen an Helligkeit übertraf. Der elektrische Lichtbogen war entdeckt.

Petrow untersuchte den Lichtbogen und erwähnte 1803 in seinen Schriften die Anwendung für Beleuchtungszwecke sowie für das Schmelzen von Metallen. Unabhängig von ihm erzeugte 1812 der Engländer *Humphry Davy* einen elektrischen Lichtbogen. *Davy* widmete sich besonders der Elektrochemie und entdeckte mit seiner von ihm entwickelten Schmelzflußelektrolyse die Alkalimetalle Kalium und Natrium sowie die Erdalkalimetalle Barium, Strontium, Calcium und Magnesium. 1821 beobachtete *Davy*, daß der elektrische Lichtbogen durch einen Magneten abgelenkt werden kann. In einer Vorlesung vor der Royal Society berichtete der Gelehrte über seine Experimente und die erstaunlichen Eigenschaften des »Feuerbogens«. Man könne ihn mit einem starken Magneten anziehen oder abstoßen und sogar in eine drehende Bewegung versetzen. Ein Prinzip, das sich heute in einem modernen Verfahren, dem Schweißen mit magnetisch bewegtem Lichtbogen, wiederfindet.

Der technischen Nutzung der Ideen *Petrows* und *Davys* waren vorerst durch das Fehlen leistungsstarker, unerschöpflicher und preiswerter Elektroenergiequellen Grenzen gesetzt. *Petrows* Lichtbogen bedeutete bereits das »Wetterleuchten am Himmel der Schweißtechnik«. Er kündete etwas an, das 100 Jahre später mit »Blitzen ohne Donner« die gesamte Metallbearbeitung erschütterte.

Weitere Arbeiten, Entdeckungen und Erkenntnisse waren nötig. Wichtige Impulse erhielt die Elektrizitätslehre durch *Michael Faraday*. Mit 13 Jahren war er als Laufbursche beschäftigt, konnte aber ein Jahr später eine Lehre als Buchbinder aufnehmen. Er las unermüdlich, besuchte Vorträge und brachte es schließlich vom Laboratoriumsgehilfen der Royal Society zum berühmten Naturwissenschaftler. Seine Arbeiten galten u. a. dem Problem, Magnetismus in Elektrizität umzuwandeln. Nach vielen Jahren beharrlicher Versuche entdeckte er die elektromagnetische Induktion, die Grundlage für die Elektroenergietechnik, und formulierte das Induktionsgesetz. Induktion – d. h. »Überleitung« oder »Hinführung«– bedeutet in der Elektrizitätslehre das Erzeugen elektrischer Spannungen und Ströme durch die Bewegung eines Leiters in einem magnetischen Kraftfeld.

Die wichtigste Anwendung findet dieses Prinzip im Generator und seiner Umkehrung, dem Elektromotor. Überall setzten intensive Forschungsarbeiten ein, um mit *Faradays* bedeutsamer Entdeckung stärkere elektrische Ströme zu gewinnen. Aufbauend auf vorangegangenen Erkenntnissen erzielte *Werner Siemens* mit der Entdeckung des dynamoelektrischen Prinzips den entscheidenden Durchbruch. Im Januar 1867 legte er der Berliner Akademie der Wissenschaften die Abhandlung: »Über die Umwandlung von Arbeitskraft in elektrischen Strom ohne Anwendung permanenter Magnete« vor. Damit begann der wichtigste Abschnitt der Elektrotechnik: Elektroenergie in großen Mengen aus mechanischer Energie zu erzeugen.

Der gleichermaßen technisch hochbegabte wie geschäftstüchtige *Siemens*, der gemeinsam mit seinen Brüdern bereits weltweit an elektrotechnischen Unternehmen beteiligt war, hatte die große Bedeutung seiner Erfindung erkannt. Er schrieb seinem Bruder Karl: »Dieser Apparat wird den Grundstein einer großen technischen Umwälzung bilden und die Elektrizität auf eine höhere Rangstufe der Elementarkräfte erheben.«

Es waren noch viele Schwierigkeiten zu beseitigen. Doch der schöpferische Geist der Techniker und Wissenschaftler jener Zeit löste die sich ständig neu auftürmenden Probleme. Damit konnte der elektrische Strom praktisch angewendet werden. Bald brannte in allen Städten das »neue Licht«.

Gleichzeitig mit dem Generator wurde auch der Elektromotor zu einem leistungsfähigen Antrieb vervollkommnet. Er fand rasch Eingang in den Fabriken und löste den zentralen Transmissionsantrieb der Maschinen ab. Besonders kleinere Betriebe und Werkstätten waren aus Konkurrenzgründen auf eine nicht so aufwendige Antriebsenergie angewiesen. Außerdem bot sich für die zahlreichen neuen Elektrizitätswerke eine Möglichkeit, auch tagsüber Strom anzubieten, den man für Beleuchtungszwecke nur während der Abend- und Nachtstunden benötigte. Aktuelle elektrische Geräte wurden entwickelt und neue Anwendungsgebiete erschlossen. Eine spezielle Elektroindustrie entstand. Bei der raschen Nutzung des elektrischen Stroms zeigte sich, welche fruchtbaren Ergebnisse eine enge Wechselwirkung zwischen Forschung und Praxis hervorrufen kann. Die Industrie hatte das gewaltige Potential der Wissenschaft erkannt und gab ihr die nötige Unterstützung, wenn Aussicht auf gewinnbringende Vorteile bestand.

Blasebalg und Lötrohr

Blaßgelb spiegelt sich der Schein des Feuers in der formlosen Glasmasse. Fauchend schüren Blasebälge die Flammen. Plötzlich färbt sich der erhitzte Glasfluß blutrot. Mit behenden Bewegungen und flinken Drehungen bläst der Glasmacher aus dem geschmeidigen Klumpen ein zartes Gebilde. Geschickte Hände der Glasschleifer geben der Oberfläche reiches Dekor, das den Gläsern, Schalen und Pokalen funkelnden Glanz verleiht. Auf keiner festlichen Tafel der europäischen Fürsten durfte der begehrte goldrubinfarbene Luxus aus Glas fehlen.

Schöpfer des Rubinglases war *Johann Kunckel von Löwenstern*. Bei seinen alchemistischen Experimenten hatte er das Geheimnis des dunkelroten Glases entdeckt. Kurfürst *Friedrich Wilhelm* brauchte die Berufung *Kunckels* zum Kurator der Kurfürstlich Brandenburgischen Glashütten in Potsdam nicht zu bereuen. Reichlich flossen die Einnahmen aus dem Verkauf der zerbrechlich gläsernen Kostbarkeiten. Zuvor leitete *Kunckel* in Dresden am Hofe *Johann Georg II.* von Sachsen das kurfürstliche Laboratorium. Als es auch ihm nicht gelang, den »Stein der Weisen« zu finden, wurde ihm die versprochene Besoldung mit den Worten gestrichen: »Könne er Gold machen, brauche er kein Geld, könne er solches aber nicht, wozu solle man ihm dann Geld geben?«

1679 veröffentlichte *Kunckel* sein umfangreiches Buch »Ars vitraria experimentalis« (Vollkommene Glasmacherkunst), das lange Zeit das bedeutendste Werk der Glastechnik blieb. Außer weiteren Entdeckungen auf chemischem Gebiet gelang *Kunckel* ein wichtiger Fortschritt bei der Entwicklung einer Gebläselampe. Er verband den Blasebalg mit einer im Werktisch verborgenen Düse und richtete den Luftstrahl auf eine Öllampe. Die auf diese Art erzeugte Stichflamme eignete sich gut zum Löten und Glasblasen.

Bis zu diesem Zeitpunkt war nur das seit mehr als 4000 Jahren bekannte Lötrohr im Gebrauch, wenn eine heiße, gebündelte Flamme zum Löten, Schmelzen oder Glasblasen benötigt wurde. Durch ein Schilfrohr mit tönerner Spitze wurde Luft in die Glut eines Holzkohlenfeuers geblasen. Der zu erhitzende Gegenstand mußte in die heiße Stichflamme gehalten werden.

Das Lötrohr hatte bereits vielseitige Verwendung gefunden. So ließ z. B. *Hannibal* um 214 v. u. Z. bei seinem legendären Marsch über die Alpen durch Blasebalg betriebene Lötrohre gemeinsam mit einer Kohlenstaubfeuerung zum Sprengen von Gestein einsetzen. Der Gebrauch des Lötrohres als Kriegswaffe in Form eines »Flammenwerfers« wird um 100 u. Z. erwähnt. Das »Feuerhandbuch« *Biringuccios* aus dem 16. Jahrhundert nennt ein Blasrohr mit Schießpulverladung. Die Goldschmiede der Renaissance und der Barockzeit verstanden das Lötrohr als unentbehrliches Arbeitsmittel zu nutzen, und die naturwissenschaftliche Akademie zu Florenz widmete im Jahre 1667 dem Lötrohr eine spezielle Veröffentlichung. Wie *T. Bergmann* 1779 zu berichten weiß, gewann es vor allem in der Mineralogie und bei den Glasbläsern an Bedeutung. Als »Mundblasrohr« erfuhr es verschiedene Verbesserungen. *Andreas Kramer* konstruierte z. B. ein Lötrohr mit einem Kugelknie, um darin den Speichel sammeln zu können. Ein besonderes Mundstück vervollkommnete immer mehr die Handhabung, bis schließlich das »Lebensluftlötrohr« von einem Blasebalg betrieben wurde. Ende des 18. Jahrhunderts half das Lötrohr in der analytischen Chemie mehrere Elemente zu entdecken.

Die Benutzung des Blasebalgs reicht ebenfalls bis einige Jahrtausende vor der Zeitenwende zurück. Beim Metallschmelzen erleichterte er vor allem das Einblasen von Luft in den Herd gegenüber dem Gebrauch des Blasrohrs. Zu Beginn durch die Muskelkraft des Menschen, später von Haustieren im Göpel betrieben, übernahm im Mittelalter die Wasserkraft den Antrieb des Blasebalgs und erhöhte auch dessen Leistung.

Im 1. Jahrtausend v. u. Z. beeindruckten in ägyptischen und griechischen Tempeln mechanische »Wunderwerke« die versammelten Gläubigen. So öffneten sich z. B. auf geheimnisvolle Weise die Tempeltüren oder Flüssigkeiten ergossen sich in Opferschalen. *Heron von Alexandria* hatte diese Vorrichtungen konstruiert, ebenso einen Äolusball, der eine technische Spielerei blieb. *Heron* leitete Dampf in eine drehbar gelagerte Hohlkugel und ließ ihn über zwei gebogene Röhrchen wieder entweichen. Dabei wurde die Kugel nach dem Reaktionsprinzip in Drehung versetzt. Wenn dies auch ohne technischen Nutzen blieb, so war es doch das erste Dampfgebläse.

Ähnlich arbeitete das von *Vitruv* (etwa 13 v. u. Z.) angefertigte Dampfgebläse (Äolipile). Er schuf eine hohe Bronzeplastik in Gestalt des Windgottes Äolus und füllte sie mit Wasser. Ins Feuer gelegt, konnte der Dampf durch eine kleine Öffnung mit hohem Druck entweichen. Im Mittelalter erzeugten nach diesem Prinzip kleine, hohle Metallfiguren, die zum Teil mit Terpentin oder anderen brennbaren Flüssigkeiten gefüllt wurden, eine Stichflamme. Einige »Püsteriche« oder »Feuerbläser« aus dem 12. Jahrhundert sind erhalten geblieben, so in Sondershausen, Wien und Hamburg.

Alle diese Entwicklungen sind wichtige Schritte auf dem Weg zur Lötlampe und zum Schweißbrenner. *Kunckel* verlegte den Lötvorgang erstmals vom Feuerplatz zum Werktisch. Allerdings mußte noch immer das Werkstück in den Flammenstrahl gehalten werden. *Kunckels* Gebläselampe erfuhr bald eine Verbesserung, indem eine Öllampe mit einem Lötrohr fest verbunden wurde. Die starke Qualmentwicklung der Öllampen machte aber das Arbeiten in den engen Handwerksstuben nicht sonderlich angenehm.

1787 erfand *Marquard* eine »Schmelzlampe«, bei der die Stichflamme durch Einblasen von Weingeistdampf in eine Weingeistflamme erzeugt wurde. Nach diesem Konstruktionsprinzip entwickelte der Franzose *Pierre Theodore Bertin* den Vorläufer der heute noch gebräuchlichen Lötlampe und meldete sie 1798 mit dem französischen Patent Nr. 72 an. Von nun an war es möglich, die Wärme mit einer von Hand zu bewegenden, selbständigen Wärmequelle zum Werkstück zu bringen.

»Püsterich«. Dieser bronzene Feuerbläser wurde 1552 in der Ruine Rothenburg/Kyffhäuser gefunden und ist im Heimat- und Schloßmuseum Sondershausen zu besichtigen. Die Hohlfigur wurde mit Terpentinöl gefüllt und mit Holzkohle beheizt; die aus dem Mund entweichenden Dämpfe dienten zur Erzeugung einer Stichflamme

Die Entdeckung und Darstellung des Sauerstoffs sowie des Wasserstoffs gaben den Anlaß für die Entwicklung der Brenner. *Franz Carl Achard* verwendete 1779 den Sauerstoff zum Erzielen höherer Temperaturen im Lötrohr. *Lavoisier* schlug 1783 einen Wasserstoff-Sauerstoff-Brenner vor, mit dem es *Swartz* ein Jahr später gelang, Platin zu schmelzen. Die Anwendung von Gasen zum Löten war einer der entscheidendsten Beiträge des 19. Jahrhunderts auf dem Gebiet der Löttechnik. Bis etwa 1850 dominierte der Knallgasbrenner, mit dessen Entwicklung die Namen vieler Erfinder verknüpft sind, so z. B. auch der Bunsenbrenner.

Für eine breite technische Anwendung des Sauerstoffs und der Brenngase fehlten noch geeignete preiswerte Gewinnungsverfahren. Ihre Entwicklung war Aufgabe der zweiten Hälfte des 19. Jahrhunderts, ein Zeitraum, in dem auch in der Schweißtechnik ein völlig neuer Abschnitt begann.

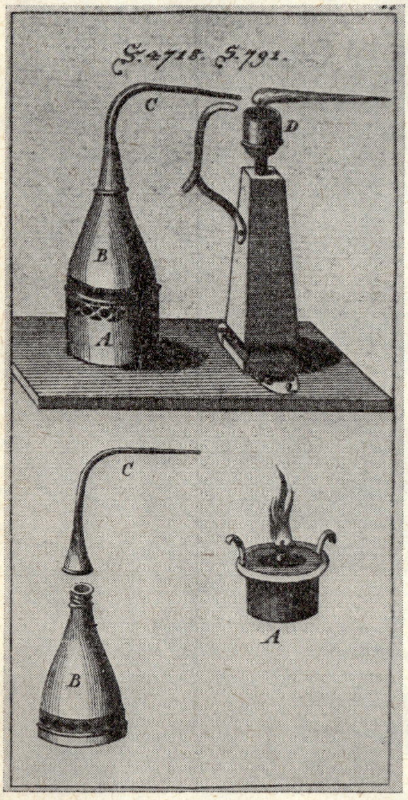

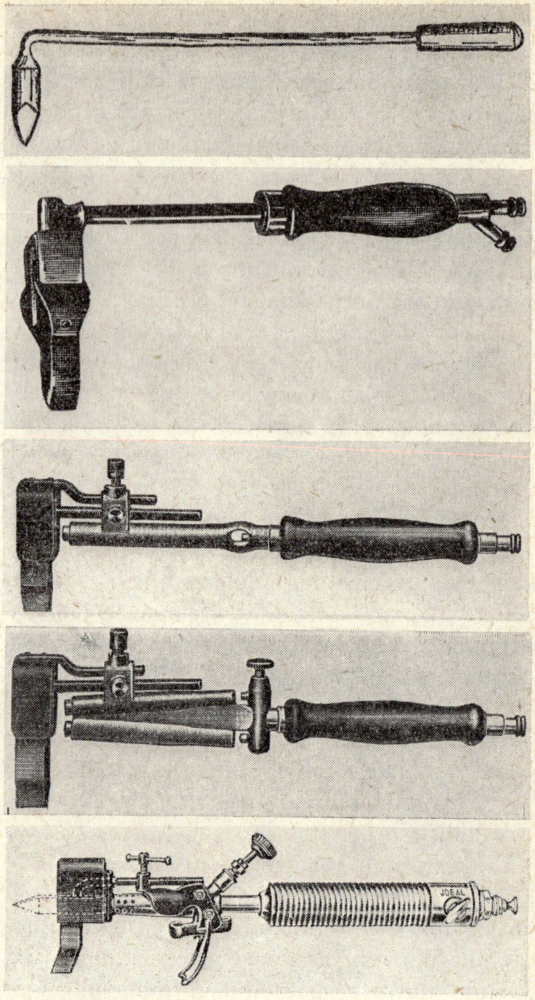

Verschiedene Lötkolben (rechts oben)
Lötkolben nach Theophilus, um 1100
Gaslötkolben, um 1935
zwei Lötkolben mit Bunsenbrenner
Benzinlötkolben, um 1935

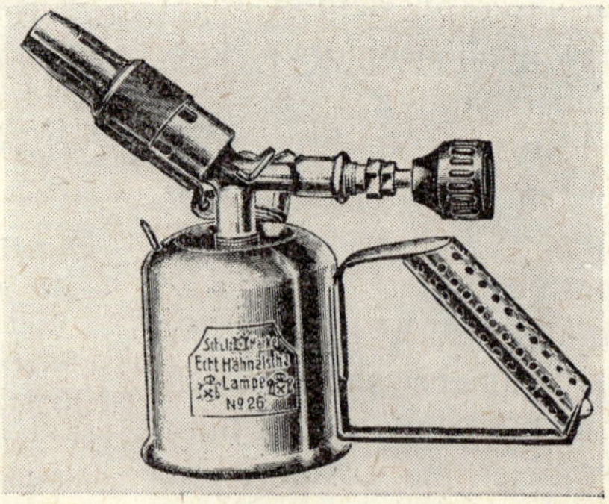

Lötlampen
Konstruktion nach Marquardt, um 1787 (links unten)
Lötlampe, um 1935 (rechts unten)

Zeittafel

1619 Erste Versuche, Roheisen mittels Steinkohle zu schmelzen (*D. Dudley*)

1650 *O. v. Guericke* erfindet Elektrisiermaschine und Luftpumpe für Versuche mit den »Magdeburger Halbkugeln«

1672 Entdeckung des elektrischen Funkens durch *G. W. Leibniz*

1679 *J. Kunckel von Löwenstern* erzeugt eine Stichflamme, indem er den Luftstrahl eines Blasebalges auf eine Öllampe richtet

1685 Atmosphärische Dampfmaschine mit Zylinder und Kolben von *D. Papin*

1694 *G. E. Stahl* wird an die neugegründete Universität in Halle berufen und entwickelt seine Phlogistontheorie

1698 Kolbenlose Dampfpumpe von *Th. Savery* zum Wasserheben in Bergwerken

1712 Atmosphärische Kolbendampfmaschine von *Th. Newcomen*

1735 Erzeugung von Roheisen mittels Steinkohle durch *A. Darby*

1740 Erzeugung von Gußstahl im Tiegel durch *B. Huntsman*

1745 *E. G. v. Kleist* erfindet den Kondensator; fast gleichzeitig wird er von *P. v. Musschenbroek* als »Leidener Flasche« entdeckt

1766 *H. Cavendish* entdeckt den Wasserstoff; *J. Beckmann* berichtet über einen Versuch von *J. K. Wilcke*, bei dem durch eine Kondensatorentladung mehrere Flintenkugeln miteinander verschweißt wurden

1769 Direktwirkende Niederdruckdampfmaschine mit getrenntem Kondensator von *J. Watt*

1771 *C. W. Scheele* entdeckt den Sauerstoff; die Veröffentlichung verzögert sich, so daß *Priestley* 1774 unabhängig davon den Sauerstoff nochmals darstellt

1774 *Priestley* und *Scheele* entdecken den Stickstoff

1780 *L. Galvani* beobachtet die Elektrizität bei Tierversuchen

1782 *G. Ch. Lichtenberg* schweißt mittels der »künstlichen Elektrizität« eine Uhrfeder mit einer Messerklinge zusammen

1784 Doppeltwirkende Dampfmaschine von *J. Watt;* Puddelverfahren zur Erzeugung schmiedbaren Eisens; Beginn der modernen Walzwerktechnik (*H. Cort*)

1785 Erste Dampfmaschine in Preußen (Hettstedt)

1787 *Antoine-Laurent Lavoisier* erklärt den Verbrennungsvorgang; *Marquard* erfindet die »Schmelzlampe«

1793 Baumwollentkernmaschine (*E. Whitney*)

1797 Supportdrehbank mit Leitspindel von *H. Maudslay*

1798 *P. T. Bertin* meldet eine Lötlampe als erste ortsbewegliche Wärmequelle zum Patent an

1800 Voltasche Säule liefert kontinuierlich elektrischen Strom (*A. Volta*)

1802 *W. W. Petrow* erzeugt einen elektrischen Lichtbogen

1812 *H. Davy* entdeckt ebenfalls den elektrischen Lichtbogen und seine Ablenkbarkeit durch einen Magneten

1820 Entdeckung des Elektromagnetismus durch *H. Ch. Oerstedt*

1825 C. *Whithouse* stellt Rohre her, deren Längsnähte durch Stumpfpreßschweißen verbunden sind

1831 *M. Faraday* entdeckt das Prinzip der elektromagnetischen Induktion

1839 *J. Nasmyth* konstruiert den ersten Dampfhammer

1841 Einheitliches Gewindesystem von *J. Whitworth*

1856 Bessemer-Konverter zur Stahlerzeugung (*H. Bessemer*)

1864 Siemens-Martin-Stahlverfahren (*F. Siemens* und *P. Martin*)

1867 Erfindung des elektrodynamischen Prinzips durch *W. v. Siemens*; Konstruktion einer betriebsreifen Dynamomaschine

1878 Erzeugung von Stahl aus phosphorhaltigem Roheisen (*S. G. Thomas*)

1880 Schweißbarkeitsuntersuchungen von Flußeisen

1882 *E. Blass* und *A. Knaudt* führen das Wassergasschweißen in Deutschland ein

Triumph des Stahls

Neue Dimensionen

Wie Irrlichter flackerten und sprühten kleine Flammen hoch über Paris. Weithin dröhnten die Hammerschläge vom Bauplatz des Eiffelturms. Seit zwei Jahren strebte das mit 300 m höchste Bauwerk jener Zeit dem Himmel entgegen. Rechtzeitig zur Eröffnung der Weltausstellung von 1889 konnte das neue Wahrzeichen von Paris fertiggestellt werden. Über 18000 Eisenteile mit einer Gesamtmasse von 7000 t mußten für diesen Giganten montiert werden. Über 7 Millionen Niete verbinden die einzelnen Stützen, Streben sowie Querträger und geben der kühnen Konstruktion einen festen Halt. Allein 20 Nieterkolonnen arbeiteten zwei Jahre täglich zehn Stunden wie Akrobaten in schwindelnder Höhe auf den Gerüsten. Ein Junge bediente den Blasebalg einer tragbaren Schmiede und warf den weißglühenden Niet geschickt zu einem zweiten Arbeiter, dem »Nietenkopfhalter«, der ihn mit der Zange in das Loch stieß und den vorgeformten Kopf gegenhielt. Der »Nieter« stauchte ihn am anderen Ende an und setzte den Kopfmacher. Ein vierter Arbeiter, der »Schläger«, formte durch kräftige Schläge mit dem Treibhammer den Niet endgültig. Jeder Handgriff mußte sitzen, und wehe, wenn der Nieterjunge den Eisenbolzen verbrannt oder nicht genügend erwärmt hatte. Dann setzte es mitunter auch bei ihm einige Schläge.

Das neue »Weltwunder« war der absolute Höhepunkt der Weltausstellung. Aber nicht nur Zustimmung fand der Turm. Viele lehnten ihn als »häßliches Schandmal« ab oder hielten ihn für technische Fantasie.

Alexandre Gustave Eiffel setzte sich gegen alle Zweifler durch und bewies mit seiner Pioniertat, welche großartigen Werke der Mensch zu leisten vermag, wenn er Material und Technik beherrscht. So symbolisiert der Eiffelturm den Triumph des Stahls.

Die Anforderungen an die Bauwerke hatten völlig neue Dimensionen angenommen. Schon zur ersten Weltausstellung 1851 in London erregte der 560 m lange Kristallpalast, eine gelungene Verbindung zwischen Eisen und Glas, größte Bewunderung. Die Ausstellung selbst spiegelte die explosionsartige technische Entwicklung auf allen Gebieten der vorwärtsdrängenden Industrie wider. Mit der Erfindung der Dampfmaschine und des Puddelstahls hatte eine Veränderung der Produktionsweise begonnen, die nun im Wechselspiel in atemberaubender Weise neue Erfindungen hervorbrachte, welche wiederum beflügelnd auf das Entwicklungstempo der gesamten Wirtschaft wirkten. Es entstand ein Betätigungsfeld für tatkräftige Männer, die mit Ideenreichtum, Wagemut und vor allem Geschäftssinn dieser Epoche ihren Stempel aufprägten. Jede erfüllte Forderung stellte wieder neue Aufgaben, für deren Lösung es noch keine Vorbilder gab.

Fisherbuilding in Chicago 1890 im Bau. Es ist eines der ersten in Stahlskelettbauweise errichteten Hochhäuser

Die Suche nach günstigen Rohstoffquellen und neuen Absatzmärkten sowie das wachsende Interesse am technischen Fortschritt ließen die wirtschaftlichen Beziehungen zwischen den einzelnen Ländern sprunghaft ansteigen. Die Entwicklung des internationalen Handels erforderte ein gut ausgebautes Verkehrssystem. Nachdem mit der 1830 eröffneten Linie Manchester – Liverpool die Eisenbahn ihren unaufhaltsamen Siegeszug begonnen hatte, umspannten die stählernen Schienenstränge bald den ganzen Erdball und verbanden Städte sowie Länder und veränderten die Landschaft. Brücken mußten gebaut, Tunnel durch Felsen gebohrt, Trassen angelegt, Bahnhöfe, die dem Stadtbild ein neues Gepräge gaben, errichtet werden.

Der Eisenbahnbau beschleunigte die Entwicklung der Stahlindustrie, des Maschinenbaus und förderte den Kohlebergbau. Er bewegte große Menschenmassen und konzentrierte die Arbeitskräfte in den aufblühenden Industriezentren. Der Städtebau erhielt einen stürmischen Zuwachs, und das gesamte Bauwesen erfuhr einen noch nie dagewesenen Aufschwung. Für die Bevölkerung mußte die Versorgung mit Lebensmitteln und Konsumgütern gesichert werden. Industrieunternehmen, Bankgebäude, Markthallen, neue Stadtviertel schossen wie Pilze aus der Erde. Nachdem es Dampfschiffe gab, trug auch die Schiffahrt, ähnlich dem Eisenbahnbau, zu einer weiteren Belebung von Industrie und Handel bei. Werften, Häfen und Entladeeinrichtungen entstanden. Größe und Anzahl der stählernen Dampfschiffe wuchsen.

Die teilweise hektische Entwicklung begünstigte Spekulationen und Konkurrenzkämpfe in ungekannten Dimensionen. Ein gewaltiger Kapitalbedarf trieb zur Bildung von Aktiengesellschaften und förderte die Entstehung der Monopole. Unter deren Kampf um die wirtschaftliche Vormachtstellung und Neuaufteilung der Welt erlangte das Militärwesen zunehmend Bedeutung. Die Rüstungsindustrie entwickelte sich und führte zu einer Anzahl von Erfindungen, die wiederum anderen Zweigen Aufgaben stellten.

Das rasche Aufblühen aller am technischen Fortschritt beteiligten Industriezweige ist in erster Linie den Eigenschaften eines einzigen Werkstoffes zu verdanken: dem Stahl bzw. Eisen. Deshalb spielten auch die eisenerzeugende Industrie, die Metallurgie, und die eisenverarbeitende Industrie, der Maschinenbau, eine dominierende Rolle. Der »Eisenhunger« der industriellen Revolution nahm gewaltige Ausmaße an; er konnte mit dem Puddelverfahren nicht mehr befriedigt werden. Trotz zunehmender Anzahl der Stahlarbeiter, die bis zur physischen Erschöpfung an den glühenden Öfen tätig waren, blieb das Verfahren hinter dem sprunghaft steigenden Bedarf zurück. Die Stahlgewinnung nach dem Bessemer-, Thomas- und Siemens-Martin-Verfahren schuf hier Abhilfe.

Neue Forderungen an den Maschinenbau, zunehmende Verschiedenheit seiner Produktion sowie notwendige Serienfertigung offenbarten die Unzulänglichkeiten der Dampfmaschine als Antrieb der Werkzeugmaschinen. Mit der Einführung des Elektromotors konnten die Mängel beseitigt werden; die Maschine mit speziellem Antrieb wurde zum charakteristischen Merkmal der Technik. Damit begann der Elektroenergiebedarf der Industrie zu wachsen und mit ihm die Notwendigkeit, Kraftwerke mit ihren gewaltigen Kesselanlagen, Turbinen und Generatoren zu errichten.

Die neuen Dimensionen auf jedem Gebiet werden eindrucksvoll durch die Roheisenerzeugung gekennzeichnet. 1850 erreichte sie bereits das 10fache gegenüber 1800 und 1900 sogar das 80fache. Täglich mußten Millionen Eisenteile miteinander verbunden werden. Abgesehen vom Hammerschweißen und Löten, die auf bestimmte Anwendungs-

Bessemer-Konverterbetrieb um 1860. Während die linke Birne gerade mit flüssigem Roheisen gefüllt wird, ist rechts das Blasen in vollem Gange. In der Mitte wird fertiger Rohstahl in Kokillen gegossen

bereiche beschränkt blieben, sowie dem teuren Verschrauben, beherrschte das Nieten das weite Feld der Verbindungen. Es gestattete sowohl die Massenfertigung in den Fabriken als auch die Montage tragender Bauwerke an Ort und Stelle.

Das Nietverfahren wurde bis in alle Details verfeinert. *Eiffel* berechnete für die verschiedenen Einzelteile seines Turms die Lage der Nietenlöcher auf $^1/_{10}$ mm genau. Das ermöglichte eine komplette Vorfertigung und einfache Montage auf der Baustelle. Bis zur ersten Plattform in 57 m Höhe brauchte nicht ein einziges Nietenloch verändert zu werden.

Noch heute begegnen uns viele Zeugen jener Technik. Es ist kaum noch vorstellbar, wie mit dieser zeitraubenden Arbeitsweise die eindrucksvollen Eisenkonstruktionen des vorigen Jahrhunderts entstanden. Im Stahlbau behauptete sich das Nieten sogar noch bis in die erste Hälfte unseres Jahrhunderts, als mit modernen Schweißverfahren bereits wesentlich effektivere Verbindungsmethoden zur Verfügung standen. Bewundernd stehen wir vor den genieteten Brücken, Bahnhofshallen, Dampflokomotiven, Kesseln und Schiffen, deren Verbindungen nicht nur fest, sondern auch dicht sein mußten. Nicht immer wird unser an elegante Schweißkonstruktionen gewöhntes Auge Gefallen an den Bauwerken mit ihren langen Reihen unübersehbarer Nietenköpfe finden. Die typische Konstruktionsweise ist jedoch nicht ohne Reiz, wenn man an ihre Herstellung denkt.

Eiffel war ein genialer Schöpfer solch stählerner Bauwerke. Ihm gelang es meisterhaft, Funktion und Architektur mit konstruktiver Kühnheit zu verbinden. Außer dem Wahrzeichen von Paris, mit dem sich *Eiffel* selbst ein Denkmal setzte, baute er zahlreiche Viadukte, Bahnhofshallen, Warenhäuser, Hafenanlagen und Kirchen in vielen Ländern. Von den hochgespannten Brücken über den Duero in Portugal und den Fertigteilbrücken in China bis zum Budapester Westbahnhof, der »Visitenkarte der ungarischen Metropole«; alle tragen sie unverkenn-

Nieten eines Kesselbehälters mit dem Preßlufthammer

bar seine Handschrift. Auch die 46 m hohe Freiheitsstatue an der Einfahrt zum Hafen von New York, 1886 errichtet, ist mit dem Namen *Eiffel* verknüpft.

Aber auch leistungsstarke Dampfschiffe bis 20000 BRT mit 200 m Länge waren keine Seltenheit mehr. 100 km lange, meist doppelte, Nietreihen mit Millionen Nieten wies ein solches Schiff auf. Bevor sie eingeschlagen werden konnten, mußte man Löcher bohren oder stanzen. Überall dröhnten Niethämmer in den Fabrikhallen, Werften und Baustellen. Die Zahl der Verbindungen stieg ins Unendliche. Dampfhämmer, hydraulische Gegenhalter, elektrische Nieterwärmung und weitere Hilfsmittel verbesserten zwar die Effektivität, eine Leistungsgrenze war jedoch damit erreicht.

Erstmals im Zeitraum einiger tausend Jahre, in denen sich die Verfahren der Eisengewinnung wiederholt änderten und um ein Vielfaches produktiver wurden, erwies sich das Feuerschweißen den Anforderungen des Stahlbaus nicht mehr gewachsen. Die Eisenbearbeitung war aus der traditionellen Schmiedewerkstatt auf die Baustellen und in die Fabrikhallen gezogen. Dorthin konnte das an ein Schmiedefeuer gebundene Feuerschweißen nicht folgen. Effektivere Wirkprinzipien zum Verbinden von Metallen anstelle des Nietens oder Feuerschweißens mußten gefunden werden. Die Schweißtechnik löste diese Aufgabe, indem sie die Geburtsstätte des Schweißens verließ und mit dem Eisen unmittelbar in die Fabrikhallen und Baustellen ging. Durch neue Verfahren mußte sie sich sowohl der Massenproduktion als auch den gestiegenen Anforderungen anpassen. Technische Voraussetzungen und gesellschaftliches Bedürfnis dafür waren vorhanden. So vollzog sich in den folgenden Jahrzehnten eine rasche Entwicklung, die zu einer revolutionierenden Umgestaltung der Metallbearbeitung führte.

Von der »Löthung«

Der Bleilöter Matthias Richter legt den Brenner zur Seite. Die spitze Flamme verschwimmt vor seinen Augen. Heiße Fieberwellen schütteln seinen Körper, trotzdem fröstelt ihn. Noch mehr als die messerscharfen Stiche in der Brust und die häufigen Magenkrämpfe schmerzen ihn die Gedanken. Soll es nun auch für ihn soweit sein? Er kennt die Symptome einer schleichenden Bleivergiftung und auch deren Folgen. Schon mehrere seiner ehemaligen Kollegen mußten die Arbeit aufgeben und litten noch Jahre danach an Lähmungen. Vielleicht war es aber nur ein Anfall, der bald vorüberging. Obwohl er ein angesehener, tüchtiger Arbeiter war, der täglich 12 Stunden gewissenhaft Gefäße und Apparate aus Blei lötete, würde man ihn unbarmherzig auf die Straße setzen, wenn er die vorgegebene Tagesleistung nicht mehr schafft.

Dieses Schicksal eines Arbeiters aus der Bleiwarenfabrik Halsbrücke bei Freiberg teilten viele seiner Berufsgenossen. Die vom Schmelzen und Gießen hervorgerufenen Vergiftungserscheinungen waren lange Zeit Auswirkungen einer der gefürchtetsten und verbreitetsten Berufskrankheiten. In den dunklen, schlecht belüfteten Werkhallen mußten die Fabrikarbeiter ihre Gesundheit aufs Spiel setzen. Arbeitsschutz gab es nicht.

Bleigefäße benötigten insbesondere die chemischen Fabriken. Mit dem Herstellen von Apparaten, Behältern sowie Rohren und Draht befaßte sich die 1853 aus der Königlich-Sächsischen Maschinenbauwerkstatt entstandene Bleiwarenfabrik auf dem Gelände der Halsbrücker Hütten. Wenige Jahre nach der Gründung erzeugte sie rund 10 000 kg Bleiwaren und erzielte einen Reingewinn von über 10 000 Talern. Zur Einrichtung der Fabrik gehörten auch die neuen Richemont-Wasserstofflötapparate, die seit einigen Jahren das Bleilöten verbessert hatten.

Die Entwicklung der Textilindustrie und der Sodaproduktion nach dem Leblanc-Verfahren erhöhte in der ersten Hälfte des 19. Jahrhunderts den Bedarf an Schwefelsäure, die in großen Bleikammeranlagen gewonnen wurde. Für das Herstellen der chemischen Apparaturen aus Blei benutzte man

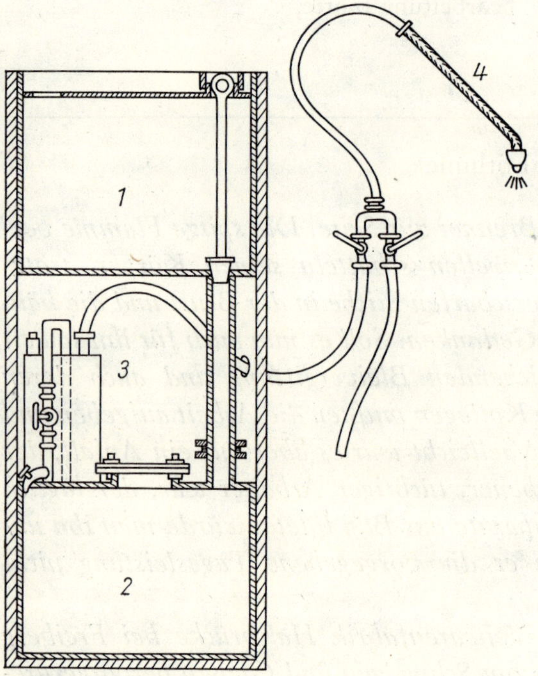

Prinzip des Richemontschen »Löth-Apparates« von 1837. Aus dem Behälter 1 tropft verdünnte Schwefelsäure in den mit Zinkspänen gefüllten Behälter 2; der sich entwickelnde Wasserstoff wird in der Kammer 3 aufgefangen und gemeinsam mit dem durch Blasebalg erzeugten Luftstrom dem Brenner 4 zugeführt

den Lötkolben. Zwar waren schon Brenner und Lötrohre bekannt, die mit Wasser- und Sauerstoff betrieben wurden. Aber das Arbeiten mit der Knallgasflamme blieb auf das Experimentieren in Laboratorien beschränkt. Es fehlte an einfachen Verfahren und geeigneten technischen Einrichtungen zur Erzeugung der Brenngase. 1838 gelang es dem Franzosen *E. Desbassayns de Richemont*, einen »Löth-Apparat« zu bauen, mit dem Wasserstoff in beliebiger und leicht regulierbarer Menge in der Werkstatt an Ort und Stelle bereitgestellt werden konnte. Er ließ verdünnte Schwefelsäure in einen mit Zinkspänen gefüllten Behälter tropfen und leitete den sich entwickelnden Wasserstoff gemeinsam mit dem durch einen Blasebalg erzeugten Luftstrom einem Brenner zu. Die Stichflamme war so heiß, daß die Bleikanten miteinander verschmolzen werden konnten, ohne ein Lot zu benutzen.

Nach heutiger Definition handelt es sich um ein Schmelzschweißen. Auch *Richemont* erkannte, daß sein Verfahren anders als das übliche Löten war. Für das Vereinigen der Bleiteile »aus sich selbst« führte er den aus dem Griechischen entnommenen Ausdruck »Autogene« ein. Der Vorgang wurde in Deutschland durch einen Beitrag in dem von *Johann Gottfried Dingler* herausgegebenen »Polytechnischen Journal« bekannt. Diese seit 1820 regelmäßig erscheinende Zeitschrift informierte über Erfindungen und technische Neuheiten aus aller Welt. Der 77. Band, Jahrgang 1840, berichtete unter dem Titel »Über de Richemont's Methode Platten und Röhren aus Blei und anderen Metallen ohne Anwendung eines Lothes zu vereinigen« von dem Verfahren, das den Beginn einer neuen Entwicklungsetappe der Schweißtechnik bedeutete.

Es ist interessant, die Einleitung des ausführlichen Aufsatzes wiederzugeben: »Hr. E. Desbassayns de Richemont ist der Erfinder einer neuen Methode, nach welcher zwei Metallstücke ohne Anwendung eines Lothes durch Schmelzung des Metalles an den zu vereinigenden Stellen solcher mahsen miteinander verbunden werden ohne daß man die Vereinigungsstellen weder dem Gesicht nach noch durch die chemische Analyse unterscheiden und entdecken kann. Der Erfinder nennt diese Art der Verbindung, welche er mittels einer höchst intensiven durch Verbrennung von Luft und Wasserstoffgas erzeugten Flamme bewerkstelligt Löthung durch sich selbst (Soudure autogene, autogenous soldering).«

Zu den in überschwenglichen Worten geschilderten Vorteilen, zu denen u. a. der Wegfall des teuren und »arsenikalische Dünste entwickelnden« Zinns, Zeitersparnis und verbesserte Qualität der Verbindungen gehörten, wurde auch die geringere Feuergefahr genannt. Heißt es doch an anderer Stelle: »Endlich ist auch das neue Verfahren viel minder feuergefährlich als das ältere, da man nur einen Hahn zu drehen braucht, um das Feuer sicher erlöschen zu machen. Hätte man bei der Ausbesserung der Getreidehalle zu Paris, der Kathedralen von Chartres und von Brügge mit dem Apparat des Herrn Richemont gearbeitet, so dürften diese schönen Gebäude wohl kaum ein Raub der Flammen geworden sein.«

Ein für die weitere Anwendung entscheidender Vorteil wurde darin gesehen, daß infolge der größeren »Kraft« der Flamme Materialien aus Eisen, Kupfer und Zink vereinigt werden könnten. Diese Gegenstände mußten nicht mehr in die Flamme gebracht werden, sondern sie wurde auf die Gegenstände gerichtet. Außerdem ist vermerkt, daß dieses Verfahren zum Schweißen und Löten geeignet war. Daraus wird ersichtlich, daß man eine begriffliche Abgrenzung beider Verfahren bereits kannte. Trotzdem bezeichnete man das Verbinden von Blei nach *Richemonts* Methode noch bis zum Beginn des 20. Jahrhunderts als Bleilöten.

Wie so häufig in der Technik, blieb der Apparat von *Richemont* nicht ohne Doppelgänger. Ein Jahr später berichtete der Vereinssekretär *H. Rößler*, Münzwardein zu Frankfurt/Main, in einer Publikation ebenfalls über ein von ihm konstruiertes Gerät zum »Löthen von Platten, Röhren usw. aus Blei ohne Anwendung von Zinn oder irgendeines anderen Lothes«. Der Apparat arbeitete in ähnlicher Weise wie der von *Richemont.*

Auf der Londoner Weltausstellung von 1862 erregte ein 125 kg schwerer Platinblock große Bewunderung. Er wurde von dem französischen Chemiker *Henry Saint-Claire Deville* erschmolzen. Für die dazu erforderliche hohe Temperatur benutzte er einen mit Wasserstoff und Sauerstoff betriebenen Brenner. Es blieb jedoch bei einem Laborversuch, denn der Mangel an einem günstigen Verfahren zur Erzeugung von Sauerstoff, das dazu ortsbeweglich sein mußte, verhinderte vorläufig noch eine breite Anwendung der

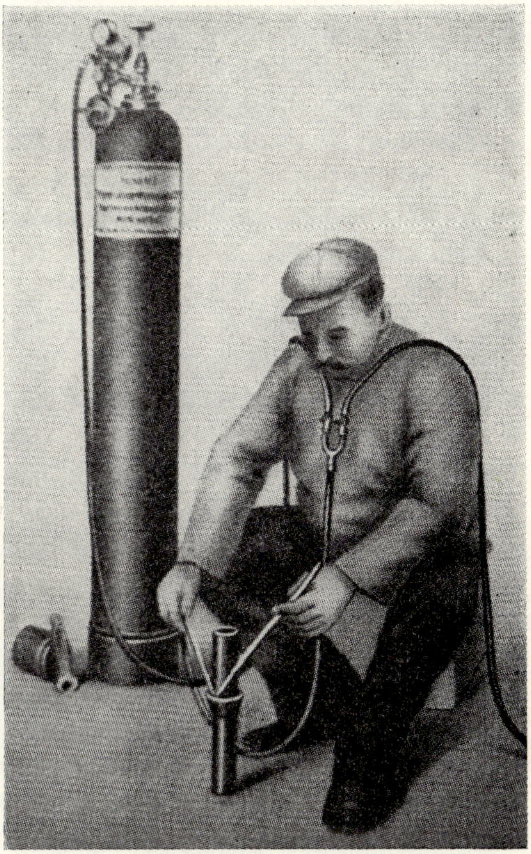

Bleilöten mittels »Starkbrenner« (Wasserstoff-Luft-Injektorbrenner), 1900

heißeren Wasserstoff-Sauerstoff-Flamme. So blieb die Methode von Richemont auf das Verbinden von Teilen aus Blei beschränkt, da zum Schweißen von Eisen die Temperatur nicht ausreichte.

Als der junge Betriebsingenieur *Ernst Wiss* im Jahre 1897 in die Dienste der Chemischen Fabrik Griesheim-Elektron trat, hatte er die umfangreichen Bleiapparaturen der Schwefelsäurefabrik zu überwachen. Der zum Bleilöten erforderliche Wasserstoff wurde immer noch mit den alten Richemont-Entwicklern erzeugt, obwohl durch die Chlor-Alkali-Elektrolyse im gleichen Betrieb reiner Wasserstoff ungenutzt zur Verfügung stand. *Wiss* fing den Wasserstoff auf und komprimierte ihn in Stahlflaschen. Auf diese Weise war er unabhängig von den schwerfälligen Zink-Schwefelsäure-Lötapparaten. *Wiss* entwickelte einen sogenannten »Starkbrenner«, bei dem der höhergespannte Wasserstoff durch einen Injektor die Verbrennungsluft selbst ansaugte. Damit war bereits ein großer technischer Fortschritt erzielt, aber den eigentlichen Durchbruch des Autogenschweißens brachte erst die Verbrennung des Wasserstoffs mit Sauerstoff.

Versuche hatten bereits gezeigt, daß es mit diesen beiden Gasen möglich ist, auch Eisen zu schweißen. Der englische Ingenieur *Thomas Fletcher* konstruierte einen für verschiedene Zwecke geeigneten Brenner, über den

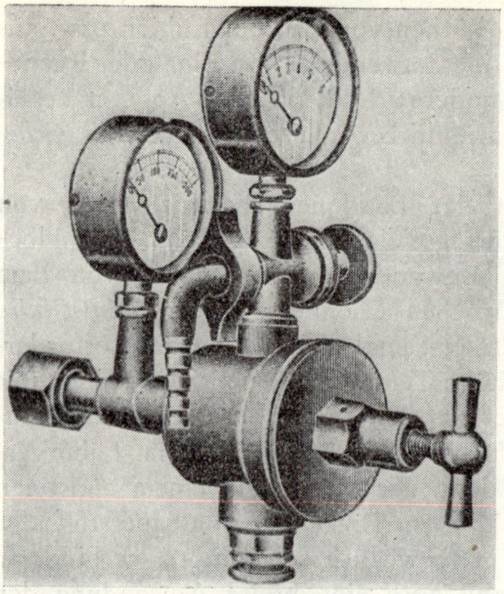

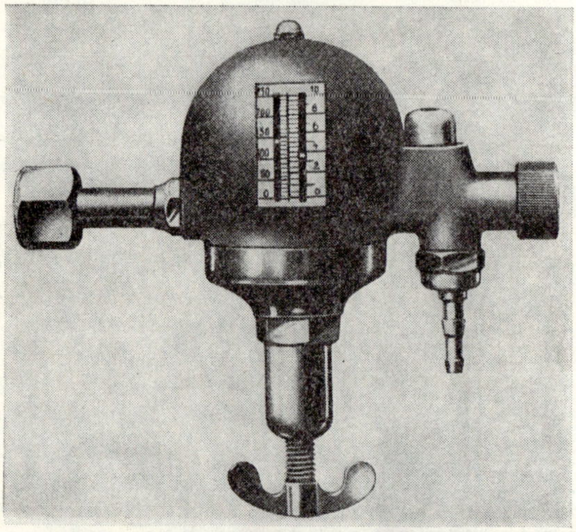

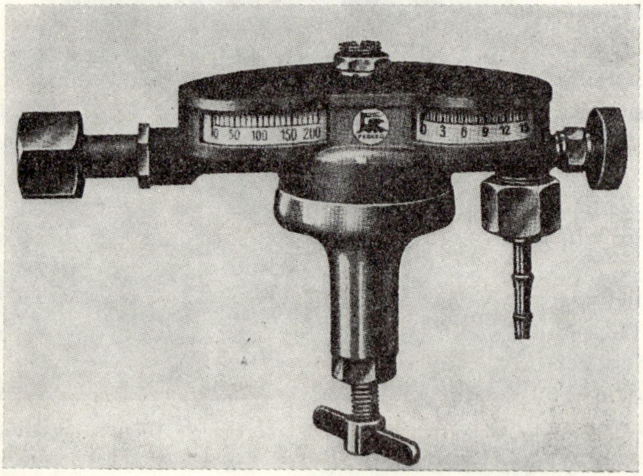

Druckminderer
Hebeldruckminderer, um 1908
Hebelloser Druckminderer in Kugelform, 1936
Hebelloser Druckminderer, um 1936

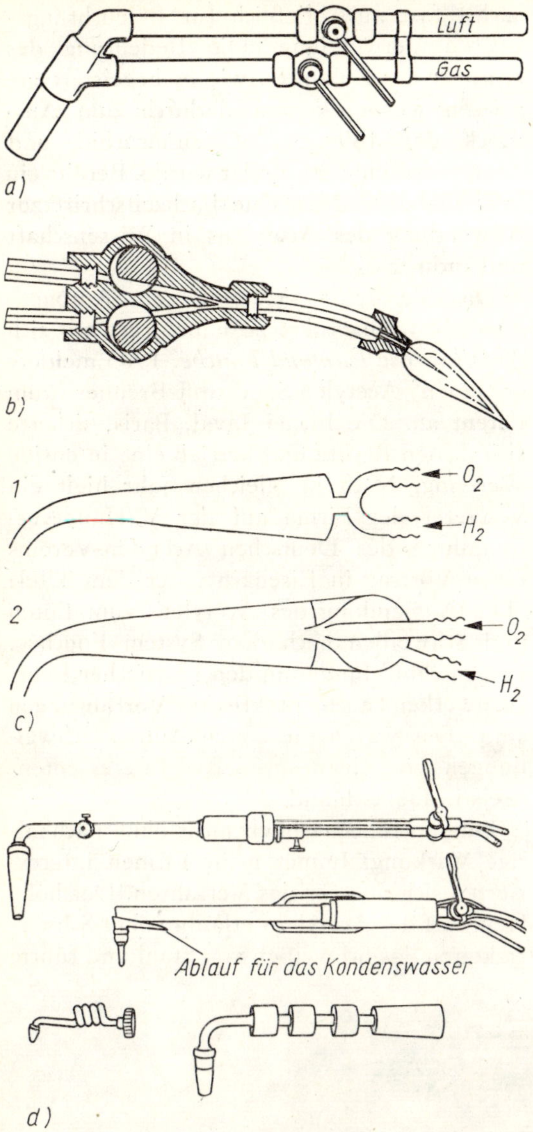

Verschiedene Brenner
a) Wasserstoff-Sauerstoff-Brenner von Fletcher, 1888
b) Knallgasbrenner von Dräger, 1901
c) Prinzip Wasserstoff-Sauerstoff-Brenner von Jottrand, 1901 (1 Gleichstrombrenner, 2 Injektorbrenner)
d) Wasserstoff-Sauerstoffbrenner von Wiss, 1903

er in einem Vortrag unter dem Titel: »Eine neue gewerbliche Verwendung von Sauerstoff« im Jahr 1888 in Liverpool berichtete. Eine entscheidende Verbesserung gelang ihm

Lichtbogenschmelzofen für Laborversuche, um 1890

aber noch nicht. Der Sauerstoff wurde durch die teure Elektrolyse erzeugt, und die Verbrennung von Knallgas war nicht ungefährlich. Erst die Arbeiten des belgischen Ingenieurs *M. Felix Jottrand* führten zu einem spürbaren Erfolg. Er hatte erkannt, daß die Rückzündung der Flamme in das Innere des Brennrohres nur verhindert werden kann, wenn die Geschwindigkeit des Gasstromes größer ist als die Zündgeschwindigkeit des Gases. Sein »oxhydrisches Lötrohr« meldete er 1901 zum Patent an.

Nach ähnlichem Prinzip arbeitete auch der wenig später von *Bernhard Dräger* entwikkelte Knallgasbrenner. *Heinrich Dräger* und sein Sohn *Bernhard* hatten maßgeblichen Anteil an der Entwicklung von Druckminderern, Armaturen und anderer, scheinbar selbstverständlicher Kleinigkeiten, die zur praktischen Anwendung der neuen Technik gehörten.

Inzwischen hatte *Carl von Linde* 1895 mit seinem Verfahren zur Luftverflüssigung eine Möglichkeit gefunden, Sauerstoff in großen Mengen bereitzustellen. Die technische Anwendung des Sauerstoffs trat anfangs jedoch weit hinter der Verwendung für medizinische Zwecke zurück. Als *Wiss* auf der Hauptversammlung des Vereins Deutscher Ingenieure 1905 in Magdeburg mit *Linde* über den Einsatz von Sauerstoff für das autogene Schweißen sprach, erkannte dieser sofort die guten Absatzmöglichkeiten. Er bewirkte, daß der damals noch sehr hohe Preis des Sauerstoffs erheblich herabgesetzt wurde. Das förderte einerseits die wirtschaftliche Anwendung der Autogentechnik, andererseits hätte die Sauerstoffindustrie ohne Autogentechnik nicht den steilen Aufschwung genommen.

Den wichtigsten Schritt verdankt die Autogentechnik einem Zufall, dem Verbündeten vieler tatkräftiger Forscher. Bei Versuchen mit dem gerade erfundenen Lichtbogenofen erhitzte *T. L. Willson* 1892 in den USA neben vielen anderen Stoffen auch Steinkohlenkoks mit Kalk. Der beim Schmelzen entstandene neue Stoff schien keinerlei Wert zu haben, und so warf man ihn achtlos auf den Fabrikhof. Als es zu regnen begann, bemerkten die Arbeiter, daß ein unangenehm riechendes Gas aus der weißen Masse strömte. Der neue Stoff war Calciumcarbid und das Gas Acetylen. *Friedrich Wöhler* hatte zwar schon 1862 bei seinen Experimenten Calciumcarbid gefunden, aber eine technische Nutzung setzte erst mit der von *Willson* entdeckten Methode ein. Unabhängig davon stellte kurze Zeit später auch der Franzose *Henri Moissan* Calciumcarbid auf die gleiche Weise her.

Da Acetylen mit greller Flamme verbrennt, fand es ungewöhnlich schnell und zunächst fast ausschließlich für Beleuchtungszwecke Verwendung. Die Bedeutung des »Lichtes der Zukunft«, wie es begeistert gepriesen wurde, kommt dadurch zum Ausdruck, daß 1897 der »Calciumcarbid- und Acetylenverein« gegründet wurde. Bereits ein Jahr später erschien eine Fachzeitschrift zur Anwendung des Acetylens in Wissenschaft und Industrie.

Das Verdienst, Acetylen zum Autogenschweißen eingeführt zu haben, erwarb sich der Franzose *Edmond Fouché*. 1903 meldete er einen Acetylen-Sauerstoff-Brenner zum Patent an. Die Firma Javal, Paris, sicherte sich dessen Rechte und betrieb eine intensive Werbung. Noch im gleichen Jahr hielt ein Vertreter der Firma auf der V. Hauptversammlung des Deutschen Acetylen-Vereins einen Vortrag in Eisenach unter dem Titel: »Die Anwendung des Acetylens zum Löten und Schweißen nach dem System Fouché«. Im Anschluß fanden in den Eisenacher Fahrzeugwerken auch praktische Vorführungen statt. Das waren die ersten Autogenschweißungen vor einem größeren Interessentenkreis in Deutschland.

Die Vorführung blieb nicht ohne nachhaltige Wirkung. Immer mehr Firmen interessierten sich nun für das Verfahren. Der hohe Heizwert des Acetylens erlaubte ohne Schwierigkeiten das Schweißen von Stahl und führte

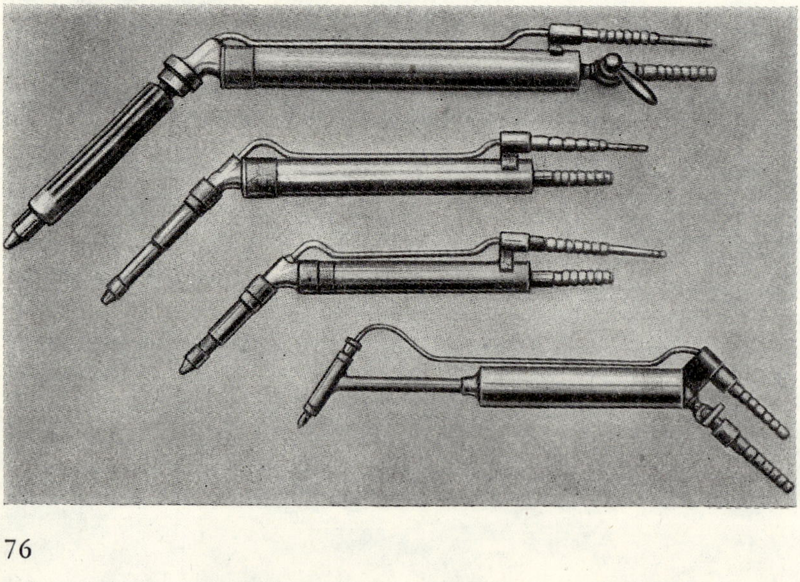

Erste Acetylen-Sauerstoff-Brenner von Fouché, 1903

rasch zur Ablösung des Wasserstoffs. Auch *Wiss*, der schon einige Erfahrungen beim Schweißen von Stahl mit dem Starkbrenner gesammelt hatte, befaßte sich jetzt mit der Verbesserung des Acetylen-Sauerstoff-Brenners und setzte sich mit großer Tatkraft für eine weitere Einführung des Verfahrens ein. Nachdem die Acetylenbeleuchtung dem elektrischen Licht weichen mußte, erkannten viele Unternehmen dieses Industriezweiges in der Autogentechnik ein neues, gewinnbringendes Betätigungsfeld. *Adolf Messer*, der bisher große Acetylen-Beleuchtungsanlagen gebaut hatte, brachte 1906 in Frankfurt/Main Acetylenapparate und neuartige Autogenschweiß- und Schneidgeräte heraus.

Ernst Wiss bei Schweißarbeiten mit einem Wasserstoff-Sauerstoffbrenner

Eine Vielzahl kleinerer Handwerksbetriebe und größerer Industrieunternehmen beschäftigte sich nun mit dem Bau von Autogenschweißgeräten, allerdings oft mit wenig Sachkenntnis. Im Konkurrenzkampf versuchte jeder, seinen Anteil am Geschäft mit der jungen aufstrebenden Autogenindustrie zu sichern. Besonders für den Bau von Acetylenentwicklern hielt sich nicht nur jeder Blechschmied befähigt, sondern »Genies« aus allen Ständen – wie Offiziere, Landwirte, Handwerker oder Geistliche – produzierten ihre eigenen Erfindungen. Daß es bei der mangelnden Erfahrung und den häufig wider alle Regeln gebauten Apparaten zu folgenschweren Explosionen kam, überrascht nicht. In keiner Klasse des damaligen Reichspatentamtes gab es zu jener Zeit wohl so viele Patent- und Gebrauchsmusteranmeldungen wie in der Klasse 26 »Acetylenapparate«.

Schweißarbeiten an einem genieteten Kessel

Vorerst waren die Schweißer auf die kleinen, ortsbeweglichen Acetylenentwickler angewiesen, denn dieses Gas läßt sich nicht ohne weiteres unter Druck in Stahlflaschen füllen. Es neigt oberhalb 1,5 bar (0,15 MPa) zum Zerfall. Die französischen Forscher *Claude* und *Hess* entdeckten die Löslichkeit des Acetylens in Aceton. Damit wurden der Transport größerer Mengen in Stahlflaschen möglich und die Schweißarbeiten von den Gasentwicklern unabhängig.

Das Autogenschweißen hatte allmählich einen festen Platz in der metallverarbeitenden Industrie gefunden. Überwog am Anfang das Reparaturschweißen, setzte man es später immer häufiger zur Neuanfertigung ein. Die Qualität der Schweißungen überließ man nicht mehr dem Zufall, sondern bildete fachlich geschultes Personal aus. Große Aufmerksamkeit wurde dem Zusatzwerkstoff geschenkt. Ein sogenannter schwedischer Holzkohlendraht, sehr reiner und kohlenstoffarmer Schweißdraht, stand lange Zeit an erster Stelle. Die Entwicklung verschiedener Zusatzschweißdrähte erlaubte den Einsatz des Autogenschweißens auch für Kupfer, Gußeisen und Aluminium.

Kleine Verbesserungen erhöhten ständig die Sicherheit sowie Wirtschaftlichkeit und erweiterten den Einsatzbereich des Verfahrens. Das Gaspreßschweißen bereicherte die Palette der Schweißverfahren. Profile oder Rohre wurden an den Verbindungsflächen durch Autogenbrenner erhitzt und, wie beim Feuerschweißen, unter Druck zusammengepreßt. Man war auch bestrebt, das Autogenschweißen zu mechanisieren. Leistungsfähige Längsnaht- und Rundnahtschweißmaschinen mit Gasbrennern waren noch vor wenigen Jahren im Einsatz und verblüfften durch ihren einfachen und zuverlässigen Betrieb. Wenn das Autogenschweißen in der industriellen Serienfertigung heute auch weitgehend durch hochproduktive Verfahren abgelöst ist, so hat es in der Montage, im Reparaturbetrieb und im Handwerk noch immer seinen festen Platz.

Nützlich für Schienen

Mit dem Ausruf »vollbracht!« schlug der leitende Ingenieur genau 12 Uhr am 10. Mai 1869 unter dem Beifall zahlreicher Ehrengäste den letzten Nagel in das Holz. Nach nur sechs Jahren Bauzeit, sieben Jahre früher als vorgesehen, trafen sich in der Nähe des großen Salzsees die beiden Schienenstränge, die den Pazifischen Ozean mit der Atlantikküste verbinden. Das letzte Stück Schiene, das in den großen Strang eingefügt wurde, bestand aus Silber, und die Nägel waren aus purem Gold.

Der Bau der über 5 500 km langen Strecke quer durch die USA gehörte zu den kühnsten Projekten damaliger Zeit. Unsagbar schwer waren die Arbeitsbedingungen. Angepeitscht von den berüchtigten Antreibern, schufteten Zehntausende, meist Chinesen, bei elfstündiger Arbeitszeit bis zum Umfallen. Ihre Tagesleistung erhöhte sich von anfangs zwei auf zehn Meilen. Hitze, Durst und Moskitos im Sommer, eisige Kälte, Schneestürme und Lawinen im Winter machten die Arbeit zur Qual und erschwerten das Vorankommen. Tagelöhner erhielten einen Dollar, Zimmerleute, Maurer und andere Fachleute bis zu zwei Dollar täglich, der Hauptingenieur 4 000 Dollar jährlich.

Die Versorgung der »Arbeiterheere« mit Lebensmitteln bereitete angesichts der langen Nachschubwege die meisten Schwierigkeiten. Da in unmittelbarer Nähe große Büffelherden weideten, wurden die Tiere zu Tausenden abgeschossen; sie lieferten das begehrte Fleisch. Einer der berüchtigtsten Jäger war der legendäre »Buffalo Bill«; er konnte in weniger als zehn Minuten fünfzig Büffel erlegen. Durch diese rücksichtslosen Maßnahmen schrumpften die riesigen Herden binnen kurzer Zeit auf wenige Tiere zusammen.

Nachdem bereits der unaufhörlich vordringende Siedlerstrom große Teile der Jagdreviere in Beschlag genommen hatte, sahen die Indianer im Bau der Eisenbahn eine neue Gefahr für ihre Existenz. Die Regierung setzte Truppen zur Vernichtung der Indianer ein und zahlte für jeden Skalp bis zu 100 Dollar Prämie. Erbittert kämpften die Stämme um ihre Rechte.

Die Arbeiten wurden weiter vorangetrieben, die Gleise zogen sich über steile Gebirgspässe, bohrten sich durch zahllose Tunnel, überquerten schwindelnde Schluchten, gingen über Sümpfe und endlose Weiden. Mit schonungsloser Ausbeutung der Streckenarbeiter, vom Konkurrenzkampf getrieben, aber auch von kluger Organisation, entschlossenem Handeln und kühnem Pioniergeist getragen, nahte der Tag, an dem der erste Zug die transkontinentale Strecke von Ost nach West befahren konnte.

Das denkwürdige Ereignis vollzog sich zu einer Zeit, als die Eisenbahn bereits alle Erdteile erobert hatte. Die Anfänge reichen bis 1804 zurück, als die erste, von *Richard Trevethick* gebaute Lokomotive einen Kohlenzug schleppte. Den eigentlichen Durchbruch des dampfbetriebenen Verkehrs verdanken wir dem englischen Techniker *Georg Stephenson*, der mit seiner »Rocket« das berühmte Lokomotivrennen von Rainhill im Jahre 1829 gewann.

Große Bedeutung für den raschen Fortschritt und die schnelle Verbreitung der Eisenbahn ist auch der Entwicklung der Gleisanlagen beizumessen. Schon die alten Griechen hatten auf einigen Straßen fest in den Stein gehauene Rillen. *Georgius Agricola* überlieferte in seinen Schriften und Darstellungen ein umfassendes Bild des Bergbaus im 16. Jahrhundert. Die Bergleute benutzten zur Erzförderung einen kleinen, vierrädrigen Wagen, der, »so man ihn bewegt, ein thon gibt ... dem bellen der Hunde nicht ungleich«. Die glatten Räder des »Huntes«, wie die Förderwagen noch heute heißen, rollten auf behauenen Holzstämmen, die dicht nebeneinander lagen. In die schmale Fuge tauchte ein am Wagen angebrachter Spurnagel ein, der das Entgleisen verhindern sollte.

Auf einigen Gruben des Harzes und im Erzgebirge beschlug man die Balken mit Eisenblech, um die Abnutzung zu verringern. Das waren die ersten »Eisenbahnen«.

Ein Zufall verhalf der Schiene zu weiterem Fortschritt. Als 1727 in der englischen

Die Eisenbahn eroberte die Welt, sie brachte aber auch die Schweißtechnik voran. Unterbrückung bei Trachau auf der Strecke Leipzig–Dresden, 1837

Eisenindustrie die Nachfrage sank, produzierte der Hüttenbesitzer *Reynolds* auf Vorrat. Er kam auf den Gedanken, das »Vorratseisen« einstweilen auf die Holzschienen seiner Hüttenbahn zu legen. *Reynolds* goß U-förmige Profile von 1,5 m Länge und erzielte mit diesen ersten eisernen Schienen einen unbeabsichtigten Erfolg, der zu ihrer raschen Verbreitung führte.

Auch in Clausthal im Harz auf der Grube Dorothea liefen die Wagen auf solchen gußeisernen Schienen.

Die gußeisernen Schienen wichen bald den gewalzten und nahmen die heutige Form an. Aus den Bergwerken und Hüttenbetrieben kamen die Eisenbahnen heraus und übernahmen Aufgaben im Überlandverkehr. Die erste öffentliche Eisenbahnstrecke führte von Cardiff nach Merthyr Tydfil in England. Ab 1794 verkehrten dort regelmäßig von Pferden gezogene Wagen. Aber die Pferdeeisenbahnen konnten die gewaltig zunehmenden Anforderungen nicht erfüllen. Sie wurden von der Dampfeisenbahn übernommen, de-

Walzen von Eisenbahnschienen aus Puddeleisen in den Eisenwerken von Forchambault/Frankreich; Holzschnitt, um 1850

ren Siegeslauf jedoch ohne die über Jahrhunderte währende Entwicklung der Schiene nicht denkbar gewesen wäre.

Die Schienenstöße störten den ruhigen Lauf der Lokomotiven sowie Wagen und verursachten einen starken Verschleiß. Deshalb erwachte schon früh der Wunsch nach einer endlosen Schiene. *John Birkinshaw*, der die ersten Profilschienen von 5 bis 6 m Länge gewalzt hatte, schlug vor, die Schienenstöße zu verschweißen. Aber mit dem damals einzig bekannten Schweißverfahren, dem Feuerschweißen, war eine Schienenverbindung an Ort und Stelle nicht möglich.

Durch Ausgießen der Stoßstellen mit Gußeisen versuchte ein Engländer, die unangenehmen Erschütterungen zu beseitigen. Dieses Verfahren wurde in größerem Umfang in Amerika an Straßenbahngleisen eingeführt. Aus einem fahrbaren Gießofen mit dampfmaschinenbetriebenem Gebläse wurde das flüssige Metall in eine um die Schiene gelegte Form gegossen. Obwohl die Arbeitstechnik dem späteren Thermitschweißen sehr ähnelte, entstand keine Schweißverbindung, denn die Schienenenden schmolzen nicht auf.

Die ersten ununterbrochenen Schienen wurden nach einem Verfahren verschweißt, das seine Erfindung wiederum einem Zufall verdanken soll. Im Jahre 1877 hielt der amerikanische Professor *Elihu Thomson* im Franklin Institut in Philadelphia Experimentalvorträge über das Wesen der Elektrizität. Bei seinen Versuchen benutzte er auch einen damals üblichen Ruhmkorffschen Funkeninduktor, dessen Niederspannungsseite von einer galvanischen Batterie gespeist wurde. *Thomson* wollte in diesem Experiment zeigen, wie mit Strömen von niedrigem Potentialgefälle hochgespannte Funkenentladungen hervorgerufen werden können und lud damit eine Batterie Leydener Flaschen auf. Die Leydener Flasche war immer noch der einzig verfügbare Hochspannungskondensator. Nach der Umkehrung des Versuches sollte der bei der Entladung der Leydener Flaschen auf der Niederspannungsseite auftretende Strom nachgewiesen werden. Als die beiden Spulenenden sich berührten, war die Stromstärke zur Überraschung des Professors und zur Freude seiner Studenten so hoch, daß die Kontaktfläche hell aufglühte und die Enden fest miteinander verschmolzen.

Mehrfach wiederholte *Thomson* das mißglückte Experiment mit demselben Ergebnis. Er erkannte die große Bedeutung dieses Effektes für die Technik. Zielgerichtet begann er mit Versuchen, die Elektrizität zum Verschmelzen von Drähten zu nutzen. Einige Jahre später folgte in den Werkstätten der Thomson-Houston-Compagnie die industrielle Anwendung der elektrischen Schmelzung. 1885 hatte *Thomson* nach langwierigen Entwicklungsarbeiten eine Maschine fertiggestellt, mit der nach seiner Methode Wickeldrähte für Dynamomaschinen beliebig verlängert werden konnten. Das war die erste Widerstandsstumpfschweißmaschine und die Geburtsstunde eines neuen Schweißverfahrens. Erstmalig diente der elektrische Widerstand bewußt als neues Wirkprinzip zum Schweißen. Der elektrische Strom wird über Backen an die beiden Werkstücke angeschlossen, an der Stoßstelle verursacht der Widerstand eine örtliche Erhitzung und erweicht den Werkstoff. Durch mit der Ma-

Thomsonscher Schweißapparat, um 1890

Anwendung des Glühschweißens für das Schweißen von Ringen, 1908

schine erzeugtes Pressen verschweißen die erhitzten Werkstückenden. Die elektrische Widerstandserwärmung ersetzt das Feuer und der Maschinendruck den Hammer des traditionellen Feuerschweißens.

Die Bedeutung war deshalb so groß, weil mit diesem Verfahren der Umfang des Schweißens enorm zunahm. Der in rasch steigendem Maß überall verfügbare elektrische Strom, das wachsende Bedürfnis nach preiswerten Verbindungen und die einfache Bedienung der robusten Schweißmaschinen lieferten die Voraussetzungen für eine breite Anwendung. Das neue Schweißverfahren war wiederum die Basis für völlig neue Konstruktionsweisen und Fertigungstechnologien. *Thomson* sagte selbst, »daß die Entwicklung des elektrischen Schweißens neue Prozesse hervorbringt und die Anwendung neuer mechanischer Prinzipien ermöglicht«.

Ungewiß ist, ob tatsächlich ein mißglücktes Experiment den Anstoß zur Erfindung des anfangs »Elektrisches Glühschweißen« genannten Widerstandsstumpfschweißens gab oder ob eine nüchterne Entwicklung nachträglich mit dieser Anekdote geschmückt wurde. Sicher ist, daß dieses Verfahren großes Interesse in der metallverarbeitenden Industrie fand. Dazu trug auch die Weltausstellung 1889 in Paris bei, wo das Widerstandsschweißen gemeinsam mit vielen anderen technischen Neuigkeiten vorgestellt wurde. Auf der anläßlich der Weltausstellung stattfindenden Tagung des »Iron and Steel Institute« erläuterte der amerikanische Ingenieur *W. E. Fish* in einem vielbeachteten Vortrag die vorteilhaften Anwendungsmöglichkeiten des Verfahrens.

Relativ schnell stiegen die Leistung der Widerstandsschweißmaschinen und damit die verschweißbaren Querschnitte. Das Verfahren bot gute Möglichkeiten, endlich den alten Wunsch nach glatten ununterbrochenen Schienen zu erfüllen. Mit speziell ausgerüsteten Baufahrzeugen konnten ab 1890 die Schienen auf freier Strecke stoßfrei verschweißt werden. Ein gewaltiger dampfgetriebener Generator erzeugte den Strom, der die Schienenenden schnell zum Aufglühen brachte. Dampfkraft stauchte auch die Schienen zusammen. Nachdem die entstandene Wulst an der Schweißstelle entfernt war, konnten die Eisenbahnen von nun an auf »endlosen« Schienensträngen rollen. Der Fortfall der harten Schläge erhöhte nicht nur den Reisekomfort, sondern auch die Lebensdauer der Schienen und der Lagerstellen von Waggons und Lokomotiven.

Das Schweißen eines Schienenstoßes dauerte nur 2 bis 3 Minuten, es war aber ein hoher maschinentechnischer Aufwand erforderlich. Außerdem mußte die neu zu verlegende Schiene in voller Länge beim Stauchvorgang einige Millimeter bewegt werden. Deshalb verdrängte um die Jahrhundertwende das einfachere Thermitschweißen das Widerstandsstumpfschweißen beim Verbinden von Schienen auf freier Strecke. Aber im stationären Werkstattbetrieb behielt es bei der Vorfertigung langer geschweißter Schienen seinen bewährten Platz. Als zunehmender Holzmangel später zur Betonschwelle führte, ging man zur kompletten Vormontage bis 150 m langer Gleise über. Betonschwellen bewirken eine festere Verspannung der Schienen auf dem Oberbau. Damit verringerte sich die Anzahl der auf der Strecke auszuführenden Schweißungen von 90 auf 14 je Kilometer. Während früher 40 m lange Schienen an der Verlegestelle geschweißt wurden, erfolgt heute das Verlegen bis zu 360 m langer Gleise, die in speziellen Werkstätten automatisch mit der Abbrennstumpfschweißung fertiggestellt werden.

Dieses Verfahren eignete sich ebenfalls bestens für die Verbindung von Profilen, Ketten und Reifen. *Thomson* bemühte sich mit großem Eifer, Verfahren und Einrichtungen ständig zu verbessern. Eine Vielzahl von Patenten spiegelt seine schöpferische Arbeit wider. In der neugegründeten Thomson Elektric Welding Co. verwertete er sie unmittelbar praktisch und auch finanziell.

Ein sicherer Spürsinn für die in dem Verfahren noch schlummernden Möglichkeiten in technischer, aber vor allem in geschäftlicher Sicht, regte bald Fachleute und Laien zu emsiger Erfindertätigkeit an. Obwohl viele Ideen weit über das Ziel und die damals vorhandenen Möglichkeiten hinausschossen und nur wenige eine praktische Bedeutung erlangten, findet man in einigen von ihnen bereits die Grundgedanken späterer, heute moderner Schweißverfahren.

Der amerikanische Ingenieur *Charles Albert Coffin* schlug 1889 in seinen zahlreichen Patenten unter anderem vor, das Glühschweißen in einer luftverdünnten oder mit Schutzgas gefüllten Kammer durchzuführen, um die unerwünschte Oxydation zu vermeiden. Diese Bedingungen sind heute beim Elektronenstrahlschweißen und bei den Schutzgasschweißverfahren verwirklicht. *Coffin* stellte schon fest, daß zum Schweißen im luftverdünnten Raum mit zunehmendem Vakuum immer weniger Energie notwendig ist. Er

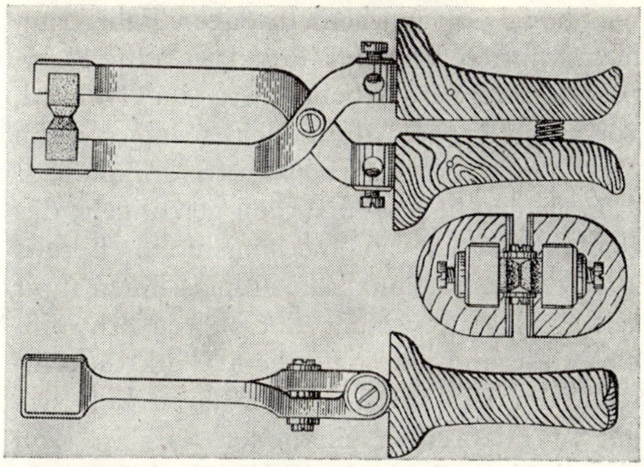

Punktschweißzange von Benardos, um 1890

beschäftigte sich auch mit Versuchen, das Schweißen der Arbeitsstücke unter Wasser vorzunehmen, um den Luftsauerstoff von der Schweißstelle fernzuhalten.

Das Glühschweißen, damals auch als »einfaches Schweißen« bekannt, fand in der sich ausdehnenden amerikanischen Industrie vielfältige Anwendungen. Es beflügelte einerseits die zunehmende Massenproduktion zahlreicher Erzeugnisse; andererseits förderte diese Produktionsweise die schnelle Verbreitung des Verfahrens. Auch in den industrialisierten Ländern Europas führte es sich bald ein.

Seinen Platz als dominierendes Verfahren in der Massenfertigung erhielt das Widerstandsschweißen, als um 1900 das sogenannte Punktschweißen entwickelt wurde. Anstelle der Einspannvorrichtungen beim Stumpfpreßschweißen leiten hierbei Elektroden den Strom in die Werkstücke und bringen gleichzeitig den erforderlichen Druck auf. Der beim Stromdurchgang wirkende hohe Widerstand schmilzt an der Berührungsfläche die Werkstücke auf. In sehr kurzer Zeit, oft nur in Bruchteilen einer Sekunde, entstehen feste punktförmige Schweißverbindungen.

In kurzer Zeit eroberte sich das Punktschweißen die gesamte blechverarbeitende Industrie und verdrängte dort weitgehend das Nieten. Hohe Produktivität sowie einfache Bedienung erlaubten den Unternehmern, sich von qualifizierten Facharbeitern unabhängig zu machen. In engen Fabrikräumen schufteten an den Punktschweißmaschinen ungelernte Arbeitskräfte im Akkord, vor allem Frauen, die zudem weniger Lohn als die männlichen Arbeitskräfte erhielten.

Es hat nicht an Versuchen gemangelt, das Punktschweißen zu mechanisieren. Bereits 1910 waren Punktschweißmaschinen mit selbsttätiger Bewegung der oberen Schweißelektrode und automatischem Werkstückvorschub im Einsatz. Das Verfahren ließ sich gut in Fließreihen eingliedern. Es ist kein Zufall, daß die ersten Schweißroboter zum Punktschweißen eingesetzt wurden. Während die mechanisierten Einrichtungen damaliger Zeit die Aufgabe hatten, größtmögliche Gewinne zu erwirtschaften, sollen die Punktschweißroboter heute neben einer Produktivitätserhöhung, die das Ziel der Automatisierung ist, vor allem den arbeitenden Menschen sowohl von monotoner als auch körperlich schwerer Arbeit befreien.

Sehr schnell stieg auch die Geschwindigkeit, mit der die Punkte auf die Bleche prasselten. 1911 setzte eine mechanisierte Punktschweißeinrichtung schon 6 Punkte innerhalb einer Sekunde. Eine Vielpunktschweißmaschine konnte 1935 mit 280 Elektrodenpaaren eine komplette Karosserie in einem Arbeitsgang verbinden. Bald wurden auch die Elektroden »mobil«. Mit der ortsbeweglichen Punktschweißzange konnte nun direkt am Objekt geschweißt werden.

Einige abgewandelte Varianten erweiterten den Anwendungsbereich des Verfahrens. Mit dem Rollnahtschweißen, bei dem anstelle der feststehenden Elektroden drehbare Rollen den Strom leiten, entstehen fortlaufende, dichte Nähte, z. B. an Eimern und Behältern.

1907 gab eine junge Frau, wenn auch ungewollt, den Anstoß zur Entwicklung des Projektionsschweißens. Sie saß an einer der in langer Reihe aufgestellten Widerstandspunktschweißmaschinen einer amerikanischen Fabrik und befestigte Gießtüllen an blechernen Kaffeekannen. Um an größeren Kannen der Tülle eine bessere Anlage zum Schweißen zu geben, waren kleine Ansätze aus dem Blech gedrückt. Etwas gedankenlos setzte die Arbeiterin die Tüllen versehentlich auf diese Anschlagpunkte. Dabei verschweißten bei einem Arbeitsvorgang gleich mehrere Stellen. Der anfangs über die mangelhafte Arbeit erzürnte Hersteller erkannte aber die Vorteile, die sich auf diese Weise erzielen ließen und wandte das Verfahren nun auch für andere Verbindungen an. Die Arbeiterin erhielt eine kleine Abfindung, der Fabrikant aber zog einen beträchtlichen Gewinn aus dieser Erfindung. 1934 wurde das Verfahren unter dem Namen Buckelschweißen in Deutschland eingeführt.

Auch ein weiteres Widerstandsschweißverfahren entstand durch das Nichtbeachten der Arbeitsvorschrift. Nach einer Darstellung

Punktschweißerinnen beim Schweißen von Bogenlampenarmaturen, 1910

von *Malcolm Thomson*, einem Sohn *Elihu Thomsons*, erhöhte 1913 ein Schweißer von der Lorain Steel Co. beim Widerstandsstumpfpreßschweißen die ursprüngliche Spannung an der Schweißmaschine, um den Arbeitsgang zu beschleunigen. Dabei ergab sich an der Schweißstelle eine Sprühfunkenbildung. Der Werkingenieur *Kleinsmith*, der diesen Vorgang beobachtet hatte, entwickelte das Verfahren zum »spark welding« (Sprühschweißen) oder, wie wir heute sagen, zum Abbrennstumpfschweißen. Beim Stromdurchfluß erhitzen sich die Stirnflächen so stark, daß sie aufschmelzen und abbrennen. Dabei wird flüssiger Werkstoff heftig herausgeschleudert. Durch schlagartiges Zusammenstauchen entstehen Schweißstellen mit ausgezeichneten Gütewerten.

Aus den geschilderten Begebenheiten darf nun nicht gefolgert werden, daß jede Verletzung der Arbeitsvorschrift zwangsläufig zu einer Erfindung führt. Um gute Schweißverbindungen zu erhalten, müssen die festgelegten Parameter stets beachtet werden.

Überall, wo die Verbindungen hohe Anforderungen erfüllen sollten, fand das Abbrennstumpfverfahren seinen Platz. An Dampfkesselrohren, Kurbelwellen und Kettengliedern sprühten nun die Funken. Fast drei Jahrtausende verschweißte der Kettenschmied die Kettenglieder mit dem Hammer. Sicher eine mühselige, kräftezehrende Arbeit. *Thomson* hatte 1890 einen kleinen Apparat zur Fabrikation eiserner Uhrenketten konstruiert, in dem das Schneiden, Biegen und Schweißen des eingeführten Drahtes selbsttätig erfolgte. Die erste Maschine lieferte etwa 100 m am Tag. Mit einer automatischen Kettenschweißmaschine ließen sich um 1900 in 24 Stunden etwa 4000 Kettenglieder von 7 mm Werkstückdicke schweißen. Eine imponierende Steigerung gegenüber der bisherigen Handarbeit! Die Stärke der verschweißbaren Kettenglieder erhöhte sich durch das Abbrennstumpfschweißen auf 12 mm im Jahre 1913 und auf 26 mm im Jahre 1939. Heute sind den Abmessungen geschweißter Ketten keine Grenzen gesetzt.

Rollnahtschweißen, um 1912

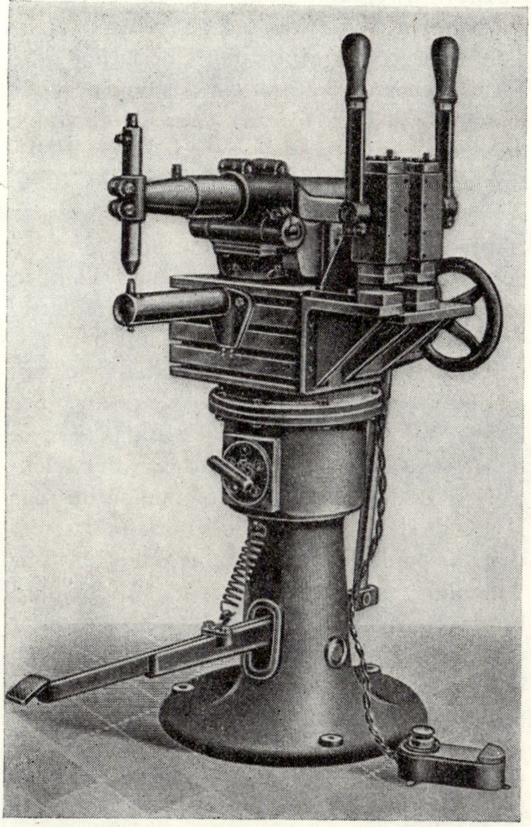

Kombinierte Widerstands-Punkt- und Stumpfschweißmaschine, um 1920

Wie die Erfindung der Dampfmaschine, übte auch die mit dem Generator mögliche Stromerzeugung einen revolutionierenden Einfluß auf den technischen Fortschritt aus. Ständig eroberte die Elektrizität neue Einsatzgebiete. Bei der Fortleitung des elektrischen Stroms und in vielen elektrischen Geräten ist aber der Ohmsche Widerstand ein unerwünschter Begleitfaktor. Doch in einigen Anwendungsfällen wirkt dieser Effekt überaus nützlich.

Nachdem über Jahrtausende das Feuer die einzige Wärmequelle zum Schweißen war, entwickelten sich innerhalb nur weniger Jahre gleich mehrere Schweißverfahren, die den elektrischen Widerstand als neue Erwärmungsmöglichkeit zur Grundlage hatten.

Das 1892 von den belgischen Ingenieuren *Lagrange* und *Hoho* erfundene »hydroelektrische Schweißverfahren« bediente sich des elektrischen Widerstandes auf etwas ungewöhnliche Weise. Auch die Einrichtung war recht eigenartig. Sie bestand aus einem badewannenähnlichem Bottich aus Holz oder Steingut. Gefüllt wurde sie mit einem Elektrolyten, für den die Erfinder eine auf 70 °C erwärmte wässrige Lösung von Pottasche empfahlen. Auf dem Boden oder an der Seitenwand der 1,5 m langen und halb so breiten Wanne befand sich eine Bleiplatte, die durch eine isolierte Leitung mit dem positiven Pol einer Akkumulatorenbatterie verbunden war. Der Minuspol lag an einer Zange, mit der das Werkstück in das »Hitzebad« getaucht wurde. Der sich bei der Elektrolyse bildende Wasserstoff umhüllte das als Kathode dienende Werkstück und setzte dem Stromdurchfluß einen erheblichen Widerstand entgegen. Dieser Widerstand brachte, wie ein zeitgenössischer Bericht schildert, einen eingetauchten eisernen Stab in wenigen Augenblicken auf hellglühende Schweißhitze. Beim Herausziehen sprühten die Funken. Das weitere Verschweißen erfolgte, wie beim Feuerschweißen üblich, mit dem Hammer.

In Anlehnung an das Schmiedefeuer nannte man die Wärmequelle »Elektrische Schmiedeesse«. Gegenüber der Erwärmung im Schmiedefeuer rühmten die Erfinder den Wegfall der Rauch- und Hitzebelästigung sowie den Reinigungseffekt der Schweißstelle durch den Wasserstoff. Auch zum Härten ließ sich die Einrichtung verwenden. Nachdem das Werkstück auf Härtetemperatur erhitzt war, brauchte man nur den Strom abzuschalten. Das kalt gebliebene »Hitzebad« diente gleichzeitig als Abschreckmittel.

Doch der mit überschwenglichen Worten gepriesene »Schweißofen der Zukunft« geriet in kurzer Zeit wieder völlig in Vergessenheit. Allerdings erlebte das Verfahren 30 Jahre später eine »Wiedergeburt«, als es, wie so vieles in der Technik, ein zweites Mal erfunden wurde. Ein *Dr. Peukert* aus Braunschweig meldete ein »Verfahren der Schweißung von Aluminium« zum Patent an, bei dem die Werkstücke, wie beim Verfahren von *Lagrange* und *Hoho*, in einem Elektrolysebad erhitzt wurden. Die Oberfläche der Anode war mehrfach größer. Die damit höhere Stromdichte an der Werkstückkathode bewirkte einen hohen Widerstand, der das Aluminium erweichte. Das Schweißen selbst sollte unmittelbar im Bad durch »Zusammendrücken« erfolgen. Der Erfinder glaubte, endlich den entscheidenden Durchbruch beim Schweißen von Aluminium erzielt zu haben. Er beschrieb seine Erfindung folgendermaßen: »Das Verfahren ist sehr einfach, erfordert weder eine kostspielige Einrichtung noch besondere Geschicklichkeit in der Handhabung und schafft eine jeder Anforderung genügende Schweißstelle«.

Ganz so einfach und ohne gewisse Geschicklichkeit war das Verfahren wohl doch nicht zu handhaben, denn auch diesmal blieb dem »Elektrolytischen Schweißen« ein praktischer Erfolg versagt. Ähnlich erging es dem »Elektrischen Schmiedefeuer« des Amerikaners *Mark Dewey*, der pulverisierte Kohle durch elektrischen Widerstand erhitzen wollte.

Bei einem Jagdritt von Peter I. durch die tiefverschneiten Wälder in der Nähe von Tula brach das Schloß an einer wertvollen französischen Pistolette des Zaren. Der von ihm herbeibefohlene Dorfschmied setzte die Waffe in kurzer Zeit wieder instand. Am nächsten Morgen überreichte er dem überraschten Zaren noch ein selbstgefertigtes Pistolett, das der französischen Waffe haargenau glich. Daraufhin ernannte Peter I. den talentierten kunstfertigen Schmied zum Waffenmeister an seinem Hofe. Der tüchtige Handwerker, der als armer Bauernsohn und Untertan niedriger Klasse nur einen Vornamen, Nikita, hatte, erhielt vom Zaren den Familiennamen Demidow. Er beschaffte Gewehre sowie Kanonenkugeln und übernahm später die Leitung eines zaristischen Eisenwerkes im Ural.

Demidow hatte große handwerkliche Fähigkeiten, aber auch den Weitblick eines ehrgeizigen Unternehmers. Bald gehörten ihm mehrere Hüttenwerke, die vorzügliches Eisen erschmolzen. Auch im Ausland hatte die hohe Qualität des Eisens aus dem Ural einen guten Ruf. Das Eisen, rein und weich wie ein Zobelfell, trug die Bezeichnung »Alter Zobel«. Es spielte besonders in der englischen Industrie eine wichtige Rolle, als dort der Mangel an Holzkohle zu einem starken Rückgang der einheimischen Eisenerzeugung führte. *Demidows* Nachfahren bauten das Hüttenwesen weiter aus und leisteten Hervorragendes für die Entwicklung der Metallurgie in Rußland. Da hohe Steuerabgaben an die Krone je Ofen berechnet wurden, bemühten sich die Hüttenbesitzer, durch größere Hochöfen mehr Gewinn abzuschöpfen. Gegen Ende des 18. Jahrhunderts nahm Rußland einen führenden Platz in der Eisenherstellung ein. Doch dann kam es durch den Einsatz von Steinkohle bei der Roheisengewinnung, ausgehend von England, zu einer technischen Umwälzung. Rußland blieb in seiner wirtschaftlichen und sozialen Entwicklung hinter England und anderen Staaten Europas zurück. Außerdem herrschte bis 1861 im Land die Leibeigenschaft, und die gesamten gesellschaftlichen Verhältnisse erwiesen sich für das lange noch mit Holzkohle betriebene russische Hüttenwesen als ernstes Hemmnis. Bereits 1842 erzeugte England etwa 20mal mehr Eisen als Rußland.

Im gleichen Jahr, am 7. August 1842, wurde *Nikolai Nikolajewitsch Benardos* im Gouvernement Cherson im Süden der Ukraine geboren. Auf dem Landgut seines Vaters befand sich eine Werkstatt, in der er sich praktische Fertigkeiten aneignete und im Schlosser- und Tischlerhandwerk unterrichtet wurde. Daß er auch das Schmieden, darunter das Feuerschweißen, erlernte, erwies sich später für ihn als sehr bedeutungsvoll. Auf Wunsch seines Vaters studierte *Benardos* ab 1862 in Kiew Medizin; anschließend besuchte er die Landwirtschaftliche Akademie in Moskau. Dort ließ er sich von der allgemeinen Begeisterung jener Zeit für die Elektrizität anstecken und experimentierte in elektrotechnischen Zirkeln.

Nach ersten Erfindungen auf den Gebieten der Landwirtschaft und des Verkehrswesens widmete *Benardos* seine volle Schaffenskraft der praktischen Anwendung der Elektrotechnik. Er arbeitete mit vielen in- und ausländischen Elektrotechnikern zusammen. Über 200 Erfindungen waren das Ergebnis seiner schöpferischen Tätigkeit. Beleuchtungsapparate, Schaltgeräte, Stromregler, Widerstände sowie ein Akkumulator

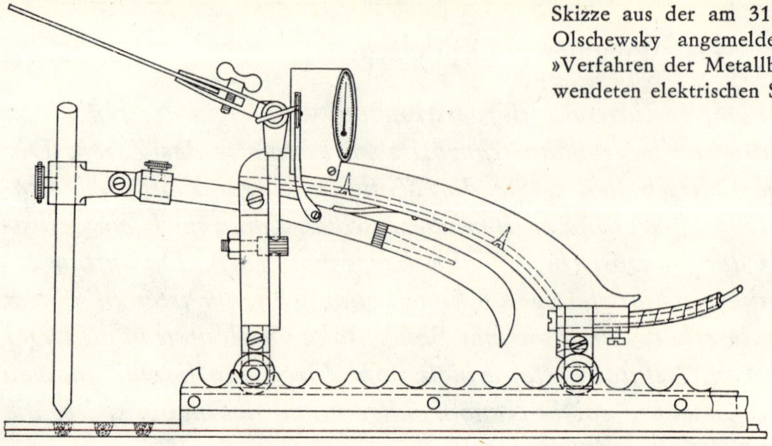

Skizze aus der am 31. 10. 1885 von Benardos und Olschewsky angemeldeten Patentschrift Nr. 38011: »Verfahren der Metallbearbeitung mittels direkt angewendeten elektrischen Stromes«

für hohe Kurzschlußströme kamen aus seiner Werkstatt. Diesen Akkumulator benutzte er, um beim Feuerschweißen größerer Eisenplatten die Kanten mit einem Kohle-Lichtbogen zu erwärmen. Die erhitzten Schweißnahtkanten wurden im plastischen Zustand zusammengeschweißt. Bei seinen Arbeiten kam ihm der Gedanke, die Schweißnahtkanten direkt mit dem Lichtbogen zu verschmelzen. Zur sofortigen Patentanmeldung fehlten ihm aber die notwendigen finanziellen Mittel. *Benardos* stammte zwar aus wohlhabendem Hause und hatte auch ein kleines Vermögen geerbt. Die hohen Kosten für die Anmeldung seiner vielen Erfindungen und die nach damaligem Patentgesetz mehrerer Länder erforderliche kurzfristige Realisierung hatten jedoch alles Geld verbraucht. Sogar Haus und Werkstatt mußten versteigert werden, um seine Schulden zu begleichen.

Oftmals reiste er im Auftrag elektrotechnischer Firmen nach Frankreich, Spanien und England, wo er bei der Einführung der elektrischen Beleuchtung und bei der Montage von Kraftwerken mitwirkte. Im April 1881 hatte *Benardos* Gelegenheit, in Paris, im damals bekannten Labor »Electricien« von Kabath, sein Verfahren zum Verbinden von Metallen mit dem Kohlelichtbogen vorzuführen. Trotz der erfolgreichen Versuche fand die Erfindung von *Benardos* bei den Industriellen kein Interesse. Nur der französische Elektrotechniker und Chemiker *D. Meritent* sah in dem Verfahren eine Möglichkeit, die Herstellung von Akkumulatoren zu verbessern. Ende 1881 erhielt er den von ihm beantragten französischen Patentschein zum Lichtbogenschweißen von Bleiplatten. In Frankreich war damals ein Anmeldesystem in Kraft, wonach der Patentschein an den Anmelder erteilt wurde, ungeachtet dessen, wer der Urheber war.

Benardos, der tatsächliche Erfinder, arbeitete weiter unter materiellen Schwierigkeiten, um Technologie und Geräte seines Verfahrens zu vervollkommnen. Er wandte es in Barcelona bei der Installation der elektrischen Beleuchtung an, setzte es bei der Herstellung von Akkumulatoren ein und befaßte sich 1882 in Paris mit dem Lichtbogenschneiden von Schienen. Schließlich machte *Benardos* in Petersburg die Bekanntschaft des reichen Kaufmanns *Stanislaw Olschewsky*. Dieser lieh ihm das erforderliche Geld, so daß er endlich am 6. Juli 1885 seine Erfindung beim russischen Patentamt einreichen konnte.

Für das »Verfahren zum Trennen und Fügen von Metallen durch unmittelbare Wirkung des elektrischen Stromes« wurden von 1885 bis 1887 Patente in Frankreich, England, Deutschland, Italien, Belgien, Österreich-Ungarn, Dänemark, Schweden, Norwegen, Finnland und in den USA erteilt.

Bemerkenswert ist, daß *Meritent* keinen Einspruch gegen die französische Anmeldung des Patents von *Benardos* und *Olschewsky* erhob, obwohl sie wesentlich später als seine eigene eingereicht wurde. Vielleicht wollte er keinen Streit mit dem wahren Urheber aufkommen lassen. Das hatte ihn bereits davon abgehalten, die Erfindung in Rußland anzumelden, wo es die Patentgesetze zugelassen hätten. Auch in anderen Ländern hatte *Meritent* keinen Patentanspruch beantragt, weil er dort den tatsächlichen Erfinder hätte angeben müssen. In Deutschland wurde das Patent »Verfahren der Metallbearbeitung mittels direkt angewendeten elektrischen Stromes« am 31. Oktober 1885 in der Klasse 48, chemische Metallbearbeitung, unter der Nr. 38011 eingetragen. Seine große Bedeutung rechtfertigt einen kleinen Auszug, um so mehr, als er Aufschluß gibt, wie ausgereift bereits damals das Verfahren war und welche vielen Möglichkeiten es gestattete:

»... wird nun bei der Bearbeitung der Metalle nach vorliegendem Arbeitsverfahren der Voltasche Bogen zunächst auf einen Punkt gelenkt, dann unterbrochen, dann auf einen anderen Punkt gerichtet usw., so wird eine punktweise Durchlöcherung oder Durchschmelzung des Arbeitsstückes herbeigeführt, und letzteres kann gleichzeitig mit einem zweiten daneben gelegten Arbeitsstück an den Schließungsstellen, wie leicht ersichtlich, durch die abgeschmolzene Metallmasse fest vereinigt werden. Derselbe Effekt wird erzielt, wenn der Voltasche Bogen in einer ununterbrochenen Linie auf dem Metall weitergeführt wird, in dem Unterschied nur, daß in diesem Fall anstatt einer punktweisen eine fortlaufende, zusammenhängende Aussparung oder Öffnung bzw. Vereinigungsstelle hervorgebracht werden würde ... Selbstredend kann so die Verbindungsstelle durch den auf gleiche Weise erzielten und in Wirkung gesetzten Voltaschen Bogen auch wieder aufgeschmolzen und so eine Trennung herbeigeführt werden, wie dies nach obigem leicht verständlich ist ...«

Damals ahnte noch niemand, welche Zukunft dieser Art der Metallbearbeitung beschieden sein sollte. Zu Beginn war das Schweißverfahren, bei dem ein Lichtbogen zwischen einer Kohleelektrode und dem Werkstück brannte, ein reines Verschmelzen der Kanten. Später benutzte *Benardos* auch Zusatzstäbe aus artgleichem Werkstoff zum Ausfüllen der Schweißfugen oder zum Ausbessern fehlerhafter Gußstücke sowie zum Auftragen an verschlissenen Maschinenteilen. In einem weiteren Patent sah er ein Flußmittel zum Schweißen und Löten, speziell von Gußeisen, vor und gab dafür tonhaltigen Sand an.

Die Kohleelektrode war mit dem Pluspol verbunden, denn *Benardos* wollte die reduzierende Wirkung am Minuspol, mit dem das Werkstück verbunden war, nutzen. Da an der Katode aus energetischen Gründen eine niedrigere Temperatur herrscht, mußten allerdings bei dickeren Querschnitten die

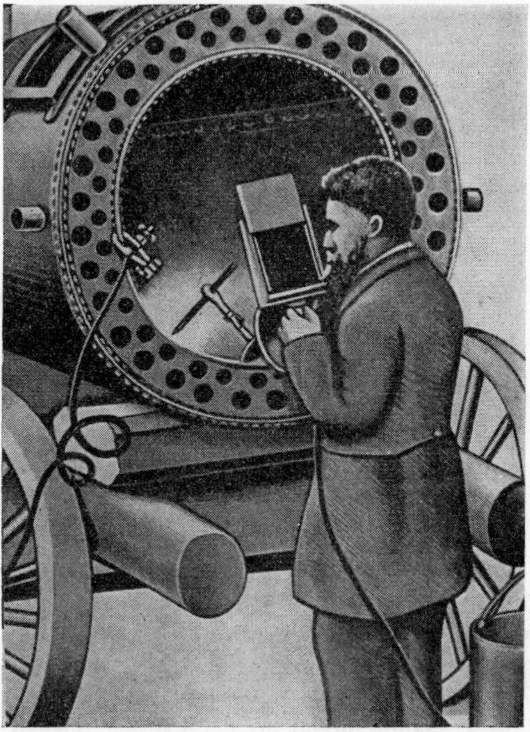

Benardos bei der Reparaturschweißung eines Kessels

Pole gewechselt werden. Mit vielen Ideen verbesserte er unermüdlich sein Verfahren. Beim Überkopfschweißen sollte das Abtropfen des mit dem Kohle-Lichtbogen abgeschmolzenen Metalls durch einen kräftigen, oben auf die Platte gelegten Elektromagneten verhindert werden. Er umgab auch den Kohlestab mit einem elektrischen Feld, um den Lichtbogen zu beeinflussen. *Benardos* entwickelte zahlreiche weitere Vorstellungen, die zum Teil seiner Zeit weit vorauseilten und erst später verwirklicht wurden. So schlug er u. a. die Verwendung anderer Elektrodenwerkstoffe vor und versuchte auch Schutzgase anzuwenden. Ein Elektrodenhalter mit automatischer Lichtbogenregelung, eine Vorrichtung mit automatischem Vorschub, eine Schweißmaschine zum Schweißen von Längsnähten, das Schweißen und Schneiden von Metallen mit dem Lichtbogen unter Wasser, ein »Schachtofenverfahren zum Elektrolöten, Elektrogießen und Elektroauftragschweißen« sind nur einige Beispiele aus der großen Anzahl seiner Erfindungen. Viele dieser Ideen wurden von anderen aufgegriffen und weiterentwickelt.

Benardos nannte sein Schweißverfahren mit dem Kohlelichtbogen »Elektro-Hephaest«, womit er sich auf Hephaistos, den griechischen Gott des Feuers und der Schmiedekunst, bezog. Der Schutzpatron der Schmiede wurde damit nun auch für das »elektrische Feuer«, d. h. für den Lichtbogen und die Schweißer, zuständig. Er erhielt in den nächsten Jahrzehnten ein ständig zunehmendes Betätigungsfeld.

Olschewsky finanzierte zusammen mit anderen Unternehmern in Petersburg die Gründung der Firma »Elektro-Hephaest« zur Verwertung der Erfindungen. *Benardos* betätigte sich als Berater und Schweißer zugleich. Die apparative Ausrüstung der Werkstatt umfaßte eine Dampfmaschine mit einer Leistung von 23 PS (etwa 17 kW), die den elektrischen Generator antrieb, und eine dem Generator parallel geschaltete Batterie aus 200 Akkumulatoren. Sie nahmen die starken Stromschwankungen beim Schweißen auf.

Fachleute des In- und Auslandes, Vertreter von Firmen, die Lokomotiven, Kesselanlagen, Rohre und Gußteile fertigten, besuchten die Werkstatt und ließen sich von *Benardos* in das neue Verbindungsverfahren einweisen. Nachdem sie sich von den günstigen Aussichten auf Erfolg und vom Nutzeffekt überzeugt hatten, wurde das elektrische Schweißen innerhalb weniger Jahre in Rußland, in vielen Ländern Westeuropas und in den USA eingeführt.

Im Sommer 1887 besuchte ein auf dem Gebiet der Elektrotechnik bekannter Fachmann, *Dr. Richard Rühlmann*, Professor am damaligen Chemnitzer Polytechnikum, die Werkstatt von *Benardos*. Dort machte er sich mit dessen Erfindung in allen Einzelheiten vertraut und prophezeite ihr eine erfolgreiche Zukunft. Er war auch Zeuge, wie *Benardos* einen Riß in einem Kessel innerhalb von drei Stunden zuschweißte, für dessen Ausbesserung durch Nieten drei Wochen erforderlich gewesen wären. *Rühlmann* berichtete in mehreren in- und ausländischen Zeitschriften über das neue Schweißverfahren. In Berlin bildete sich nach der Patenterteilung eine »Gesellschaft für Deutschland zur Einführung des elektrischen Löt- und Schweißverfahrens nach dem Patent von Benardos«. In ihrer Versuchswerkstatt »Hephaest« war man bemüht, das Verfahren praxisreif zu machen.

Die Schweißnähte hatten infolge der hohen Lichtbogentemperatur oft ein schwammiges Aussehen; Überhitzungen führten zu Poren. Um die Qualität zu erhöhen, schlug *Benardos* vor, die Schweißnaht nach der Schweißung durchzuschmieden. Die bereits von *Davy* im Jahre 1820 gefundene Ablenkung des Lichtbogens durch magnetische Kräfte nutzte *Benardos* 1885 in einem »Elektrischen Löthrohr« aus. Er ließ den Lichtbogen zwischen zwei Kohleelektroden brennen. Durch einen Elektromagneten wurde er wie eine spitze Stichflamme auf das Werkstück gerichtet. Das elektrische Gebläse fand bereits vielfach industrielle Anwendung zum Löten und Verschweißen, als der Deutsche

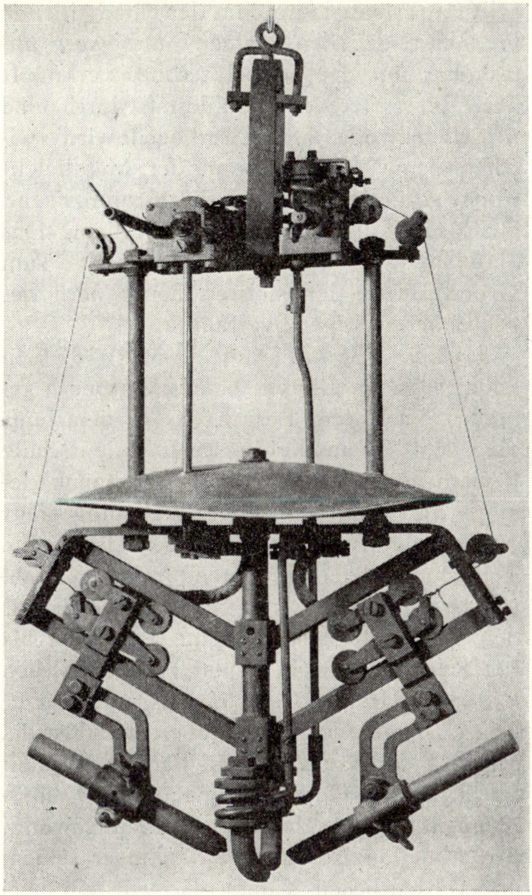

Zerener-Schweißgerät, 1889

Dr. Hugo Zerener 1889 für seine Apparate ein Patent erhielt, die nach dem gleichen Prinzip arbeiteten. Auch *Coffin* konstruierte ähnliche Geräte.

Im englischsprachigen Schrifttum nannte man das Schweißen mit dem durch Elektromagneten abgelenkten Lichtbogen »Voltexverfahren«. Wie weit die Hoffnungen gingen, welche sich auf das Voltexverfahren gründeten, beweist ein Artikel des »Scientific American« vom Jahre 1889, in welchem es heißt, »daß überall dort, wo sich eine Bogenlampe befinde, mit Leichtigkeit ein elektrisches Schweißverfahren etabliert werden könnte. Hierzu genüge es, einen starken verschiebbaren Elektromagneten in der Nähe der Bogenlampe anzubringen«. So einfach war es aber doch nicht, wie überhaupt der elektrischen Blaselampe und dem Zerener-Verfahren wegen der unhandlichen Geräte kein großer Erfolg beschieden war.

Gegen Ende des 19. Jahrhunderts verlangsamte sich die Verbreitung des Kohle-Lichtbogenschweißens. Dem Verfahren haftete besonders der Mangel an, daß die Wärmewirkung des elektrischen Stroms nur schwierig reguliert werden konnte. Maschinen und Einrichtungen mußten noch vervollkommnet, der technologische Prozeß in allen Einzelheiten erforscht werden.

Der Kohle-Lichtbogen hat sich beim sogenannten Fugenhobeln bis heute erhalten. Aber zum Schweißen ist er längst erloschen. Doch leitete *Benardos* mit diesem Verfahren die moderne Schweißtechnik ein, deren Wirken maßgebend den technisch-wissenschaftlichen Fortschritt bestimmt. *Benardos* wurden viele Ehrungen für sein unermüdliches Forschen zuteil. Anläßlich der IV. Allgemeinen Elektroausstellung 1892 in Petersburg erhielt er die Goldmedaille der Russischen Technischen Gesellschaft, und 1899 verlieh ihm das Petersburger Elektrotechnische Institut den Titel eines Elektroingenieurs ehrenhalber. Trotz seiner bedeutenden Erfindungen mußte *Benardos* unter materieller Not leiden. Er starb als armer Mann am 8. September 1905 in Fastow bei Kiew, wo er zuletzt gearbeitet hatte. Nach 100 Jahren Lichtbogenschweißen, 1981, gedachte man mit Medaillen und in vielen Beiträgen des Pioniers dieser Verbindungstechnik. Das kleine Dorf Nowoukraine, der Geburtsort *Benardos*, wurde zur Ehrung des Erfinders in Benardowska umbenannt.

Zu den aufgeschlossenen Technikern, die sich für das Schweißverfahren von *Benardos* interessierten, gehörte auch *Nikolai Gawrilowitsch Slawjanow*. Er leitete damals die mechanischen Abteilungen der berühmten Permer Waffenfabriken und setzte das Kohlelichtbogenschweißen zum Ausbessern von Gußteilen ein. Als praktisch veranlagter Mann führte er die Schweißarbeiten meist

Coffinscher Schweiß- und Lötapparat, um 1890

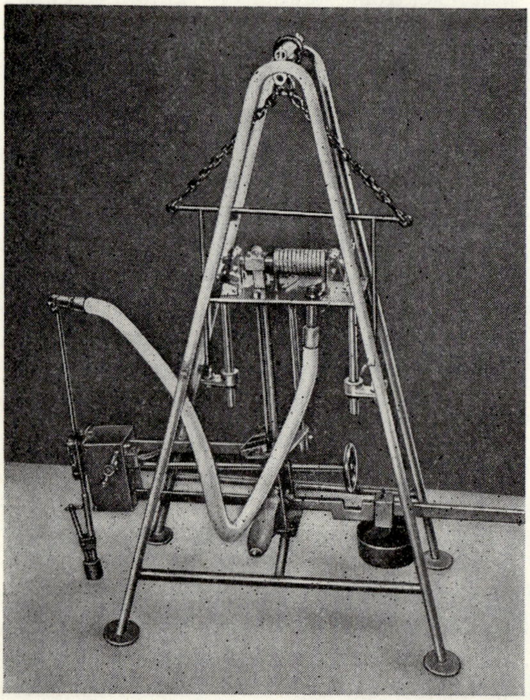

Elektroschweißapparat mit automatischer Lichtbogenlängenregulierung von Slawjanow, 1891

selbst aus. Dabei kam ihm der entscheidende Gedanke, der den Namen *Slawjanow* untrennbar mit der Schweißtechnik verknüpft hat: Er ersetzte den Kohlestab durch eine Metallelektrode. Der Lichtbogen wird zwischen dem Werkstück und der Metallelektrode gezündet, die dabei abschmilzt und gleichzeitig als Zusatzwerkstoff dient. Das Slawjanow-Verfahren wurde somit zum Grundprinzip der meisten heute noch gebräuchlichen Schweißverfahren.

Slawjanow wurde am 5. Mai 1854 in Sadanskoje im Gouvernement Woronesh geboren. Nach dem Besuch des Gymnasiums ging er 1872 an die älteste Ingenieurschule Rußlands, die Petersburger Bergbauakademie, die er 1877 als Bergbauingenieur 1. Klasse mit Auszeichnung verließ. Wegen Teilnahme an den Studentenunruhen des Jahres 1877 mußte er sich für einige Zeit vor der Polizei verstecken. Seine Laufbahn als Ingenieur begann in einem metallurgischen Werk im Ural, wo ihm bereits nach kurzer Zeit eine leitende Stellung übertragen wurde. Später wechselte er in die Permer Waffenfabrik, deren Gesamtleitung er 1891 übernahm. Diesen zu damaliger Zeit ungewöhnlich schnellen Aufstieg verdankte er seinem außerordentlichen Talent. Er war ein hervorragender Mechaniker, bedeutender Metallurge und Elektrotechniker sowie glänzender Organisator. Als Leiter eines großen Werkes war *Slawjanow* sehr beschäftigt, trotzdem ermöglichten ihm seine Energie und sein Arbeitseifer, noch schöpferisch tätig zu sein. Mit seinen Arbeitern beriet er sich bei der Entwicklung von Erfindungen. Eine kleine Drehbank stand in seinem Arbeitszimmer, um jederzeit jedes beliebige Teil selbst herstellen zu können. Wie seine Söhne berichteten, fertigte er zu Hause eigenhändig ein Amperemeter bis 1 000 A und viele Teile für seine Schweißmaschine. Er vervollkommnete Technologien und verbesserte Konstruktionen von Elektromaschinen und Ausrüstungen.

Seine besondere Aufmerksamkeit galt jedoch dem Lichtbogenschweißverfahren, das er »Elektrisches Gießen von Metallen« nannte. Mit ihm konnten »auch zwei Metallstücke vereinigt werden durch Eingießen von flüssigem Metall in den zwischen ihnen befindlichen Zwischenraum«. Er sah mit seiner Erfindung weiterhin vor, kleinere Werkstücke direkt durch das im Lichtbogen abschmelzende Metall in Formen abzugießen, besonders »wenn es sich darum handelt, einen Gegenstand eilig zu gießen und keine Öfen zum Schmelzen des Metalls vorhanden sind, oder wenn es wegen des Gusses eines kleinen Gegenstandes nicht lohnen sollte, den Ofen zu erwärmen«. So ist es verständlich, daß sein berühmtes Patent der Klasse »Gießerei und Formerei« zugeordnet wurde.

Als wichtigste und weittragendste Anwendung betrachtete *Slawjanow* jedoch sein Verfahren zum Ausbessern von Guß- und Schmiedestücken. Zunächst setzte er es zur Beseitigung von Gußfehlern und Rissen sowie bei Reparaturarbeiten an Dampfmaschinen, Walzgerüsten und anderen Maschinenteilen ein. In den ersten drei Jahren wurden auf diese Weise 1630 verschiedene Reparaturen durchgeführt. *Slawjanows* Aufzeich-

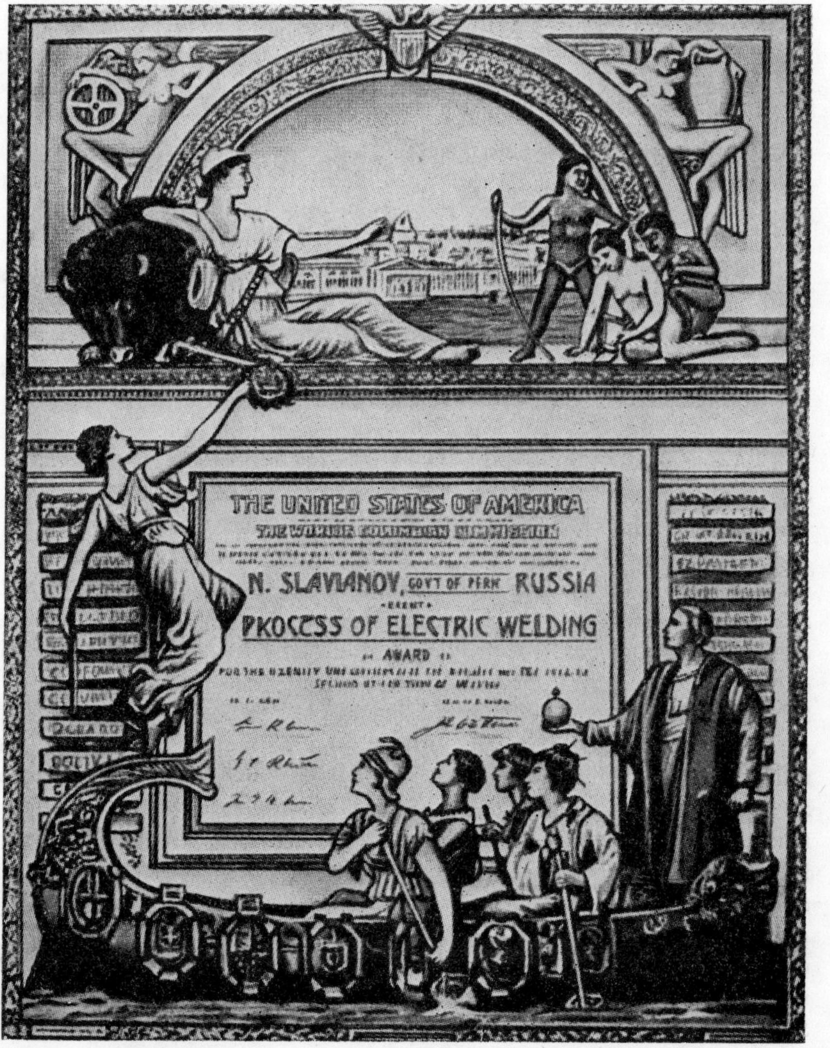

Diplom für Slawjanow-Schweißverfahren auf der Weltausstellung in Chicago, 1893

nungen geben Aufschluß, daß beim Ausbessern von 250 t verschiedener Erzeugnisse etwa 11 t Elektroden verbraucht und 64 387 Rubel eingespart wurden. Seine elektrotechnischen und metallurgischen Kenntnisse erlaubten es ihm, geeignete Schweißgeneratoren zu bauen und die Zuverlässigkeit des Verfahrens zu verbessern. *Slawjanow* führte das »Elektrische Gießen von Metallen« auf einen hohen Stand und beschrieb es in einem Buch. 1890 meldete er das Verfahren in allen industriell entwickelten Ländern zum Patent an.

Wie dem Kohle-Lichtbogenschweißen, standen auch einer breiten Anwendung des Slawjanow-Verfahrens vorerst große Schwierigkeiten entgegen. Diese lagen besonders in der mangelhaften Gerätetechnik zum Schweißen. Obwohl *Benardos* und *Slawjanow* sich mit den gleichen Problemen beschäftigten, kam es zwischen beiden Erfindern zu keiner fruchtbaren Zusammenarbeit. Von den fortschrittlichen Technikern wurde die Bedeutung der Slawjanowschen Verbindungsmethode erkannt. Seine Arbeiten erhielten Anerkennungen im In- und Ausland. Er hielt Vorträge über das Schweißen der Metalle vor der Russischen Technischen Gesellschaft, die ihm auch ihre höchste Auszeichnung verlieh. Auf der Weltausstellung 1893 in Chicago wurde seine Erfindung mit Goldmedaille und Diplom anerkannt.

Unermüdlich arbeitete *Slawjanow* an den theoretischen und praktischen Grundlagen des Verfahrens. Zunächst wurden Elektroden großen Durchmessers verwendet, mit denen sich, alten Schilderungen zufolge, ein Schmelzbad bildete, ähnlich dem beim heutigen Elektroschlackeschweißen. Jüngste metallographische Untersuchungen damaliger Schweißungen zeigen, daß die »Schmelzer« trotz unzulänglicher Technik eine hohe Perfektion erreichten. Da nur »nackte« Elektroden gebräuchlich waren, wies *Slawjanow* darauf hin, eine Schlackenschicht zum Schutz der Schweißschmelze vor Oxydation zu verwenden. Er empfahl dazu gestoßenes Glas. *Slawjanow* führte auch das Schweißen mit Vorwärmung ein und arbeitete besonders intensiv an der Automatisierung des Lichtbogenschweißens. Sein »Elektroschmelzer« hatte bereits eine automatische Regelung der Lichtbogenlänge. Daraus entwickelte er den ersten Schweißautomaten der Welt für die Auftragsschweißung von Zahnrädern. Ohne sein Werk vollenden zu können, starb *Slawjanow* am 17. Oktober 1897 im 44. Lebensjahr. 1948 hat ihm die Stadt Molotow in Anerkennung seiner Verdienste ein Denkmal gesetzt. Mit der millionenfachen Anwendung seines Verfahrens setzte *Slawjanow* sich jedoch selbst das größte.

Es fehlte nicht an Neidern, die den beiden russischen Erfindern die Patentrechte streitig machten. Seit der Entdeckung des Lichtbogens durch *Petrow* und *Davy* bemühten sich die Fachleute, den Lichtbogen zum Schmelzen von Metallen zu nutzen. Dabei wurden mehrfach auch Gedanken geäußert, Metallteile mit seiner Hilfe an den Kanten zu verschmelzen. Schon 1849 erhielt z. B. *William Edwards Staite* das englische Patent Nr. 12772 auf das Schweißen mit elektrischem Lichtbogen. Vom praktischen Einsatz ist aber nichts bekannt geworden.

Benardos und *Slawjanow* waren jedenfalls die ersten, die den elektrischen Lichtbogen zum Schweißen in die Praxis einführten. Um ein solches Verfahren industriell anzuwenden, bedurfte es mehr als nur eines Gedankens. Neben den konstruktiven und technologischen Grundproblemen waren vor allem die vielen kleinen Details zu lösen, um die Idee in die Tat umzusetzen. Obwohl das Lichtbogenschweißen in vielen Ländern schon Fuß gefaßt hatte, begann sein Siegeslauf sehr langsam. Das Schicksal wollte es, daß die epochemachenden Erfindungen in ihrem Ursprungsland bald nach dem Tod der beiden Urheber in Vergessenheit gerieten. Das rückständige, vorrevolutionäre Rußland mit seiner schwach entwickelten Industrie war nicht reif, um das Lichtbogenschweißverfahren anzuwenden.

Aber auch in anderen Ländern mußten die fortschrittlichsten Techniker Können und per-

Schweißbetrieb um 1894. Der Schweißstrom für die Kohleelektroden wurde aus Akkumulatoren bezogen

sönlichen Einsatz in die Waagschale werfen, um die zaghaft aufblitzenden Lichtbögen nicht erlöschen zu lassen. Mangelnde technische Voraussetzungen machten das Schweißen noch von zu vielen Einflußfaktoren abhängig. Neben Instandsetzungsarbeiten wurde in den Berliner »Versuchswerkstätten« schon bald das Schweißen dünner Bleche für Petroleumfässer in Angriff genommen. Petroleum fand in jener Zeit für Beleuchtungszwecke und die »neuartigen« Gasmotoren von *Nikolaus August Otto* einen ständig zunehmenden Abnehmerkreis. Leider mißlangen die Versuche, und die Werkstätten wurden 1889 geschlossen.

Eine führende Firma für den Bau von Eisenfässern, das Schwelmer Eisenwerk Müller & Co., kaufte die Versuchswerkstätten mit allem Zubehör. Aber auch die wiederum mit viel Eifer aufgenommenen Arbeiten stießen auf erhebliche Schwierigkeiten. Größte Mühe bereitete das Aufrechterhalten eines gleichmäßigen Lichtbogens. Den zum Schweißen benutzten Gleichstrom entnahm man einer Akkumulatorenbatterie, die von einem Antriebsdynamo gespeist wurde, wobei man die Spannung durch Schaltung der Zellen regelte. Um zu einer befriedigenden Lösung zu kommen, gewann man den führenden Elektrotechniker, den Münchner *Oskar v. Miller*, welcher eine einfachere Schaltung der Zellen entwarf. Nach jahrelangen Versuchsarbeiten gelang es schließlich um 1900, das Kohle-Lichtbogenschweißen für das Herstellen von Eisenfässern einzusetzen. Das ist insofern beachtenswert, weil das Verfahren bisher nur für Instandsetzungsarbeiten benutzt wurde.

Von wesentlichem Einfluß für den geringen Fortschritt der Lichtbogenschweißtechnik und charakteristisch für die Einstellung der Elektroindustrie war, daß sich kein Vertreter dieser Branche um den Erwerb der Patentrechte und des Nachlasses der Berliner Versuchswerkstätten bemühte. Scheinbar hielten sie das Lichtbogenschweißen für wenig zukunftsträchtig und damit nicht gewinnbringend. Diese abwartende Haltung änderte sich zu Beginn der 20er Jahre, als die Elektroindustrie lohnende Absatzmöglichkeiten erkannte und zuverlässig arbeitende sowie auch preiswerte Schweißmaschinen entwickelte.

Bis zu diesem Zeitpunkt waren die Anwender mehr oder weniger auf eigene Initiative angewiesen. Zur Erzeugung des Schweißstroms dienten hauptsächlich die üblichen Gleichstromgeneratoren für Beleuchtungszwecke. Nur in wenigen Werken blieb das Lichtbogenschweißen lebendig. In Deutschland waren es die bekannte Dampfkesselfabrik Pintsch in Fürstenwalde, Krupp in Essen, Schwartzkopff in Berlin sowie Müller & Co. in Schwelm. Auch in der Marinewerft Wilhelmshaven war es seit 1896 bekannt, geriet aber wieder in Vergessenheit. Die Firmen Schneider-Creuzot in Frankreich, Vickers-Armstrong Ltd. in England sowie das Eisenwerk Witkowitz in Österreich gehörten im Ausland zu den Vertretern, die sich nicht entmutigen ließen.

Ein sehr anschauliches Bild vom Stand der Schweißtechnik um die Jahrhundertwende geben die Schilderungen eines amerikanischen Schweißers, der sich nach 50 Jahren an die Anfänge erinnerte:

»Nach meiner Meinung wurde das Kohle-Lichtbogenschweißen in den USA in den Baldwin Locomotive Works in Philadelphia 1904 zum ersten Male eingesetzt. Den von uns verwendeten Schweißapparat entwickelten wir aus Beschreibungen und Zeichnungen, die *Harry Willie*, Chefingenieur der Baldwin-Werke, aus Deutschland mitbrachte. Er hatte das Kohle-Lichtbogenschweißen im Kruppwerk, Essen, kennengelernt. Der Schweißapparat bestand aus einem Ölfaß für 40 Gallonen Inhalt, dessen Deckel entfernt war. Zwei $^1/_2$zöllige Stahlbleche, 8 Zoll breit und 18 Zoll lang, wurden mittels hölzerner Kreuzstücke in dem Faß aufgehängt. Das Faß wurde bis 8 Zoll vom oberen Faßrand mit Wasser aufgefüllt und eine kleine Menge Steinsalz hinzugefügt, um einen guten elektrischen Leiter zu erhalten. Der positive Pol einer 220-V-Gleichstromquelle wurde mit einem der Bleche verbunden, der primitive Kohlehalter mit dem anderen. Der negative Pol war an das zu schweißende Werkstück geklemmt. Daraus bestand der gesamte Aufbau des Faß-Schweißapparates ... Zur Zündung des Lichtbogens wurde die Kohle mit dem Werkstück in Berührung gebracht und dann fortgezogen. Die Kohle hatte einen Durchmesser von 1 Zoll. Durch Annähern der beiden Bleche wurde die Stromstärke erhöht, durch Auseinanderbewegen gesenkt. Auf diese Weise konnte die Stromstärke von 200 bis 500 A reguliert werden. Der Schweißstab wurde mit der einen Hand geführt, die Kohle mit der anderen ... Dieser Schweißapparat war eine Quelle dauernder Unzulänglichkeiten. Trotz größter Entfernung der Bleche voneinander erhöhte sich die Stromstärke weiter, weil die

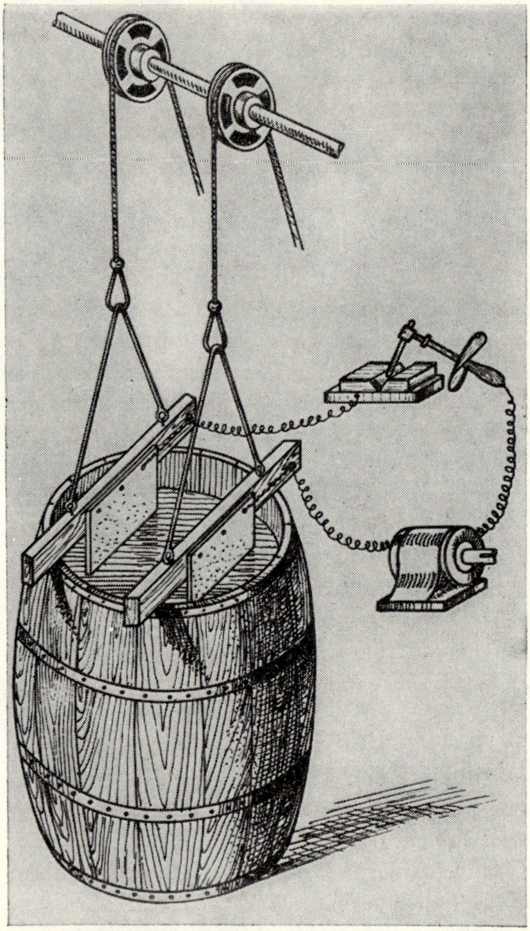

»Faßschweißgerät«. Mit dieser behelfsmäßigen Apparatur wurde 1904 das Kohlelichtbogenschweißen in den Baldwin Lokomotive Works in Philadelphia begonnen

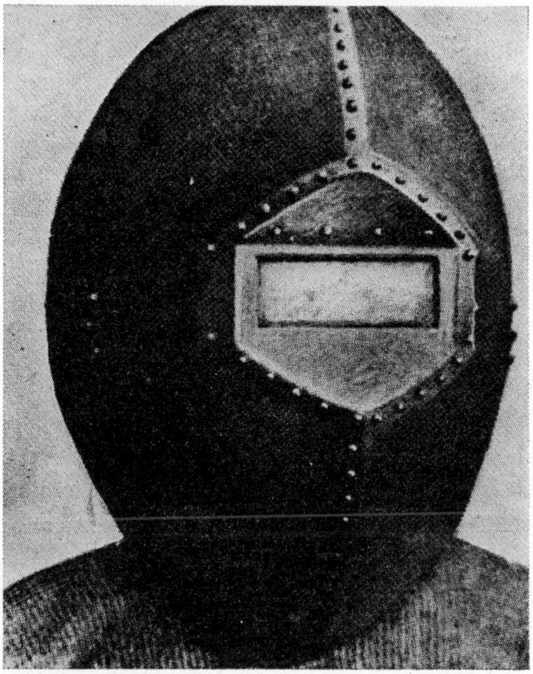

Schweißerschutzhelm, um 1920

Salzlösung heißer wurde. Nur Zusatz frischen Wassers konnte hier helfen. Hoher Stromverbrauch, geringe Schweißgüte und andere Mängel gehörten zu den Kinderkrankheiten des Kohle-Lichtbogenschweißens. Doch ist es der Vorgänger der Metall-Lichtbogenschweißung geworden.«

Dieses Metall-Lichtbogenschweißen erlebte der Autor des Berichtes 1906, als die Westinghouse Electric and Mfg. Co. eine große Motor-Generator-Anlage in Betrieb nahm, um Dampfrohre einzuschweißen. Seinen praktischen Kenntnissen und Erfahrungen verdankte dieser Pionier früher Schweißtechnik, daß er zum Maschinenmeister avancierte. Die »National Steel Foundry Co.« beauftragte ihn im Frühjahr 1907, einen »Holzbehälter-Schweißapparat« zu bauen, der den Strom für zwei Schweißer abgab. Im selben Jahr schweißte man bereits in wachsendem Umfang Geschützteile, Sektionen an Kriegsschiffen, Pfeiler für Hängebrücken, Lokomotivrahmen und andere Bauteile.

Ein besonderes Problem bildete der Augen- und Gesichtsschutz vor den grellen und intensiven Strahlen des Lichtbogens. Die rußgeschwärzten Gläser boten nur einen unzureichenden Schutz. So klagten dann auch die Schweißer oft über schmerzende Augen. Da beim Kohle-Lichtbogenschweißen beide Hände gebraucht wurden, trug man Schutzhelme, die teilweise grotesk wirkende Formen hatten. Bevor Vulkanfiber zum Einsatz kam, verursachten die patentierten Aluminiumhelme den Schweißern wahrlich »bedrückende« Gefühle.

Als der große Gelehrte *Sir Humphry Davy*, Professor für Chemie an der Royal Institution in London, sich um 1806 mit elektrochemischen Erscheinungen beschäftigte und mit dem Lichtbogen experimentierte, gehörte der junge, wißbegierige *Michael Faraday* zu den aufmerksamsten Zuhörern seiner interessanten allgemeinverständlichen Vorlesungen. *Faraday* schrieb das Gehörte sorgfältig auf, bebilderte es mit Darstellungen der Instrumente, mit denen *Davy* die Versuche ausführte und schickte es, eingebunden, dem verehrten Professor. Als dieser ihm die Stelle eines Laboranten anbot, fühlte sich *Faraday* am Ziel seiner Wünsche und konnte sich zu einem der berühmtesten Naturwissenschaftler der damaligen Zeit entwickeln. Er entdeckte wichtige Grundgesetze der elektromagnetischen sowie elektrochemischen Vorgänge und prägte Begriffe, wie Elektrolyse, Elektrolyt, Elektrode, Anode oder Katode. *Faraday* verstand unter einer Elektrode denjenigen Teil eines elektrischen Leiters, von dem aus die Spannung oder der Strom auf ein anderes Medium, z. B. Gas oder Flüssigkeit, übertragen werden. Obwohl heute in der Schweißtechnik ein fester Begriff, verwendete *Benardos* ihn in seinem Grundpatent noch nicht, während *Slawjanow* seine abschmelzenden »Stangen« schon Elektroden nannte.

Als Zusatzdraht bei dem Verfahren von *Benardos* und als abschmelzende Elektrode nach *Slawjanows* Prinzip kam zu Beginn ausschließlich Blankdraht zum Einsatz. Beide

Erfinder äußerten aber bereits Gedanken, die Schweißschmelze mit einer Flußmittelschicht vor dem Luftsauerstoff zu schützen. Das Lichtbogenschweißen mit Metallelektrode gewann erst größere Bedeutung, als der Schwede *Oskar Kjellberg* 1905 ein Patent für eine umhüllte Stabelektrode erhielt. Die Umhüllung war so stark, daß sich an der Elektrodenspitze ein Krater bildete, in dem der abgeschmolzene Tropfen beim Überkopfschweißen besser in die Schweißnaht gebracht werden konnte. Zehn Jahre später kamen dünn umhüllte Elektroden auf den Markt, die durch Tauchen hergestellt wurden. Eine andere Erfindung sah das schraubenförmige Umwickeln der Elektroden mit einer Asbestschnur vor, zwischen deren Windungen eine Kalk und Flußspat enthaltende Paste gefüllt wurde. Es handelte sich also bereits um eine kalkbasische Elektrode.

Nun beschäftigten sich viele Firmen mit der Elektrodenentwicklung. Die chemische Zusammensetzung blieb stets ein streng gehütetes Werkgeheimnis. Doch pries man die eigenen Elektroden dem Konkurrenzerzeugnis als klar überlegen an. Mit viel List versuchten einige Hersteller, das von den 20er Jahren bis 1937 geltende Ausschließungspatent der Firma Kjellberg zu umgehen, nach dem niemand umhüllte Elektroden herstellen sollte.

Mit einer ganzseitigen Anzeige in der Fachzeitschrift »Autogene Metallbearbeitung« erklärte 1923 die Firma Elektrogen-Industrie GmbH Hamburg, daß sich ihre Elektroden von dem Kjellberg-Patent unterschieden. Für jede Verletzung dieses Patents, die durch Anwenden ihrer Elektrogen-Elektroden entstehen würde, wolle sie haften und wäre überzeugt, daß das in erster Instanz gegen sie gerichtete Urteil in der Berufung aufgehoben würde. Prompt erwiderte die Kjellberg-Elektroden GmbH im nächsten Heft an gleicher Stelle, daß nur sie als einzige Firma zur Herstellung der umhüllten Elektroden berechtigt sei.

Im Jahre 1922 wählte die Firma Kjellberg die kleine Stadt Finsterwalde in der Niederlausitz als Standort für den Aufbau einer Fabrik. Hier sollte das Patent der umhüllten Stabelektrode wirtschaftlich ausgewertet werden. Hohe Arbeitslosigkeit und niedrige Löhne ließen bei Gelingen des Vorhabens gute Profite erwarten. Mit 30 Beschäftigten begann die Produktion der anfangs getauchten, seit 1928 gepreßten Mantelelektroden. Schon kurz nach Gründung befaßte sich die Firma mit dem Bau von Schweißumformern und konnte die Anzahl der Beschäftigten erhöhen.

Der damalige Stahlwerkschef der Firma Gebr. Böhler, *Dr. Franz Leitner*, umging mit der 1925 von ihm erfundenen Seelenelektrode auf legale Weise das Kjellbergsche Patent. Hierbei wird die schlackebildende Masse (Seele) von einem stromleitenden Metallmantel umhüllt. Die Verwendung von Mantel- oder Seelenelektroden führte zu erheblich besseren Schweißnahtqualitäten. Dafür waren diese Elektroden jedoch wesentlich teurer als der Blankdraht. Einen gewissen Ausgleich schuf das Mitte der 20er Jahre von Belgien eingeführte Wechselstromschweißen. Die Fachleute hatten jetzt die Wahl zwischen diesem Verfahren mit einem gegenüber dem Umformer verhältnismäßig preiswertem Transformator, das jedoch den Einsatz von teuren umhüllten Elektroden verlangte, oder dem Gleichstromschweißen mit Blankdraht. Die Verfechter beider Lager lieferten sich hitzige Debatten. 1925 kann man in einem Aufsatz in der »Autogenen Metallbearbeitung« lesen, daß die Anwendung eines Schweißtransformators nach wie vor auf kleine oder rotwarm erhitzte Stücke beschränkt und das Hauptgebiet des elektrischen Lichtbogenschweißens deshalb dem Gleichstrom vorbehalten bliebe. Sofort folgten in der gleichen Zeitschrift von verschiedenen Seiten Erwiderungen, die an Schärfe nichts zu wünschen übrig ließen. Sie klangen aus in der Feststellung, daß die Wechselstromschweißung mit geeigneten Transformatoren und Elektroden dem Gleichstromschweißen ebenbürtig sei. Die folgende Entwicklung gab dieser Aussage recht. Auf jeden

Fall wirkte die Frage Gleichstrom oder Wechselstrom sehr befruchtend auf den weiteren Fortschritt des Lichtbogenschweißens. Um 1930 war in Deutschland das Problem noch nicht entschieden. Die erste vollständig geschweißte Eisenbahnbrücke sowie die erste geschweißte Werkhalle (1930) wurden noch mit Nacktelektroden bearbeitet. Maßgebend waren die niedrigeren Kosten und geringeren Schwierigkeiten bei Senkrecht- und Überkopfarbeiten. Man gab sich dafür mit 90 % der Festigkeit der Schweißnaht zufrieden. Als jedoch die Bauwerke immer kühner und die Beanspruchungen immer größer wurden, schob sich die umhüllte Elektrode langsam aber sicher auf den ersten Rang.

Die Elektrodenumhüllung ist ein Konglomerat einer großen Zahl verschiedener, feingemahlener Mineralien, Metalle, organischer und synthetischer Zusatzstoffe, die von Wasserglas zusammen- und auf dem Kerndraht festgehalten werden. Ihre ausgewogene Zusammensetzung ist nicht nur das große Geheimnis der Elektrodenhersteller und Inhalt Hunderter von Patenten, sondern von maßgeblichem Einfluß auf Güte und Aussehen der Schweißnaht, auf die Stabilität des Lichtbogens, Abschmelzgeschwindigkeit und weitere technologische sowie metallurgische Gesichtspunkte. Es lassen sich nicht alle Eigenschaften von einer Elektrodenart erfüllen. Deshalb gibt es und wird es keine »Universalelektrode« geben.

Mit der umhüllten Elektrode und der Entwicklung verfahrensgerechter Schweißgeräte erreichte das Lichtbogenschweißen eine neue Qualitätsstufe, die diesem Verfahren endgültig den Einsatz im Stahlbeton-, Kessel- und Schiffbau sicherte. Letzte Vorbehalte wurden aus dem Weg geräumt. Das Lichtbogenschweißen, vorläufig noch von Hand, entwickelte sich zum dominierenden Verbindungsverfahren.

Der elektrische Lichtbogen, ein Beweis menschlicher Experimentierkunst, wurde zu einem wichtigen Werkzeug. Seine ersten technischen Anwendungen fand der elektrische Lichtbogen zum fernbedienten Zünden gewaltiger Sprengladungen, z. B. um Felshindernisse im Ärmelkanal oder in der Hafeneinfahrt von New York zu beseitigen. Inzwischen überträgt er Wärme, transportiert feste oder flüssige Materie, trägt Material ab oder auf, ganz nach dem Willen der Techniker. Immer neue Anwendungsgebiete werden für ihn erschlossen. Die enormen Temperaturen von 5000 bis 20000 °C lassen Metalle in Bruchteilen einer Sekunde schmelzen oder sofort verdampfen. Wichtigster Nutzer der Kräfte des Lichtbogens ist die Schweißtechnik. Allein durch 140 verschiedene physikalische Effekte können Lichtbogen entstehen, bisher werden jedoch nur 30 davon zum Schweißen genutzt. Zielstrebige Forschungen lassen in der Zukunft weitere Anwendungen erwarten.

Heiße Reaktionen

Katharina II., Zarin von Rußland, war in ihrer 34jährigen Alleinherrschaft von 1762 bis 1796 wie Peter I. bestrebt, die ökonomische und kulturelle Rückständigkeit Rußlands zu überwinden. Sie zog Gelehrte und Künstler an ihren Hof, gründete Schulen und Akademien. Auch der Direktor der preußischen Bergwerke, Johann Gottlob Lehmann, folgte 1762 einer Berufung als Professor für Chemie und Direktor des Russischen Museums nach St. Petersburg. Im Auftrage von Katharina II. unternahm er ausgedehnte Exkursionen durch das russische Reich.

Dabei stieß er unter anderem auf den Krokoit, den roten sibirischen Bleispat. Er konnte Blei in dem Mineral nachweisen, aber der übrige Bestandteil blieb ihm verschlossen. Eine glücklichere Hand hatte der französische Chemiker Louis-Nicolas Vauquelin, der von Lehmann Proben des Erzes erhalten hatte. Bei den Versuchen, das Mineral zu zerlegen, erhielt er durch Behandeln mit verschiedenen Reagenzien Niederschläge unterschiedlicher Färbung. Schließlich gelang es ihm, ein unbekanntes Element in Form grauer metallischer Nadeln abzuscheiden. Ein Freund Vauquelins schlug vor, das neue Metall wegen der Farbigkeit seiner Verbindungen »Chrom« zu nennen (a. d. Griech.; Farbe).

Hervorragende Eigenschaften zeichneten das Element Chrom aus, mit seiner Gewinnung aber gab es große Probleme. Man versuchte, die von *Friedrich Wöhler* beschriebene hohe Sauerstoffaffinität des Aluminiums zur Darstellung metallischen Chroms zu nutzen. Die explosionsartig verlaufenden Reaktionen aus einem Gemisch des Schwermetalloxides und Aluminiumpulver ließen sich jedoch nicht unter Kontrolle bringen.

Als ein Essener Stahlwerk größere Mengen Chrom für die Erzeugung widerstandsfähiger Stähle benötigte, setzte *Hans Goldschmidt* um 1885 intensiv die Versuche zur industriellen Gewinnung des Metalls fort. *Goldschmidt* hatte in Heidelberg bei *Robert Wilhelm Bunsen* studiert, bevor er in das Unternehmen seines Vaters trat, das sich mit der Herstellung chemischer und metallurgischer Produkte befaßte. Ihm gelang schließlich, worum sich andere bisher erfolglos bemüht hatten. Er fand, daß durch punktförmiges Zünden mit ausreichend hoher Zündtemperatur die Reaktion sich selbständig und ohne Heftigkeit im gesamten Gemisch fortpflanzt. Dieses »Aluminothermische Verfahren« führte *Goldschmidt* im September 1897 auf der Naturforschertagung in Braunschweig erstmals einer breiteren Öffentlichkeit vor. Er hatte damit nicht nur eine einfache Möglichkeit zur Darstellung fast reinen Chroms und anderer schwer reduzierbarer Schwermetalle gefunden. *Goldschmidt* erkannte auch, daß die bei diesem Prozeß freiwerdende hohe Wärmeenergie technisch angewendet werden könnte. Bei seinen Versuchen waren ihm öfter dickwandige Stahltiegel angeschmolzen. Als ein eng mit der Praxis verbundener Mann der Forschung kam ihm der Gedanke, diesen Effekt zum Schweißen, Hartlöten und für die Wärmebehandlung auszunutzen. 1895 ließ er ein Verfahren patentieren, bei dem die Kanten der zu verbindenden Querschnitte durch die Thermitreaktion soweit erhitzt werden, daß sie bei anschließendem Pressen miteinander verschweißen.

Ein noch größerer Erfolg gelang *Goldschmidt* 1899 mit dem Thermit-Gießschweißen. Dabei wird ein Gemisch aus Aluminiumpulver und Eisenoxid in einem Schmelztiegel durch Initialzündung zur Reaktion gebracht, und bei Temperaturen um 3000 °C entstehen reines Eisen sowie eine Aluminiumschlacke. Das flüssige Eisen wird in die eingeformte Schweißfuge gegossen. Die vorher auf Rotglut angewärmten Schweißnahtkanten schmelzen an, und es entsteht eine homogene Verbindung.

Dieses Verfahren eignet sich besonders für große Querschnitte und wurde zuerst für das Schweißen schwerer Gußstücke sowie von Schienen eingesetzt. Beim Schienenschweißen entwickelte es sich schnell zum ernsthaften Konkurrenten des »Glühschweißens«, da der Aufwand wesentlich geringer war. Bereits zur Jahrhundertwende ließen viele Straßenbahnverwaltungen die Schienenstöße durch Thermitschweißen ausgleichen. 1914 wurden in Deutschland 80% aller neuverlegten Straßenbahnschienen aluminothermisch verbunden. Die Deutsche Reichsbahn führte das Verfahren allerdings erst 1928 ein. Eine beträchtliche Verbesserung gelang 1945, als es möglich wurde, das Thermitschweißen ohne Vorwärmen durchzuführen. Ständige Weiterentwicklungen wiesen dem aluminothermischen Schweißen Anwendungsbereiche zu, in denen es noch heute dominiert. Dazu gehören das Schweißen von Schienen auf freier Strecke sowie das Verbinden schwerer Beton-Bewehrungen auf der Baustelle.

Obwohl die Anzahl der Schweißungen in die Millionen geht, sind die heute üblichen Einrichtungen im wesentlichen noch dieselben wie um 1900, als das aluminothermische Verfahren entwickelt wurde.

Ein mit dem aluminothermischen Schweißen eng verwandtes Verfahren ist das Gießschweißen. Schon die alten Römer benutzten es zum Herstellen von Bronzegefäßen und Bleirohren. Auf Schmelztemperatur erhitztes Metall gleicher Zusammensetzung wurde solange über die Verbindungsstelle gegossen, bis die Kanten anschmolzen und mit dem Gießmetall eine einheitliche Verbindung bildeten.

Die verheerenden Feuersbrünste des Mittelalters und Brandschatzungen unzähliger Kriegszüge hatten auch Kirchen und Glockentürme betroffen. Viele der kunstreich gegossenen, klangvollen Bronzeglocken zerbarsten in der Glut oder erhielten Risse. Manche konnten jedoch von erfahrenen Glockengießern oder Kunstschmieden durch das Gießschweißen wieder instandgesetzt werden. Umfangreiche Vorkehrungen für ein langsames Vorwärmen bzw. Abkühlen der Glocke sowie zum Schmelzen des Gießmetalls mußten getroffen werden. Große Sachkenntnis gehörte dazu, den genauen Zeitpunkt zu erfassen, an dem das flüssige Metall mit einem Gießlöffel über den Riß gegossen wurde. Der reine Klang der wiederhergestellten

Aluminothermisches Schweißen von Straßenbahnschienen, um 1902

Glocken kündete weit hörbar vom Gelingen der schwierigen Prozedur und vom Geschick der alten Meister.

Ungeachtet dessen »erfand« 1860 ein belgischer Arbeiter in einer Gießerei das seit über 2000 Jahren bekannte Verfahren nochmals und ließ sich das Gießschweißen von Gußeisen patentieren. 1861 wurde es in Frankreich zur Reparatur gußeiserner Teile verwendet und einige Jahre später auch in der Neufertigung eingesetzt.

Am 24. April 1891 hatte Halle einen großen Tag. Als erste Stadt in Deutschland stellte sie eine elektrisch betriebene Straßenbahn in Dienst. Einwohner und Presse jubelten ihrer »Elektrischen« begeistert zu. Wenngleich, der Schilderung einer halleschen Tageszeitung zufolge, »manch biederem Hallenser ein geheimes Grauen beschleicht, wenn er sich der neuesten Großmacht anvertrauen und einen Wagen besteigen soll, der sich fortbewegt, ohne daß eine Triebkraft sichtbar wäre ... Am Abend sind die aus den Schienen und dem oberen Draht sprühenden Funken und blitzähnliche Feuerbüschel erstaunlich weit sichtbar.«

Damit der elektrische Fahrstrom sicher rückgeleitet werden konnte, wurden an den Schienenstößen Metallstreifen aufgenietet. Bald nachdem die letzten Rösser der alten Pferdebahn ausgedient hatten, zeigten sich die höheren Raddrücke, größeren Geschwindigkeiten und dichteren Zugfolgen als großes Problem für den Gleisbau. Harte Stöße der Wagenräder lockerten nach kurzen Betriebszeiten die Schienenverbindungen. Man suchte nach praktischen Lösungen, aber alle vorgeschlagenen mechanischen Stoßverbindungen erwiesen sich den großen Beanspruchungen gegenüber als unzureichend.

Nachdem 1832 in den USA zwischen New York und dem Vorort Harlem die erste Straßenbahn der Welt verkehrte, breitete sich dieses Verkehrsmittel schnell in vielen Städten des amerikanischen Kontinents aus. Um die unangenehmen Auswirkungen der Schienenstöße zu beseitigen, setzte man hier auch in größerem Umfang ein Verfahren ein, das 1852 der englische Ingenieur *Norris* ausgearbeitet hatte. Er umgoß die Schienenstöße mit Gußeisen. Da bei diesem Umgießverfahren die Schienenenden nicht aufgeschmolzen wurden, handelte es sich definitionsgemäß nicht um Schweißen.

1889, als in 63 amerikanischen Städten bereits elektrische Straßenbahnen rollten, wurde ein Umgießverfahren zum Verbinden der Schienenstöße angewendet, das als Schweißen bezeichnet werden konnte. Ähnlich wie bei *Norris* wurde beim Falk-Verfahren um die Schienenenden eine Form zur Aufnahme schmelzflüssigen Gußeisens gesetzt. Der Stoß wurde in einer Länge von 40 bis 50 cm umgossen, wofür etwa 75 kg Gußeisen nötig waren. Die Wärme des flüssigen Gußeisens reichte aus, um die Schienenenden aufzuschmelzen und stoffschlüssig zu verbinden. Einer fahrbaren Gießerei glich der von Pferden gezogene, mit einem Dampfgebläse betriebene Kupolofen, in dem das Eisen geschmolzen wurde. Zwei kräftige Männer gossen das flüssige Metall in die vorbereitete Form.

Trotz der recht aufwendigen und umständlichen Arbeitsweise behauptete sich das Falk-Verfahren längere Zeit. Bis 1907 wurden in den USA etwa eine Million Schienenstöße auf diese Weise verbunden. In Europa war die Bedeutung wesentlich geringer. Nach einigen Versuchen lehnte man z. B. die Anwendung in Deutschland völlig ab. Das günstigere aluminothermische Schweißen verdrängte um die Jahrhundertwende das Falk-Verfahren. Auch das umständliche Gießschweißen machte moderneren Schweißverfahren Platz.

»Brennendes« Eisen

Leise zischte eine Flamme und zauberte gespenstisch zuckende Schatten an die Wände. Ein Einbrecher nutzte sowohl die weihnachtliche Stille als auch die neuen technischen Möglichkeiten. Mit einem Fletcher-Autogenbrenner versuchte er 1890, den Tresor der Niedersächsischen Landesbank Hannover aufzubrechen. Von seinem über der Bank gelegenen Hotelzimmer war er durch eine Bodenöffnung mit einer Strickleiter in die unteren Räume gestiegen. Dort zapfte er eine Leuchtgasleitung an; der erforderliche Sauerstoff befand sich in drei kleinen Flaschen in einem Koffer. Der Tresor, in dem sich angeblich sieben Millionen Mark befanden, war durch eine doppelte eiserne Tür geschützt. Als der unbekannte Täter eine Platte aus der äußeren Türverkleidung herausgeschmolzen hatte, war der Sauerstoffvorrat erschöpft; der Dieb mußte ohne Erfolg abziehen. Das war die erste, wenig ehrenhafte Anwendung des Brennschneidens, wobei es sich im eigentlichen Sinn nur um ein Aufschmelzen handelte. Obwohl z. B. 1901 ein Einbruch in die Kasse eines Londoner Postamtes auf gleiche Weise gelang, konnten Bankdirektoren und Geldschrankhersteller weiterhin ruhig schlafen. Bis zu jener Zeit war das Prinzip des autogenen Brennschneidens noch unbekannt.

Bei diesem Verfahren wird der Stahl nicht geschmolzen, sondern bei einer Temperatur weit unterhalb seiner Schmelztemperatur in einem Sauerstoffstrom verbrannt. Nur an einer Stelle muß der Stahl auf seine Entzündungstemperatur erhitzt werden; die Verbrennung findet im festen Zustand statt. Dabei entwickelt sich soviel Wärme, daß der Vorgang selbständig weiterläuft, solange Sauerstoff zugeführt wird. Es entstehen leichtflüssige Oxide, die vom Sauerstoffstrahl aus der Schnittfuge geblasen werden. Diese grundlegende Erkenntnis fand der Chemiker *Dr. Ernst Menné*. Er stand im Dienst der Kreuztaler Hochofenanlage des Cöln-Müsener Bergwerks-Aktienvereins. Damals ergaben sich Schwierigkeiten beim Öffnen des Stichloches von Hochöfen. Versuche, mittels Leuchtgas- und Petroleumbrennern oder auf elektrischem Wege die erstarrten Ofenansätze zu beseitigen, erwiesen sich als wenig erfolgreich. *Menné* löste das Problem mit einer Wasserstoff-Sauerstoff-Flamme. Er ließ die Flamme zweier konzentrisch angeordneter Rohre, deren inneres Sauerstoff, das äußere Brenngas führte, auf das Stichloch wirken, bis eine Stelle hell glühte. Wurde nun der Sauerstoffdruck erhöht, erfolgte eine intensive Verbrennung des Eisens. Ein gewaltiger Funkenregen sprühte, bis das Stichloch durchbohrt war und das Roheisen abfließen konnte.

Das Verfahren wurde mit Wirkung vom 26. Mai 1901 unter der Nummer 137588 patentiert. Es erregte in der Hüttenindustrie großes Aufsehen und konnte bald in allen Hochofenwerken des In- und Auslandes angewendet werden. Niemand ahnte zu diesem Zeitpunkt, welche Auswirkungen das Patent auf das Metallverarbeiten haben könnte und daß es innerhalb der nächsten 20 Jahre zu einem erbittert bekämpften Streitobjekt würde.

Ernst Wiss, der bei der Chemischen Fabrik Griesheim-Elektron Frankfurt/Main schon große Verdienste auf dem Gebiet des autogenen Schweißens erworben hatte, und die Deutsche Oxhydric GmbH, Düsseldorf, unter der Initiative *Jottrands*, erkannten die bedeutsamen Möglichkeiten des neuen Verfahrens für die autogene Metallverarbeitung. Durch Lizenznahme auf das Hauptpatent und auf das Zusatzpatent D.R.P. 143640, das den Anspruch des Verfahrens »zum schnellen Beseitigen, Bohren, Trennen, Demontieren usw. von Metallmassen« erweiterte, sicherten sich beide Firmen eine Monopolstellung für die Produktion autogener Schneidbrenner und der damit verbundenen Anwendung des Schneidverfahrens.

1904 führte *Wiss* einen Versuchsbrenner vor, mit dem er Stahlbleche zerschneiden konnte. Ein Jahr später waren Brenner und Verfahren soweit ausgereift, daß sie bei großer Nachfrage schnell Eingang in die Industrie fanden. Beim Brenner von *Wiss* tritt der Schneid-Sauerstoffstrahl aus einer zentralen Düse, die von einem ringförmigen Schlitz umgeben ist, aus dem das Brenngas-Sauerstoff-Gemisch strömt. Im Gegensatz dazu ordnete *Jottrand* bei seinem Brenner die beiden Gaszuführungen hintereinander an. Nach mehreren gegenseitig geführten Prozessen wegen Patentverletzung und Anträgen auf Nichtigkeitserklärungen der Patente, schlossen sich beide Firmen zu einer Interessengemeinschaft zusammen. Da diese zwei allein zur Herstellung berechtigten Unternehmen in erster Linie Wasserstoff, Acetylen und Sauerstoff produzierten, verpflichteten sie gleichzeitig die Abnehmer ihrer Schneidbrenner auch, die zum Betrieb der Geräte erforderlichen Gase nur von ihnen zu beziehen. Damit war doppelter Gewinn sicher.

Indessen hielten sich viele Firmen nicht an die bestehenden Patentrechte oder versuchten, sie durch eigene, teilweise recht fragwürdige Ausführungen zu umgehen, und mit etwa 250 bis 300 Mark für einen Schneidbrenner lagen sie im Preis auch wesentlich niedriger. Das konnten die Lizenzinhaber nicht dulden. Im kräftezehrenden, zermürbenden Rechtsstreit gegen die patentverletzenden Betriebe, dazu gehörten auch Anwender der unrechtmäßig hergestellten Schneidbrenner, versuchten sie, ihr Recht und damit ihren Profit zu wahren. Die Zahl der Prozesse an den Land- und Oberlandgerichten wuchs auf über fünfhundert in wenigen Jahren an.

Nach Ablauf der Gültigkeitsdauer des historischen Cöln-Müsener-Patentes am 25. Mai 1916 konnte die deutsche Autogenindustrie zunächst aufatmen. Die Benutzung des Verfahrens stand nun allen Anwendern frei. Für sie bedeutete das sogenannte Patentverlängerungsgesetz vom 27. 4. 1920, das auch den Schneidpatenten eine Verlängerung der Schutzdauer von fünf Jahren gewährte, ein schwerer Rückschlag. Sofort begann wieder der heftige, nicht immer von Sachlichkeit gekennzeichnete Streit zwischen den Lizenzinhabern und der übrigen Industrie, deren Interessen von einem »Schutzverband der deutschen Autogenindustrie« wahrgenommen wurden. Die Auseinandersetzungen endeten erst, als im Mai 1921 das wohl umstrittenste Patent der Schweißtechnik endgültig erlosch.

Das autogene Brennschneiden hatte anfangs im Lichtbogenschneiden einen ernsthaften Konkurrenten. 1900 ließ der Ingenieur *Colemann* aus den USA seine Idee patentieren. Durch eine hohle Kohleelektrode strömte Sauerstoff, der beim Zünden des Lichtbogens ebenfalls den Stahl verbrannte. Später versuchte man mit einer schnell rotierenden Scheibe, von der ein Lichtbogen zum

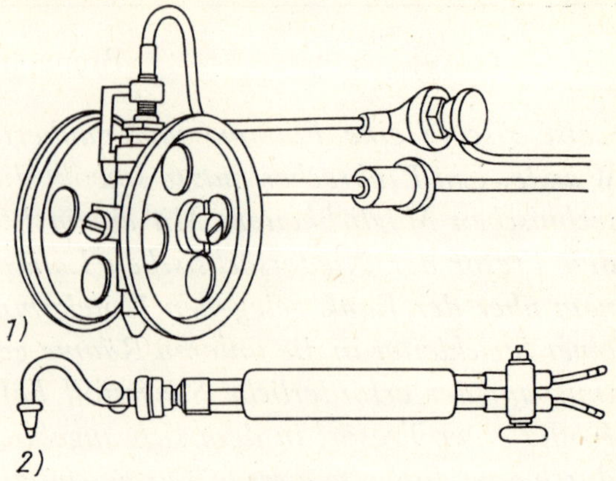

Ältester Wasserstoff-Sauerstoff-Schneidbrenner von Wiss, 1903 (1 Schneidbrenner, 2 Schweißbrenner)

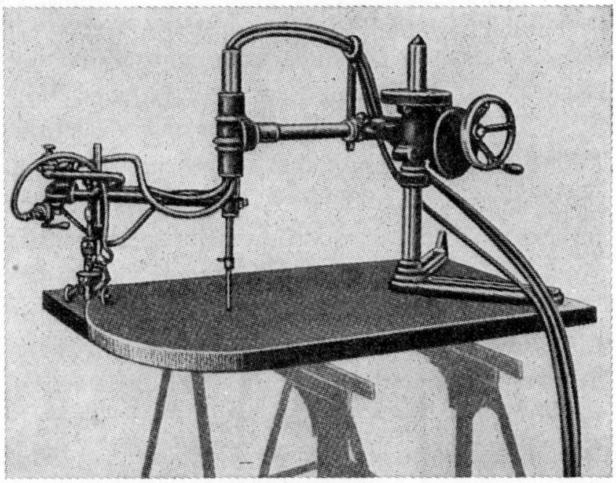

Autogene Brennschneidmaschine für Kreisschnitte, 1910

Werkstück brannte, Stahl zu trennen. Der geschmolzene Werkstoff wurde aus der sauberen Schnittfuge herausgeschleudert.

Die metallverarbeitende Industrie, besonders der Stahlbau, griff die Möglichkeiten des thermischen Schneidens rasch auf. Traditionelle mechanische Trennverfahren, wie Sägen oder Scheren, waren dem vielseitigen Einsatz des Stahls nicht mehr gewachsen. So verlangten die Hochbauten und der Schiffbau das Schneiden der Profile und Bleche an Ort und Stelle. Auch gekrümmte oder ungerade Schnitte wurden erforderlich. Zunächst dienten thermische Verfahren beim Zerschneiden stillgelegter Kessel, Lokomotiven, Hochöfen u. a. Bei der Reparatur von Schiffen und Kesseln wurden die beschädigten Bleche sowie Rohre herausgeschnitten und die einzuschweißenden Teile formgerecht eingepaßt.

Vor dem Neubau der Elbbrücke bei Barby wurde 1908 die alte Eisenkonstruktion durch Brennschneiden abgebrochen. Der Abriß eines Bogens von 24 m Spannweite dauerte nur fünf Tage, während beim bisherigen Entnieten drei bis vier Wochen erforderlich gewesen wären. Diese Erfahrungen nutzte man ein Jahr später auch beim Neubau der Kölner Rheinbrücke. Die alte Straßenbrücke war den gestiegenen Verkehrsbedürfnissen nicht mehr gewachsen, deshalb mußte sie, ohne Störung des lebhaften Schiffsverkehrs, abgetragen werden. Vier Lastkähne wurden unter das Brückenfeld gefahren und beide Seiten vom Brückenverband mittels Brennschneiden getrennt. Das alte Brückenteil konnte nun an das Ufer geschleppt werden, wo mehrere Brennschneider das große Gitterwerk zerlegten.

Große Hilfe leistete das Brennschneiden nach Ende des ersten Weltkrieges bei den durch die Entente festgelegten Abrüstungsarbeiten. Geschütze, Tanks und eiserne Bollwerke mußten demontiert werden. Stark nickelhaltige und bis 300 mm dicke Panzerplatten und Geschützrohre stellten hohe Anforderungen. Der Erlös aus der mehrere Jahre dauernden Verschrottungsaktion wurde auf das Brüsseler Bankkonto der Wiedergutmachungskommission überwiesen.

Die Ungenauigkeiten bei der Führung des Schneidbrenners von Hand brachten *Ernst Wiss* auf den Gedanken, den Brenner auf einen Schlitten einzuspannen, der sich durch eine Handspindel bewegen ließ. Mit der ersten autogenen Längsschneidmaschine konnten bereits 1906 sehr saubere Längsschnitte erzielt werden. Hieraus entwickelten sich kurz darauf Maschinen zum Brennschneiden von Kreisen, Profilen, Wellen und kleinen Löchern. 1913 war das Verfahren schon soweit gediehen, daß ein Stahlblock von einem Meter Stärke getrennt werden konnte. Im gleichen Jahr brachte die Firma Griesheim einen elektrisch getriebenen Schneidbrennerwagen auf den Markt, der auch auf einer Kurvenschiene fahren und entsprechende Konturen ausschneiden konnte.

Nach dem ersten Weltkrieg mußte Deutschland seine führende Rolle in der Autogentechnik an die USA abgeben. In ihrer ausgeprägten Massenfertigung kam das Brennschneiden zur vollen Blüte. Bald tasteten Führungsstifte Metallschablonen ab und übertrugen die Bewegungen mechanisch auf die Brennerführung. Seit Beginn der fünfziger Jahre verfolgte ein Fotoauge auf lichtoptischem Wege den Umriß einer weißen Papierschablone auf schwarzem Untergrund

und veranlaßte den Brenner, konturentreue Werkstücke auszuschneiden.

Die moderne Autogenschneidmaschine von heute ist numerisch gesteuert. Die Arbeitsbefehle werden auf ein Magnetband programmiert und in eine Kassette wie in einen Radiorekorder eingelegt. Ein Rechner hat vorher die günstigste Lage der auszuschneidenden Teile ermittelt, um eine optimale Blechausnutzung zu erzielen. Wenn viele Teile benötigt werden, schneiden an einem Schneidportal mehrere Brenner gleichzeitig nach einer Schablone oder einem Programm die gleichen Teile aus. Brennschneidmaschinen mit 20 oder mehr Brennern sind keine Seltenheit mehr. Aus den einfachen Anfängen hat sich ein modernes Fertigungsverfahren mit hoher Produktivität und Präzision entwickelt. Und immer noch versuchen Forscher, Schneidgeschwindigkeit und Genauigkeit zu erhöhen, die Schnittfuge zu verringern und den Gasverbrauch zu reduzieren. Heute haben Stadtgas und Propan/Butan das teure Acetylen weitgehend als Brenngas verdrängt. Sie ermöglichen auch glattere Schnitte. Beim Genaubrennschneidverfahren können Toleranzen von ± 0,2 mm eingehalten werden. Diese geringen Abweichungen sind für viele Werkstücke im Schwer- und Landmaschinenbau so unbedeutend, daß auf eine weitere spanende Nachbearbeitung verzichtet werden kann.

Starke Schnitte

Der 22. 8. 1974 sollte für ein Forscherteam des Zentralinstitutes für Schweißtechnik (ZIS), Halle, ein »heißer« Tag werden. Noch im Morgengrauen, lange vor dem angesetzten Versuchsbeginn, fanden sich die beiden Versuchsingenieure auf dem Betriebsgelände ein. Der Gedanke an die zu meisternde Aufgabe ließ sie nicht mehr schlafen. Schemenhaft zeichnete sich eine 400 t schwere Schabotte am Himmel ab. Diesem Riesenstahlkoloß galt seit Wochen ihre ganze Aufmerksamkeit. Die Schabotte – das Unterteil einer großen Schmiedepresse – hatte ausgedient und sollte verschrottet werden. Eine sonst alltägliche Arbeit, wenn nicht die Abmessungen eine neue, bis dahin ungekannte Dimension bedeuteten. Das Zerschneiden der bis 3 200 mm dicken Stahlteile stellte eine Herausforderung an Forscher und Techniker dar. Gleichzeitig sollte es die Bewährungsprobe für theoretisch gewonnene Erkenntnisse zur nahezu unbegrenzten Leistungssteigerung beim Brennschneiden sein. Sorgfältig wurden nochmals alle Armaturen, Rohrleitungen und Anschlüsse überprüft, die Vorbereitungen einer genauen Durchsicht unterzogen. Dann wurde das Kernstück, der neuentwickelte Schutzgas-Starkschneidbrenner, bis dahin vor allzu neugierigen Augen verborgen, in das Aufnahmegestell eingebaut und angeschlossen. Wie ein Geschoß war es auf die Kante des Ungetüms gerichtet. Mit jedem Handgriff bestens vertraut, erwartete die Versuchsmannschaft an den Geräten das Startzeichen. Schließlich gab der leitende Ingenieur den Versuch frei. Mit lautem Knall zündete die Flamme. Der Sauerstoffstrahl donnerte wie ein Düsenflugzeug mit mehrfacher Schallgeschwindigkeit ohrenbetäubend aus der Brennermündung. Als Feuerregen sprühten beim Ausschnitt die Funken auf. Gespannt verfolgten alle diesen entscheidenden Augenblick. Erfaßt die gebündelte Flamme die gesamte Länge? Langsam durchbohrte der gefräßige Feuerstrahl den Stahlblock und schleuderte das verbrannte Eisen 20 m weit. Es bedurfte noch einiger Stunden voller Konzentration, bis die ganze Breite durchtrennt war. Das Experiment war geglückt!

Eine neue Spitzenleistung war vollbracht. Die vorausberechneten Werte hatten sich bestätigt, und wochenlange Versuchsarbeiten mit unvermeidbaren Fehlschlägen endeten erfolgreich. Auch der Gewinn an hochwertigem Stahlschrott rechtfertigte den großen Aufwand. Stündlich waren z. B. etwa 900 m^3 Sauerstoff notwendig, der von vier LKW-Batterieanhängern mit je 50 Sauerstoffflaschen entnommen wurde. Und für die erforderliche Propanmenge von 250 m^3/h mußten 40 große Propangasflaschen zusammengeschlossen werden.

Inzwischen werden die Technologien auf der ganzen Welt angewendet, der patentierte Starkschneidbrenner wird in Lizenz in anderen Ländern nachgebaut und erfolgreich eingesetzt.

Unter Wasser

Bei einem seiner Eroberungszüge im Auftrag der spanischen Krone in das Land der Inka hatte Francisco Pizarro nach einem blutigen Gemetzel den Herrscher Atahualpa in seine Gewalt gebracht. Dieser versprach, als Preis für seine Freilassung einen Raum bis zur Höhe des ausgestreckten Armes mit Gold füllen zu lassen. Pizarro ließ etwa um 1535 das Gold einschmelzen und vernichtete so unwiederbringlich große Schätze einer Hochkultur. Die reiche Gold- und Silberbeute brachte man nach Habana auf Kuba. Hier wurde sie gesammelt, wie bereits die Schätze aus den früheren Raubzügen gegen die Mayas und Azteken. Die berühmt-berüchtigte spanische »Silberflotte« brachte zwischen 1503 und 1660 mindestens 185 000 kg Gold und 16 000 000 kg Silber nach Europa.

Viele Karavellen jener Zeit liefen in unbekannten Gewässern auf ein Riff oder wurden in Stürmen zerstört. Drei Goldbarren und eine große Anzahl Silbermünzen fanden z. B. Taucher 1980 vor der Küste Floridas. Sie gehörten zur Ladung der »Santa Margarita«, die am 5. September 1622 in einem Wirbelsturm gesunken war.

Auch ein anderes in der Tiefe ruhendes Schiff beschäftigt immer wieder die Fantasie und Gewinnsucht zahlreicher Spekulanten – die »Titanic«. Auf ihrer Jungfernreise von Liverpool nach New York rammte sie in der Nacht zum 15. April 1912 einen Eisberg, und der Ozeanriese wurde auf einer Länge von 90 m aufgerissen. Nach zweieinhalb Stunden versank das Schiff in den eisigen Fluten und zog über 1 500 Menschen mit sich in die Tiefe. Das Interesse gilt den sagenhaften Schätzen im Schiffstresor, darunter dem berühmten blauen Diamanten der Lady *Astor*. Doch bis zur Bergung des in vermutlich 3 700 m Tiefe ruhenden und mit meterhohem Schlick bedeckten Wracks müssen noch erhebliche technische Schwierigkeiten überwunden werden.

Wracks in geringer Tiefe stellen eine große Gefahr für die gesamte Schiffahrt dar. Besonders nach dem zweiten Weltkrieg lagen in vielen Häfen und internationalen Schiffahrtsstraßen Schiffsruinen, die ein Opfer von Minen, Fliegerbomben oder U-Booten geworden waren. Auch heute sind, trotz modernster Technik, Schiffskatastrophen nicht völlig zu vermeiden. Oft lassen sich die Wracks nur schwierig bergen. Dann wird von den Tauchern eine Spezialtechnik angewendet: Der Schiffsrumpf wird unter Wasser durch Brennschneiden in mehrere Teile zerlegt.

Es ist kaum vorstellbar, daß eine Flamme auch unter Wasser nicht verlöscht. Und doch wurden in Deutschland bereits 1908 die ersten Brennschnitte auf diese Weise ausgeführt. Der Brenner sieht nur etwas anders aus als die üblichen. Ein zusätzlicher Preßluft- oder Sauerstoffmantel wird um die Schneid- und Heizdüse geblasen. Dadurch wird die Schneidflamme vor dem Wasser geschützt. Als Gas werden Acetylen, Wasserstoff oder mit Stickstoff zerstäubtes Benzin verwendet. Bei Arbeiten in geringer Tiefe wird über Wasser gezündet; in größeren Tiefen elektrisch. Brennschneidarbeiten sind bisher in Wassertiefen bis 100 m erfolgreich durchgeführt worden, und die größte Blechdicke betrug 280 mm. Bei dem gegenwärtigen Erkenntnisstand wird das Unterwasserschneiden mit Wasserstoff-Sauerstoff-Brennern theoretisch bis in 1 000 m Tiefe für möglich gehalten.

Auch elektrisch kann unter Wasser geschnitten werden. Das flüssige Metall wird durch die Kraft des Lichtbogens aus der Fuge geschleudert. Allerdings ergibt das Verfahren unsaubere Trennschnitte, was jedoch bei der Bergung von Schiffsteilen keine Rolle spielt. Bei dem seit 1925 bekannten und 15 Jahre später bei Unterwasserarbeiten eingesetztem Oxyarc-Verfahren wird durch eine umhüllte Metallhohlelektrode Sauerstoff geblasen, der den im Lichtbogen geschmolzenen Werkstoff verbrennt. Alle Brennerteile sind zum Schutz des Tauchers gut isoliert. Es wird nur mit Gleichstrom und niedriger Leerlaufspannung gearbeitet.

Mit dem Lichtbogenschneiden wurde z. B. auch die »Schrottflotte« von Scapa Flow zerlegt. Die nach mehreren Seegefechten im ersten Weltkrieg dezimierte deutsche Kriegsflotte wurde nach den Bedingungen des Waffenstillstandes vom November 1918 an der schottischen Nordküste in der Bucht von Scapa Flow interniert. Trotz Bewachung durch die britische Marine ließ im Juni 1919 Admiral *Reuter* die Flotte durch ihre eigenen, von Hetzparolen irregeleiteten, Besatzungen versenken. Eine große Anzahl der insgesamt 74 Einheiten konnte gehoben und verschrottet werden. Noch immer liegen in den gefährlichen Strömungen die Wracks einiger Schlachtkreuzer und Linienschiffe. Ihr Schrott stellt einen Millionenwert dar, der angesichts der steigenden Stahlgewinnungskosten ständig zunimmt. Deshalb flammen in 45 m Tiefe bei niedrigen Wassertemperaturen die Lichtbogen auf, um die dicken Panzerplatten zu zerschneiden. Trotz hoher Bergungskosten ist es ein gewinnträchtiges Unternehmen.

Zunehmende Bedeutung haben die Unterwasserschneidverfahren auch beim Verlegen und Reparieren von Pipelines, die Erdöl, Erdgas oder andere Produkte auf dem Meeresboden von Ufer zu Ufer transportieren. Mit Kugelhelm und schwerem Taucheranzug, dem sogenannten Skaphander, steigen die Taucher in die Tiefe. In der Hand halten sie einen Schweiß- oder Schneidbrenner, mit dem sie ihre mühevolle Arbeit verrichten.

Wenn auch die Schneidflammen schon jahrzehntelang stählerne Bauteile trennten, solche aus Aluminium, Kupfer und anderen Werkstoffen mußten immer noch mechanisch geschnitten werden.

Rettende Strahlen

Nur wenige europäische Herrscher konnten es sich z. B. leisten, ihre Staatsröcke mit Aluminiumknöpfen zu verzieren. Und der französische Kaiser, Napoleon III., gab einst ein Bankett, auf dem die Mitglieder seiner Familie und einige bevorzugte Gäste die Ehre hatten, mit Löffeln aus Aluminium zu essen. Die einfacheren Gäste mußten mit »gewöhnlichen« goldenen oder silbernen Bestecken vorlieb nehmen. Aluminium hatte bis Mitte des vorigen Jahrhunderts einen höheren Wert als Gold.

Der französische Wissenschaftler *Henry Sainte-Claire Deville* hatte nach Vorarbeiten von *Friedrich Wöhler* ein Verfahren entwikkelt, mit dem er Aluminiumblöcke aus Tonerde industriell erzeugen konnte. Als sich später das Elektrolyseverfahren durchsetzte, stieg die Produktion von Aluminium schnell an, und der Preis des Metalls, das vorher noch Seltenheitswert hatte, sank von 4000 Mark für ein Kilogramm im Jahre 1854 auf 2,50 Mark zu Beginn des 20. Jahrhunderts.

Aluminium fand durch sein geringes Gewicht, seine gute Festigkeit und chemische Beständigkeit sowie ausgezeichnete Verarbeitungseigenschaften sehr schnell Eingang im Luftschiffbau, in der Automobilindustrie, im Bauwesen und anderen Industriezweigen. Bald war es auch möglich, Aluminium zu löten und zu schweißen. Aber dem autogenen Schneiden widersetzte sich dieses Metall ebenso hartnäckig wie die wichtigen Werkstoffe Gußeisen, nichtrostende Stähle, Messing und Kupfer.

Mit der amerikanischen Erfindung des Pulverbrennschneidens wurde 1944 das Gebiet des thermischen Trennens um nichtrostende Stähle und Gußeisen erweitert. Hochlegierte Stähle bilden schwer schmelzbare und zähflüssige Oxide, die vom normalen Schneidstrahl nicht herausgeblasen werden können. Um diese Schwierigkeit zu beseitigen, wird dem Schneidbrenner zusätzlich Eisenpulver oder ein Flußmittel zugeführt. Das Eisenpulver verbrennt im Sauerstoffstrom und erhöht damit die Temperatur an der Schnittstelle. Flußmittel verbinden sich mit der Schlacke und machen sie dünnflüssig. Die Schnittstellen sind zwar sehr ungleichmäßig, aber das neue Verfahren war ein großer Fortschritt. Brauchten doch die Steiger (zur vollständigen Füllung der Gußform notwendige Kanäle) und Eingüsse großer Gußeisenkonstruktionen nicht mehr mühselig mit Hammer und Meißel abgeschlagen zu werden. Auch bei der Schrottgewinnung verrichtet dieses Verfahren wertvolle Dienste.

Bis zur Einführung des Plasmaschneidens um 1960 leistete Aluminium den Technikern erbitterten Widerstand; aber vor dem 20000 °C heißen Gasstrahl mußte es kapitulieren. Ein Gemisch von Argon, Stickstoff und Wasserstoff wird im Lichtbogen in den Plasmazustand versetzt, d. h., die neutralen Gase zerfallen bei hohen Temperaturen in positive und negative Ladungsträger. Der energiereiche Plasmastrahl erhitzt den zu schneidenden Werkstoff augenblicklich über seinen Schmelzpunkt und bläst ihn ohne wesentliche chemische Veränderung aus der Schnittfuge. Sehr saubere Schnitte lassen sich mit diesem Verfahren an bisher problematischen Werkstoffen, wie hochlegierten Stählen, Kupfer und Aluminium, erzielen.

Im Mittelalter dienten die Lanzen der Ritter und Landsknechte dazu, den Widerstand feindlicher Truppen oder des unterdrückten Volkes zu brechen, heute bohren sich sogenannte Sauerstofflanzen durch härtesten Beton. Erste Patente, um Gestein mit der autogenen Flamme zu zerlegen, gehen auf das Jahr 1918 zurück. Das vorgeschlagene Verfahren erinnert an mittelalterliche Arbeitsweisen im Bergbau. Damals wurde durch Feuersetzen der Felsen erhitzt und beim anschließenden Abschrecken mit Wasser aufgelockert. 1922 wurde der Gedanke patentiert, Gestein durch Verbrennen von Eisen im Sauerstoffstrom zu erhitzen. Als es nach Ende des zweiten Weltkrieges galt, die zahlreichen Betonbefestigungen, Bunker und Reste sinnlos gesprengter Brücken zu beseitigen, entsann man sich des Verfahrens. In ein dünnes Stahlrohr von etwa 4 m Länge werden Drähte gesteckt; das Lanzenende erhitzt man mit einem Hilfsbrenner auf Rotglut. Wird nun Sauerstoff durch das Rohr geblasen, verbrennt das Eisen am glühenden Ende, ähnlich einer überdimensionalen Wunderkerze. Beim Andrücken an Beton oder Gestein schmelzen diese festen Stoffe wie Wachs, und die Schlacke fließt aus dem Bohrloch. Dieses Verfahren hilft, viele Hindernisse zu beseitigen. Es befreit auch den Bauleiter von seinen Sorgen, wenn vielleicht eine Öffnung in der Betondecke vergessen wurde.

Schneidbrenner und Sauerstofflanzen bewähren sich außerdem als rettende Hilfsmittel bei Havarien oder Naturkatastrophen. Meist bebt die Erde nur einige Sekunden, doch sie genügen, verheerende Folgen auszulösen. Eine solche Katastrophe forderte in China 1976 etwa 655 230 Opfer. Und 1980 war Süditalien wieder von vielen Beben heimgesucht. Die Naturkatastrophe begrub die Menschen unter den Trümmern der Häuser. Mit Bulldozern, Baggern und bloßen Händen wurden die Trümmerberge abgetragen und nach Überlebenden gesucht. Aber verbogene Eisenträger und Stahlprofile behinderten oft die Bergungsarbeiten. Hier half nur der Einsatz der Brennschneidtechnik.

Modernes thermisches Trennen mit vier Plasmabrennern in Verbindung mit einer numerisch gesteuerten Führungseinheit

Durch die Stahlbetontrümmer eingestürzter Hochhäuser fraßen sich Sauerstofflanzen und befreiten die Eingeschlossenen.

1920 wurde der Schneidbrenner erstmalig bei einem Eisenbahnunfall eingesetzt. Leider blieb das Unglück kein Einzelfall. Deshalb wurden auch Spezialfahrzeuge der Feuerwehr mit kompletten Rettungsschneidgeräten ausgerüstet. So können bei schweren Verkehrsunfällen, Explosionen und anderen Havarien unverzüglich die Rettungs- und Aufräumungsarbeiten begonnen werden.

Zeittafel

1804 *R. Trevithick* baut die erste einsatzfähige Lokomotive

1819 Atlantiküberquerung des Dampfschiffes »Savannah«

1829 Lokomotivrennen von Rainhill

1830 Eröffnung der Eisenbahnlinie Manchester – Liverpool

1838 *E. Desbassayns de Richemont* erfindet einen »Löth-Apparat« zur Erzeugung von Wasserstoff, der gemeinsam mit Luft einem Brenner zugeführt wird. Mit der heißen Flamme kann man Bleiplatten miteinander ohne Zusatz »löten« (schweißen). Das Verfahren erhält die Bezeichnung »Soudure autogéne«

1841 *H. Rößler* aus Frankfurt/Main berichtet über einen von ihm konstruierten Apparat für das »Löten« von Platten, Röhren usw. aus Blei ohne Anwendung eines Lotes

1849 *W. E. Staite* erwirbt britisches Patent auf das Metallschweißen mit Hilfe des elektrischen Lichtbogens

1850 *J. Hemberger* erhält bayrisches Patent für das Verschweißen von Eisen mit Eisen oder anderen Metallen

1851 Erste Weltausstellung in London. Der 560 m lange, aus Eisen und Glas bestehende Kristallpalast erregt größte Bewunderung

1860 Dampfhämmer beginnen sich auszubreiten

1861 Viertaktmotor von *N. A. Otto*;
Englische Great-Northern-Bahn versucht Schienenstöße zu verschweißen

1862 *F. Wöhler* (Göttingen), gewinnt erstmalig Calciumcarbid aus Kalk und Kohle in der Glühhitze;
H. Saint-Claire Deville (Frankreich), erschmilzt einen 125 kg schweren Platinblock mit einem Wasserstoff-Sauerstoff-Brenner

1877 *E. Thomson* (USA), entdeckt zufällig das elektrische Widerstandsschweißen

1879 Erste Elektrolokomotive auf Berliner Gewerbeausstellung (*W. Siemens*)

1881 *N. N. Benardos* führt in Paris sein Verfahren zum Schweißen mit Kohlelichtbogen vor

1882 Erstes Kraftwerk der Welt in New York (*Edison*)

1885 *Benardos* und *S. Olschewsky* melden das Schweißen mit dem Kohlelichtbogen in mehreren Ländern zum Patent an;
Wolkenkratzer in genieteter

Stahlbauweise erreichen in den USA eine Höhe über 100 m;
erste funktionsfähige Widerstandsschweißmaschine von *Thomson*

1886 Motorwagen von *G. Daimler*

1887 *Benardos* erfindet das Punktschweißen mit Kohleelektroden

1888 *Th. Fletcher* (England), konstruiert einen Wasserstoff-Sauerstoff-Brenner

1889 Vorschlag des amerikanischen Ingenieurs *Coffin*, das »Glühschweißen« (Widerstandsschweißen) unter Vakuum, im Wasser oder unter Schutzgasatmosphäre durchzuführen;
Fertigstellung des 300 m hohen Eiffelturmes, dem damals höchsten Bauwerk der Welt, anläßlich der Weltausstellung in Paris;
H. Zerener erhält Patent für Lichtbogenschweißen mit zwei zueinander schräg gestellten Kohleelektroden und magnetisch abgelenkten Lichtbogen

1890 *N. G. Slawjanow* ersetzt beim Lichtbogenschweißen die Kohleelektrode durch eine Metallelektrode, die gleichzeitig als Zusatzwerkstoff dient. *Slawjanow* führt über 1 600 Schweißarbeiten selbst durch;
Schienenschweißen auf freier Strecke mittels elektrischer Widerstandsstumpfschweißung;
M. Dewey (USA) benutzt ein »Elektrisches Schmiedefeuer« zum Erhitzen der Schweißwerkstücke, bei dem pulverisierte Kohle durch den Widerstand einer angeschlossenen Stromquelle zum Glühen gebracht wird

1892 *T. L. Willson* (USA) und *H. Moissan* (Frankreich) erzeugen Calciumcarbid im elektrischen Lichtbogenofen;
Lagrange und *Hobo* erfinden das »Hydroelektrische Schweißverfahren«, bei dem die Werkstücke in einem Elektrolysebad erhitzt und mit dem Feuerschweißen zusammengefügt werden

1893 *Slawjanow* erhält für das Lichtbogenschweißen auf der Weltausstellung in Chicago Diplom und Goldmedaille

1895 *H. Goldschmidt* patentiert das Erhitzen der Kanten zum Preßschweißen durch aluminothermische Reaktion;
Luftverflüssigung durch *C. v. Linde*

1896 *B. Dräger* entwickelt den technischen Brenner, gekennzeichnet durch den Einbau einer Saug- und Druckdüse;
Polizeipräsident von Berlin erläßt die erste Verordnung über den Umgang mit Acetylen-Carbid

1897 *A. Messer* meldet Patente auf Acetylen-Entwickler an;
die französischen Forscher *Claude* und *Hess* entdecken die Löslichkeit von Acetylen in Aceton;
Punktschweißen mit Kupferelektrode durch *Kleinsmith* (USA)

1899 *Goldschmidt* meldet das aluminothermische Schweißen zum Patent an

1900 Das Schwelmer Eisenwerk setzt das Kohlelichtbogenschweißen bei der Herstellung von Eisenfässern ein;

erste Stumpfschweißversuche mit Akkumulatoren als Stromquelle durch *R. Kronenberg* (Deutschland);
Aufstieg eines »Zeppelins«;
E. Wiss verwendet erstmalig Wasserstoff in Gasflaschen und entwickelt den »Starkbrenner«, bei dem der höhergespannte Wasserstoff die Verbrennungsluft injektorartig ansaugt;
Colemann (USA): Elektrisches Brennschneiden mit sauerstoffdurchströmter Graphit-Kohleelektrode

1901 *E. Menné* verwendet Wasserstoff-Sauerstoff-Flamme mit Sauerstoffüberschuß zum Öffnen des Hochofen-Stichlochs;
M. Jottrand (Belgien), meldet sein »Oxhydrisches Lötrohr«, einen Wasserstoff-Sauerstoff-Brenner, bei dem die Ausströmgeschwindigkeit der Gase größer als ihre Zündgeschwindigkeit ist, zum Patent an;
E. Fouché und *Piccard* (Frankreich), bauen einen Hochdruck-Acetylen-Sauerstoff-Brenner mit innerer Gasmischung und verwenden dabei unter Druck in Aceton gelöstes Acetylen;
Fouché entwickelt im selben Jahr einen Niederdruck-Brenner und schaltet eine Wasservorlage zwischen Brenner und Zuleitung;
H. Dräger gelingt mit einem »Knallgasbrenner« die erste Stahlschweißung

1902 *Wiss* verwendet den für Blei-»Löt«-Arbeiten entwickelten Wasserstoff-Injektorbrenner auch zum Stahlschweißen und ersetzt die Luft durch komprimierten Sauerstoff;
Wolf berichtet auf der Hauptversammlung des Deutschen Acetylenvereins über komprimiertes und gelöstes Acetylen

1903 *Wiss* unternimmt erste Schweißversuche zur Herstellung von Längsnähten an Blechrohren;
erster Motorflug der Gebrüder *Wright*

1904 *Wiss* schneidet 20 mm dickes Flacheisen mit dem Schneidbrenner; er entwickelt Schneidbrenner mit zentraler Schneidsauerstoffdüse

1905 *F. Jottrand* verwendet Schneidbrenner mit hintereinander angeordneten Düsen;
O. Kjellberg (Schweden), meldet ein Patent für umhüllte Elektroden an;
Erfindung des Bolzenschweißens mit Kondensatorentladung durch *Chubb*;
Wiss führt den noch heute gebräuchlichen Wechselbrenner ein;
AEG Berlin baut handbetätigte Stumpfschweißmaschinen und Schweißgeneratoren für das Lichtbogenschweißen;
Krupp erwirbt von Firma Griesheim ersten Schneidbrenner zum Preis von 10 000 Goldmark

1906 Ausbesserungsarbeiten an Dampfkesseln durch Autogenschweißen;
erste autogene Längsbrennschneidmaschine

1907 Erfindung des Buckelschweißens in den USA;
autogengeschweißte Rohrkonstruktion größeren Um-

fanges als Gerüst für den künstlichen Horizont auf einer Berliner Opernbühne;
Fernholz baut den ersten Benzolschweißbrenner (Schweißbereich bis 9 mm)

1908 Erste Brennschneidversuche unter Wasser;
erste Dissertation auf dem Gebiet der Schweißtechnik durch *A. Hilpert* über »Die Verwendbarkeit der Acetylen-Sauerstoff-Schweißung im Maschinenbau«

1909 Anwendung des Autogenschweißens in der Rohrfertigung und in der Rohrinstallation;
Abbruch der alten Kölner Gitterbrücke mittels Brennschneiden

1912 *Messer* baut erste ortsfeste Hochdruckentwicklungsanlage;
Dissertation von *R. Plieninger* über »Untersuchung über das autogene Brennschneidverfahren«;
erste Autogen-Längsnahtschweißmaschine

1913 Erfindung des Abbrennstumpfschweißens

1915 Siemens-Schuckert-Werke Berlin fertigen ersten Lichtbogen-Nacktdraht-Schweißautomaten

1916 Gründung der Schweißmaschinenfabrik in Hennigsdorf bei Berlin

1919 Erste Universal-Brennschneidmaschinen

1920 Verwendung des Schneidbrenners bei Eisenbahnunfällen

1922 Sauerstofflanze zum Brennschneiden (USA)

1925 Versuche in den USA zum Unterwasser-Brennschneiden mit Hohlelektrode

1939 Propan als Heizgas zum Brennschneiden

1944 Pulverbrennschneiden (USA)

Kühne Pioniertaten

Schweißtechnik im Vormarsch

Polternd fährt der nach hartem Lebenskampf völlig verarmte Drais mit seinem Laufrad in Karlsruhe die Rathaustreppe herunter. Mit diesen waghalsigen Kunststücken, die meist mit einem Salto mortale enden, verdient er sich ein paar Münzen. 1813 konstruierte der badische Forstmeister Karl Freiherr v. Drais einen vierrädrigen Wagen, der mit Handkurbeln in Bewegung gesetzt wurde, und führte ihn zum Wiener Kongreß vor. Viele Jahre später baute er ein zweirädriges Vehikel ohne Antrieb und gab ihm den Namen »Velociped« (Schnellfuß). Die Tauglichkeit seiner Maschine beweist er auf Fernfahrten und legt u. a. bei den damaligen schlechten Wegverhältnissen die Strecke Mannheim – Schwetzingen (14 km) in einer Stunde und die 111 km lange Strecke Leipzig – Dresden in sieben Stunden zurück. Drais erhält ein Patent und den Titel eines Professors für Mechanik verliehen. 1820 wird die »Draisine« versuchsweise von der englischen Landpost eingesetzt; die Erfindung setzte sich aber erst nach dem Tode des Erfinders 1851 durch. Drais opfert sein ganzes Geld für die Popularisierung des Laufrades. Er stirbt als 60jähriger, verarmt und vergessen.

Es ist typisch für die Entwicklung des Fahrrades, daß viele Details mehrfach erfunden wurden, bevor sie allgemeine Anwendung fanden. So hatten z. B. geschickte Handwerker um 1855 unabhängig voneinander Tretkurbeln an das Vorderrad angebracht. *Michaux* verbesserte das Velociped durch Bremse, federnden Sattel, Rollenlager. 1867 waren auf der Pariser Weltausstellung drei »Michaulinen« Tagesgespräch, bei denen man den Holzrahmen durch Schmiedeeisen und sogar erstmalig durch Aluminium ersetzt hatte. Nach dem Deutsch-Französischen Krieg, der die junge französische Fahrradindustrie lahmlegte, übernahmen England, später Amerika, die Führung im Fahrradbau. Das Bestreben, schneller zu fahren, führte zur Vergrößerung des Vorderrades. Mit diesen Hochrädern kam es zu schweren Stürzen. Die Verlegung des Antriebs mit Übersetzung auf das Hinterrad führte wieder zum Niederrad.

Als *J. B. Dunlop* 1888 zum zweiten Mal nach *Thompson* den luftgefüllten Reifen entwickelte, wurde aus dem »boneshaker« (Knochenschüttler) ein bequemes Fahrzeug, das zuerst als Spielzeug und Sportgerät diente, dann als günstigstes Verkehrsmittel besonders bei Arbeitern größte Verbreitung fand.

Zehn Jahre später gab es allein in den USA schon 300 Fahrradfabriken, die jährlich eine Million Fahrräder herstellten. Auch in Rüsselsheim begann die Firma Opel mit der Massenproduktion. Seit etwa 1875 hatte sich der Stahlrohrrahmen durchgesetzt. Rahmen, Vordergabel und andere Verbindungen wurden zunächst gelötet, wobei spezielle Lötvorrichtungen eine hohe Produktivität ermöglichten. Als kurz nach der Jahrhundertwende das Gasschmelzschweißen (Autogenschweißen) auf den Markt kam, nutzte die Fahrradindustrie das neue Verbindungsverfahren sofort für sich aus. Die Zeitschrift »Autogene Metallbearbeitung« berichtet 1909 darüber: »Geschweißte Fahrräder stehen seit etwa vier bis fünf Jahren im praktischen Gebrauch, und es haben sich dieselben nicht nur bewährt, sondern die gefürchteten Rahmenbrüche, die ja allerdings durch die Einführung der Lötung sehr verringert wurden, sind durch die Anwendung der autogenen Schweißung noch seltener geworden.«

Der Autor empfahl neben stumpfgeschweißten Verbindungen die Lochschweißung. Dabei wurden die Rohre in Muffen gesteckt, die am Umfang mit Löchern versehen waren. Durch Zuschweißen der Löcher erhielt man eine geschweißte Nietverbindung.

Die in großer Stückzahl produzierten Fahrräder brachten dem noch in den Kinderschuhen steckenden Gasschmelzschweißen schon eine millionenfache Anerkennung. Als das Fahrrad längst ein unentbehrliches Massenverkehrsmittel war, holperten die ersten »Benzinkutschen« über die Landstraßen. Obwohl das Auto anfangs ein reines Luxusfahrzeug war, beschäftigten sich viele Firmen mit seiner Herstellung. Die Automobilindustrie entstand ungefähr zur gleichen Zeit, als sich die heute gebräuchlichen Schweißverfahren durchsetzten. Für alle Entdeckungen aufgeschlossen, zeigte sie besonderes Interesse an der neuen Verbindungstechnik. Aus den kleinen Mechanikerwerkstätten, die jedes Auto in solider Handwerksarbeit nach Kundenwünschen bauten, bildeten sich Großunternehmen heraus, in denen Kraftwagen nach modernen Methoden in Massenfertigung hergestellt wurden. *Ford* zerlegte den Fertigungsprozeß in einzelne Arbeitsschritte und führte das Fließband in die Produktion ein. 1924 rollte aller 40 Sekunden ein fertiger Wagen des berühmten Modells »Ford T« vom Band.

An den Serienfahrzeugen waren zahlreiche Verbindungsteile geschweißt, obwohl Rahmen und Aufbau meist noch aus Holz bestanden. 1909 ging *Edward G. Budd* in seiner Automobilfabrik in Philadelphia dazu über, die Karosserien vollständig aus Stahlblech herzustellen. Die 300 einzelnen Blechteile, aus denen die Karosserie bestand, wurden durch 1 100 Punkte widerstandsgeschweißt. Für 2 100 mm Nahtlänge kam das Gasschmelzschweißen zum Einsatz, und mit dem Lichtbogen wurden 305 mm geschweißt. 20 Jahre später bestand der Aufbau nur noch aus 17 kompliziert geformten Preßteilen, die man auf 5 490 mm Gesamtlänge mittels Widerstandsstumpfschweißen miteinander verband. Das Gasschmelzschweißen wurde noch für 1070 mm und das Lichtbogenschweißen für 100 mm angewendet. Beim neuesten Budd-Modell des Jahres 1931 waren das Autogen- und das Lichtbogenschweißen zugunsten des effektiveren Widerstandsschweißens völlig aus der Fertigung verbannt worden.

Auch in den europäischen Automobilfabriken gehörte das Schweißen zum Fertigungsablauf. Zur Abteilung Schweißtechnik der Automobilfabrik Citroen gehörten 1920 neben einer Zentralwerkstatt verschiedene Betriebsbereiche. Von den 87 geschweißten Teilen spielten einige für die Funktionssicherheit eine wichtige Rolle, z. B. in der Lenkung. Die Schweißarbeiten wurden vorwiegend von Frauen ausgeführt. Ihre damals übliche niedrigere Entlohnung bewog die Unternehmer, hauptsächlich Schweißerinnen in der Massenfertigung einzusetzen.

In einigen Zweigen der metallverarbeitenden Industrie hatte man die Vorteile des Schweißens gegenüber der alten Niettechnik erkannt. Bereits in der Pionierzeit des Flugzeugbaus kam die gewichtssparende Verbin-

Löten von Fahrradrahmen, um 1890

dungstechnik dem Leichtbaubestreben sehr entgegen. Die Hersteller von Dampfkesseln und die Stahlbauer hegten jedoch starke Vorbehalte gegen das Autogenschweißen, obwohl es bei der Reparatur von Dampfkesseln mehrfach seine Nützlichkeit nachweisen konnte.

1906 wird über die Reparatur von gerissenen Schiffskesseln durch Schweißen berichtet. Es liegt auf der Hand, daß eine Reparatur des unbrauchbaren Kessels an Ort und Stelle erheblich preisgünstiger war als der Ausbau des alten und Einbau eines neuen. Die Liegezeit im Hafen schrumpfte auf Stunden zusammen, wofür mit dem Nieten vorher Wochen nötig waren. Und oft mußte ein neuer Kessel erst angefertigt und zum betreffenden Hafen transportiert werden.

Vereinzelt wurden schon neue Kessel geschweißt. Da nicht immer die notwendige Sachkenntnis vorhanden war, blieben Rückschläge nicht aus. Außer im Umgang mit Eisen geübten Handwerkern gründeten auch geschäftstüchtige Unternehmer ohne Fachkenntnisse kleine Schweißbetriebe. Sie versprachen sich von dem neuen Verfahren gewinnbringende Möglichkeiten. Ein Fachmann beschrieb die Situation in einer zeitgenössischen Zeitschrift so: »Die anscheinende Einfachheit dieser Methode ist so verführerisch, als das sich nicht Leute damit befassen sollten, die, wenn sie das Eisen nur fließen sehen, schon glauben, sie hätten das Ziel erreicht. Dem ist nun aber nicht so.«

Auf seiner Jahreshauptversammlung 1909 in Lille (Frankreich) sah sich deshalb der Internationale Verband der Dampfkesselüberwachungsvereine zu folgender Mitteilung veranlaßt: »Bei dem heutigen Stand empfiehlt es sich, in bezug auf die Herstellung und die Ausbesserung von Dampfkesseln und Dampfgefäßen durch autogene Schweißung die größte Vorsicht walten zu lassen und solche Arbeiten nur zuverlässig arbeitenden Firmen unter Überwachung des in Betracht kommenden Revisionsvereins ausführen zu lassen.«

So wurde in den nächsten Jahren für tragende Bauwerke das Nieten dem Schweißen noch vorgezogen. Das altbewährte Nietverfahren fußte auf jahrhundertelangen Erfahrungen. Durch Einsatz hydraulischer Nietmaschinen, Preßlufthämmer und elektrischer Erwärmung der Niete ließ es sich nicht so schnell aus dem Felde schlagen. Außerdem gab es noch keine zuverlässige Methode zur Berechnung und Prüfung der Schweißverbindungen. Das Autogenschweißen war für dikkere Querschnitte wenig effektiv, und für das Lichtbogenschweißen fehlte es an ausgereifter Gerätetechnik.

Das Widerstands- und das Autogenschweißen dominieren. 1920 waren in Deutschland über 80 000 Autogenschweißereien in Betrieb. Während des ersten Weltkrieges kam die Autogenindustrie in große Schwierigkeiten, als das Kriegsministerium die Beschlagnahme und Ablieferung von Gegenständen aus Kupfer, Messing und Reinnickel verfügte. Der Einspruch der autogenen Metallbearbeitungsindustrie erwirkte zwar die Freigabe einer geringen Menge Messing, aber die Verordnung drohte die gesamte Autogenindustrie stillzulegen. In nur zwei Monaten wurde deshalb der sogenannte »Kriegsschweißbrenner« entwickelt. Das Griffstück bestand aus Temperguß, die übrigen Teile aus Stahl. Lediglich das Mundstück blieb weiterhin aus Kupfer, und für die Sauerstoffbohrung wurde ein Messingstift in die Druckdüse eingelötet.

Erst Mitte der 20er Jahre begann sich das Elektrodenhandschweißen gegenüber dem Autogenschweißen durchzusetzen. Wesentliche Grundlage dafür bildeten die Aufnahme der Fabrikation technisch brauchbarer umhüllter Elektroden sowie die Herstellung geeigneter Schweißstromquellen. Die großen Elektrokonzerne hatten die guten Absatzmöglichkeiten der Schweißgeräte erkannt und entwickelten sie ständig weiter. Die Firma Kjellberg Elektroden GmbH Finsterwalde, die 1922 mit 30 Beschäftigten die industrielle Produktion der 1905 von *Oskar Kjellberg* erfundenen umhüllten Elektrode begann, bot drei Jahre später eine ganze Typenreihe von Geräten an. Knapp ein Jahrzehnt darauf hatte sich die kleine Niederlausitzer Fabrik zum größten Schweißmaschinenhersteller Europas ausgedehnt.

Als mit der Röntgen- und Ultraschallprü-

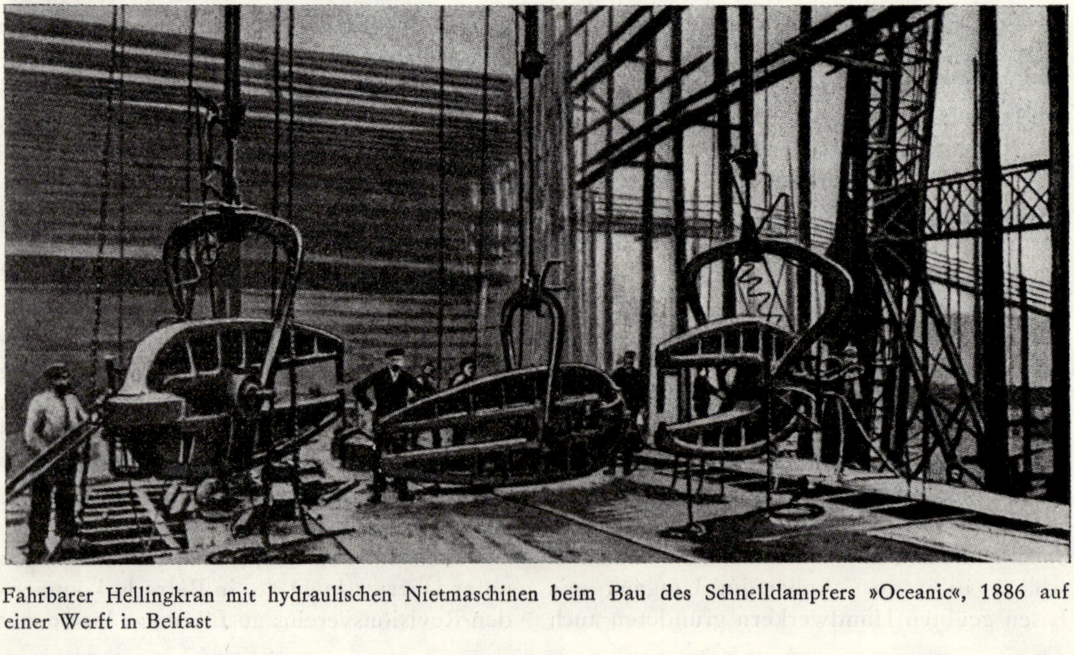

Fahrbarer Hellingkran mit hydraulischen Nietmaschinen beim Bau des Schnelldampfers »Oceanic«, 1886 auf einer Werft in Belfast

fung Verfahren zur Kontrolle der Schweißnahtqualität zur Verfügung standen und erste Ergebnisse der Festigkeitsuntersuchungen vorlagen, gewann auch der Stahlbau Vertrauen zum Schweißen. Die Bauherren verlangten von den Projektanten eindeutige Beweise für die Vorteile der Schweißkonstruktionen. Die ausführenden Betriebe bemühten sich, durch Probeschweißungen den Nachweis zu erbringen. Während in Deutschland die Baubehörden eine Genehmigung geschweißter Stahlkonstruktionen von der Erarbeitung einer einheitlichen Berechnungsvorschrift abhängig machten, konnten in den USA einzelne Städte oder Bundesstaaten selbständig Anweisungen für das Schweißen

Anzeige aus der Zeitschrift »Autogene Metallbearbeitung«, um 1912

Schweißumformer der Firma Kjellberg Elektroden GmbH Finsterwalde, um 1930

in die Bauvorschriften aufnehmen. Deshalb konnten dort geschweißte Stahlhochbauten schneller als in Deutschland errichtet werden. Bereits 1920 entstand in New York eine kleine Werkhalle von 12 m × 18 m Grundfläche als Schweißkonstruktion. Vereinzelt folgten weitere geschweißte Bauwerke.

Diese Pionierleistungen fanden bald eine vielfache Nachahmung. 1926 kann als Geburtsjahr geschweißter Stahlhochbauten gelten. Wie Pilze schossen die Konstruktionen nun in die Höhe, die nicht mehr genietet, sondern vollständig geschweißt wurden. Bekannte Bauten sind eine dreischiffige Fabrikhalle in Youngstown (USA, Ohio) und ein zweistöckiges Geschäftshaus in Kanton (USA, Ohio). Mit einer Grundfläche von 21 m × 66 m und 24 m Höhe erregte das fünfstökkige Bürogebäude der Westinghouse Company in Pennsylvania damals großes Aufsehen. Die Masseeinsparung des 790 t schweren Stahlgerüstes betrug über 100 t gegenüber einer genieteten Ausführung. Die geschweißte Stahlskelettbauweise kam in der Folgezeit besonders bei den amerikanischen Wolkenkratzern zur Anwendung. Im Wettstreit mit dem Nieten zeigte das Schweißen einen weiteren angenehmen Vorzug: Es ist weitaus geräuschloser. Auf den Baustellen dröhnten künftig nicht mehr die Niethämmer, dafür zuckten die grellen Blitze der Lichtbögen. Ab 1929 entstanden auch in Europa erste geschweißte Stahlbauten.

Eine unfreiwillige Bewährungsprobe bestand das Schweißen im Stahlbau, als ein Wirbelsturm die Seiten- und Stirnwände einer noch nicht fertigen Lagerhalle in Florida umwarf. Die geschweißten Stahlwände erlitten keinen Schaden und konnten wieder aufgerichtet werden.

Überall kam nun das elektrische Lichtbogenschweißen zum Einsatz. 1930 wurden Rahmen, Fahrwerk und mechanischer Aufbau einer elektrischen Lokomotive vollständig geschweißt. Auch die letzten Wassergasschweißanlagen für größere Kessel wurden außer Betrieb genommen. Die Fortschritte in der Anwendung des Lichtbogenschwei-

Als einer der ersten geschweißten Stahlhochbauten gilt das 1926 errichtete Westinghousegebäude in Sharon, Pennsylvania, ein 5stöckiger Stahlskelettbau.

ßens überstürzten sich, und ein Abwerten des Autogenschweißens war die Folge. Mit dem »Arcogen-Verfahren« versuchte die Autogentechnik konkurrenzfähig zu bleiben. Auf der Hauptversammlung des Deutschen Acetylen-Vereins 1930 in Eisenach wurde das Verfahren erstmalig vorgeführt. Der Lichtbogen zwischen der Elektrode und dem Werkstück wird dabei von der Flamme eines gewöhnlichen Autogenbrenners umhüllt. Das Verfahren erlaubte zwar eine doppelte Schweißgeschwindigkeit, konnte sich aber nicht entscheidend durchsetzen. Die Autogentechnik überlebte jedoch die Krise und behielt vorläufig noch unangetastet einige Einsatzgebiete.

Auch im Ursprungsland fand das elektrische Schweißen wieder seine Heimstatt. Der III. Schweißtechnische Kongreß 1931 in Moskau, der unter starker internationaler Beteiligung stattfand, stellte sich anspruchsvolle Ziele. Waren 1930 über 1 500 Schweißmaschinen im Einsatz, sollten es zwei Jahre später über 10 000 sein. 60 000 Schweißer und 2 500 Schweißingenieure wollte man in dieser Zeit ausbilden. Ohne Einsatz der Schweißtechnik wäre die Errichtung der sowjetischen Großbauten undenkbar gewesen.

Um dem Lichtbogenschweißen endgültig zum Sieg über das Nieten zu verhelfen und um den Absatz von Schweißgeräten zu steigern, schrieb 1936 die Lincoln Arc Welding Foundation in Cleveland (USA, Ohio) einen Wettbewerb aus. 446 Preise wurden für moderne Schweißkonstruktionen vergeben. Und in Deutschland besiegelte 1937 eine baupolizeiliche Verordnung das Ende der traditionsreichen Zeit des Nietens. Zusammengesetzte Stahlbauteile durften, soweit möglich, nur noch in geschweißter Ausführung angewendet werden.

Die Entwürfe wurden immer kühner. 1933 konnte man auf der internationalen Bauausstellung in Mailand das Gelände vom Littoriaturm betrachten. Er war mit 109 m das damals höchste geschweißte Bauwerk der Welt. Das Projekt eines gigantischen Wind-

Erste E-Lokomotive mit serienmäßig geschweißtem Rahmen, Fahrwerk und Aufbauten, 1930

Reparaturschweißen an einem genieteten Lokomotivrahmen

kraftwerkes sah einen Turm von 400 m Höhe mit zwei Windrädern von 80 m Durchmesser vor. Dieser stählerne Koloß sollte über 7 000 t wiegen und elektrisch geschweißt werden. Die Giganten von heute haben diese Höhe erreicht und übertroffen. Geschweißte Sendemaste oder Fernsehtürme sind Symbole dafür, auf welcher Höhe – im wahrsten Sinne des Wortes – sich die schweißtechnische Anwendung befindet.

Kühnere Projekte sind schon auf den Reißbrettern oder befinden sich in Vorbereitung.

Feste Verbindungen

Ende März 1980 kam durch die Fernschreiber internationaler Nachrichtenagenturen eine Katastrophenmeldung über das bisher schwerste Unglück in der Geschichte der Erdölsuche zur See. Bei einem orkanartigen Sturm knickte einer der fünf Pfeiler der Wohnplattform »Alexander Kielland« im norwegischen Ölfeld »Edda« in der Nordsee. Die fußballfeldgroße, 10 000 t schwere Insel kenterte, und hochhausähnliche Wohnsegmente tauchten in die stürmische See. 123 Menschen kamen in den eisigen Fluten ums Leben. Die Stabilitätsberechnungen – so ein staatlicher Untersuchungsbericht – seien ungenügend, die Schweißarbeiten der Verstrebungen zum Teil schlecht und die Rettungssysteme unzureichend gewesen.

Solche Nachrichten zeigen, wie wichtig eine zuverlässige Berechnung und anschließende Prüfung tragender Konstruktionen sind. Um einerseits die volle Funktion über einen langen Zeitraum zu garantieren, andererseits den Materialeinsatz gering zu halten, sind ausreichende Kenntnisse über Eigenschaften und Verhalten der Werkstoffe notwendig.

Die Architekten antiker Bauwerke berechneten die Entwürfe noch nicht. Ihr Material war vorwiegend Stein. Die Stärke der Mauern, die Spannweite der Bögen waren ausgeprägtem Formgefühl und reichhaltigem Erfahrungsschatz überlassen. Den Grundstein zur Festigkeitsberechnung von Konstruktionen legte bereits *Galileo Galilei.* In seinen »Discorsi« behandelte er das Problem der Balkenbiegung. *Robert Hooke*, die *Bernoullis, Edmé Mariotte* und *Leonhard Euler*, der auch den Begriff »Spannungen« einführte, entwickelten die Biegetheorie weiter. Mit dem Fortschreiten der Technik bekamen die Metalle als Konstruktionswerkstoffe zunehmende Bedeutung. Der durch sein Verfahren zur Zuckergewinnung aus Runkelrüben bekannte deutsche Chemiker und Physiker *Franz Carl Achard* veröffentlichte 1788 Ergebnisse systematischer Untersuchungen zur Härte, Festigkeit und Zähigkeit von Metallen. Er leistete damit einen wertvollen Beitrag zu ihrer gezielten Anwendung. Der aufkommende Maschinenbau sowie der wachsende Einsatz von Schmiede- und Gußeisen im Bauwesen führten am Anfang des 19. Jahrhunderts zu einer intensiven Untersuchung des Festigkeitsverhaltens metallischer Werkstoffe. Die Grundlagen der linearen Elastizitätstheorie wurden endgültig formuliert. Pioniere, wie *Gustav Zeuner* und *Otto Mohr*, wendeten diese Erkenntnisse auf die Berechnung von Bauwerken an.

Härte und Festigkeit reichten allein aber nicht zur Beschreibung des Werkstoffverhaltens aus. Häufige Unglücksfälle in den über 500 m tiefen Schachtanlagen des Harzes veranlaßten den Oberbergrat *Wilhelm August Albert* aus Clausthal, die Ursachen des Reißens der Förderketten zu untersuchen. Er erkannte, daß die Glieder bei längerem Gebrauch sich an den Druckstellen verfestigten und versprödeten. Diese Ermüdung wies er 1829 mit einer eigens dafür entwickelten Dauerfestigkeits-Prüfeinrichtung nach. Seine Arbeiten führten schließlich zur Erfindung des Drahtseils, das kurz darauf in allen Bergwerken der Welt benutzt wurde.

Der Obermaschinenmeister *August Wöhler* aus Frankfurt/Oder wurde von der Niederschlesisch-Märkischen Bahn beauftragt, die Gründe der häufigen Achsbrüche an Eisenbahnwagen zu ermitteln. Im Ergebnis seiner langjährigen Untersuchungen zum Verhalten von Werkstoffen bei wechselnder Belastung führte er 1867 die Dauerfestigkeit in die Berechnung ein. In den 50er Jahren des vorigen Jahrhunderts begann man mit der industriellen Herstellung von Prüfmaschinen. Eisenbahngesellschaften und der Schiffbau gaben erste Abnahmevorschriften für Werkstoffe heraus. Bereits 1722 hatte *Peter I.* ein Gesetz »Über die Prüfung des Eisens« erlassen. Danach mußte sich Eisenband erster Sorte dreimal um eine Säule mit »6 Wersch« (26,4 cm) Durchmesser wickeln lassen und durfte nach dem Abwickeln keine Risse aufweisen. In den führenden Industriestaaten entstanden nach 1870 staatliche Materialprüfanstalten. Internationale Bestrebungen führten bald zu einheitlichen Prüfverfahren.

Man gab sich aber nicht damit zufrieden, das Verhalten der Werkstoffe zu kennen, man wollte auch wissen, warum sie sich so verhalten und wie sich ihre Eigenschaften verändern lassen. Dazu mußte man ihrem Inneren auf die Spur kommen. *Robert Hooke* und nach ihm *René-Antoine Ferchault de Réaumur* hatten bereits das Bruchgefüge von Eisensorten unter dem Mikroskop studiert. Der französische Naturwissenschaftler, der nicht nur ein Flüssigkeitsthermometer erfand, schuf im 18. Jahrhundert die erste wissenschaftlich begründete Theorie der Wärmebehandlung von Eisenwerkstoffen. Er führte umfangreiche Experimente durch, um die metallurgischen Zusammenhänge bei der Herstellung von Stahl und schmiedbarem Guß zu klären. Dabei diente ihm das Mikroskop als unentbehrliches Hilfsmittel. Durch das Mikroskop blickend, zeichnete er die ersten Gefügebilder und versuchte, sie zu deuten.

Zur Erkundung des inneren Gefüges genügt es aber nicht, eine unpräparierte Oberfläche zu betrachten. *H. C. Sorby* ätzte 1864 als erster Metallschliffe und fotografierte sie durch ein Mikroskop. *Adolf Martens* setzte später diese Untersuchungen mit einem selbst konstruierten leistungsfähigen Metallmikroskop fort. 1868 entdeckte der russische Gelehrte *D. K. Tschernow* die Phasenumwandlungen im Stahl beim Erwärmen. Großen Anteil an der Aufklärung der komplizierten Strukturen bei Eisen-Kohlenstoff-Legierungen hatte auch der erste Professor für Eisenhüttenkunde an der Bergakademie Freiberg, *Adolf Ledebur*. Einige Forscher erhielten für ihre wissenschaftlichen Leistungen eine bleibende Ehrung, in dem man charakteristische Gefügebestandteile im erstmals 1900 aufgestellten Eisen-Kohlenstoff-Diagramm nach ihnen benannte. Dieses Diagramm bildete die Grundlage der modernen Entwicklung der Eisenwerkstoffe und gehört heute zum unabdingbaren Grundwissen jedes Metallurgen und Schweißtechnikers.

Beim Schweißen spielen sich in der Schweißnaht komplizierte metallurgische Vorgänge ab. Durch das Aufschmelzen der Nahtflanken wird die alte Werkstoffstruktur zerstört. Zusatzwerkstoff wird abgeschmolzen und bildet mit dem aufgeschmolzenen Grundwerkstoff ein gemeinsames Schmelzbad. Ein Erstarrungsprozeß schließt sich an, der je nach Schweißverfahren entsprechend der zugeführten Wärme schnell oder langsam verläuft. Das alles sind Faktoren, die den Wert einer Schweißverbindung stark beeinflussen. Früher war eine Schweißnaht das schwächste Glied einer Stahlkonstruktion. Zielstrebige Forschungen ermöglichten, daß heute die Festigkeit einer solchen Verbindung in den meisten Fällen die Festigkeit des ungeschweißten Werkstoffes erreicht.

Dabei spielten metallographische oder, wie es manchmal im damaligen Sprachgebrauch hieß, mikrographische Untersuchungen eine große Rolle. Frühzeitig erkannte man die Bedeutung des Kohlenstoffgehaltes für die Schweißbarkeit der Eisenwerkstoffe. Aus dem Jahre 1866 stammt ein altes »Kohlenstoffschaubild«, das die Abhängigkeit – damals für das Feuerschweißen – darstellt. Auch *Ledebur* beschäftigte sich mit der Schweißbarkeit von Eisenwerkstoffen. Er untersuchte besonders den Einfluß der Begleit- und Legierungselemente.

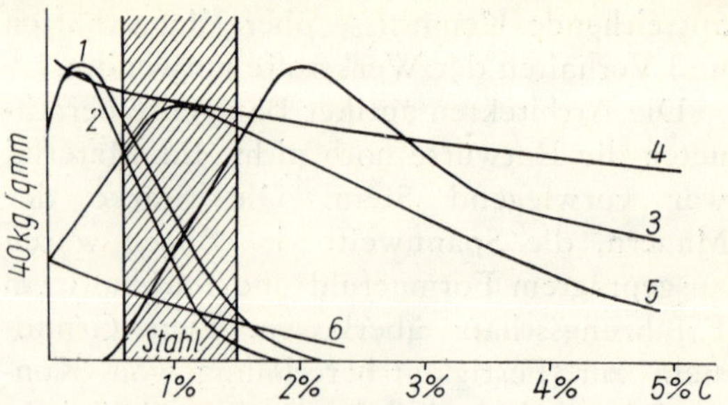

Ein altes Kohlenstoffschaubild von 1866 zeigt die Abhängigkeit der Schweißbarkeit und anderer Eigenschaften vom Kohlenstoffgehalt (1 Schmiedbarkeit, 2 Schweißbarkeit, 3 Härtbarkeit, 4 Schmelzpunkt, 5 Festigkeit, 6 Zähigkeit)

Als etwa 1908 das Acetylen den Wasserstoff beim Autogenschweißen ablöste, wurden umfangreiche metallographische Untersuchungen an Vergleichsproben durchgeführt. Im Gefüge konnte kein Unterschied festgestellt werden. Mit derartigen wissenschaftlichen Methoden versuchte man, die empirisch-praktische Entwicklung der Schweißtechnik auf ein solides Fundament zu stellen. Das war auch notwendig, denn die größten Stahlverbraucher für den Brücken-, Schiff- und Kesselbau verhielten sich noch lange Zeit dem Schweißen gegenüber skeptisch. Sie bevorzugten die alte Nietverbindung, weil Dehnung und »Geschmeidigkeit« der Schweißnaht als noch nicht ausreichend eingeschätzt wurden. Ausglühen und Hämmern der Schweißnähte zur Umwandlung des Grobkorns in das günstigere Feinkorn gehörten damals zur üblichen Nachbehandlung geschweißter Bauteile.

Noch 1926 wurden Nietverbindungen hinsichtlich Tragfähigkeit und Sicherheitsgrad höher bewertet als Schweißverbindungen. Ab 1929 behauptete sich das Schweißen im Stahlbau endgültig. Nach Einholen entsprechender Gutachten und Durchführen von Zerreißversuchen, die zeigten, daß Schweißverbindungen stärker als Nietverbindungen sind, wurde das Projekt der ersten geschweißten Eisenbahnbrücke Mitteleuropas genehmigt. Sie überspannte den Weizbach in der Oststeiermark in Österreich und bestand die Belastungsprobe durch eine 6achsige Lokomotive mit 150 t Masse.

Noch bevor das dritte Jahrzehnt vollendet war, häuften sich die Meldungen über geschweißte Brücken, Hallen und andere Hochbauten. Die Gründe für den plötzlichen Umschwung im Stahlbau waren nicht allein verbesserte Schweißausrüstungen und moderne Zusatzwerkstoffe. Durch den Einsatz der Röntgentechnik verfügte man jetzt über ein Prüfverfahren, mit dem die ordnungsgemäße Ausführung der Schweißnähte kontrolliert werden konnte.

1895 hatte der Professor für Physik an der Universität Würzburg, *Wilhelm Conrad Röntgen*, geheimnisvolle Strahlen entdeckt, die undurchsichtige Stoffe, wie Papier, Holz und Metall durchdringen können. Er bezeichnete sie als X-Strahlen. *Röntgen* erkannte die große Bedeutung der später nach ihm benannten Strahlen auf medizinischem und technischem Gebiet. Er selbst fertigte bereits Aufnahmen von seiner Hand und seinem Jagdgewehr an.

Die Medizin nutzte die neuen Strahlen sehr rasch. Wenige Jahre nach ihrer Entdekkung waren viele Krankenhäuser und medizinische Institute mit Anlagen zur Diagnostik ausgerüstet. In der Industrie vollzog sich die praktische Anwendung der »X-Strahlen« nur langsam. Es mußten leistungsstärkere Anlagen und ein wirksamer Strahlenschutz entwickelt werden. Aber schon 1916 hatte man die Eignung der Strahlen zur Prüfung von Schweißverbindungen festgestellt. In einem Bericht über »Die Anwendung von X-Strahlen zum Auffinden von Blasen in Metallen« hieß es, daß kleinste Fehler bis 0,18 mm Dicke in einem 16 mm dicken Blech erkennbar sind.

Das anfängliche Mißtrauen gegenüber der Röntgenprüfung wurde erst Ende der 20er Jahre beseitigt. Heute gehört sie zu den wichtigsten zerstörungsfreien Prüfverfahren. Mit ihr lassen sich Risse, Poren oder andere Bindefehler in den Schweißnähten erkennen. Eine rechtzeitige Ausbesserung vermeidet größere Schäden oder die Gefährdung von Menschenleben.

Auch die zunehmenden Kenntnisse über die metallurgischen Vorgänge beim Schweißen erhöhten das Vertrauen. Das Abschmelzen der Elektrode im Lichtbogen und Erstarren des flüssigen Schweißbades blieben dem normalen Auge verborgen. 1918 begannen in Massachusetts (USA) am Institute of Technology erste grundlegende Untersuchungen zur Theorie des Lichtbogenschweißens. Es fehlten noch geeignete Methoden, so daß manches ungeklärt blieb. Man glaubte an einen kontinuierlichen Abschmelzvorgang. 1923 stellte Oberingenieur *P. Flamm* aus Hamburg fest, daß der Metalltransport tropfenförmig erfolgt und der Lichtbogen durch etwa 100 Kurzschlüsse je Minute unterbrochen wird. Durch ein parallel zum Lichtbogen geschaltetes Telefon machte er sein überraschendes Ergebnis »hörbar«. Einige Zeit später konnte die oszillographische Methode den Effekt bestätigen; sie überzeugte die zuerst ungläubige Fachwelt, die vom Metalltransport ein anderes Bild hatte.

Der deutsche Kinofachmann *Thun* und der bekannte »Schweißprofessor« *August Hilpert* lieferten 1930 mit verblüffenden Filmaufnahmen auch den optischen Beweis. Sie filmten den Tropfenübergang im Lichtbogen mit 2400 Aufnahmen je Sekunde. Das war eine technische Meisterleistung. Zeitlupenaufnahmen faszinieren noch heute jeden Betrachter, weil sie natürliche Vorgänge in ungewöhnlichem Ablauf sichtbar werden lassen. Diesen Eindrücken kann sich auch ein nüchterner Techniker nicht entziehen. Die »märchenhaft erscheinende Belauschung technischer Vorgänge«, wie ein zeitgenössischer Autor schrieb, erlaubte das Studium der Vorgänge im Lichtbogen. Wichtige Schlußfolgerungen konnten gewonnen werden, die zur Weiterentwicklung der elektrischen Schweißgeräte und Zusatzwerkstoffe genutzt wurden.

Theoretische Betrachtungen allein reichten jedoch nicht aus, um die Tragfähigkeit geschweißter Stahlkonstruktionen im voraus zu bestimmen. Unter dem Motto »Aufbau durch sinnvolle Zerstörung« schweißte man Gitterkonstruktionen und belastete sie bis zum Bruch. Aus den Versuchen konnten Rückschlüsse für die Berechnung und Gestaltung von Schweißkonstruktionen gezogen werden. Pionierarbeit auf diesem Gebiet leistete *Dr. Neese*, der 1922 in der Gutehoffnungshütte bei Sterkrade mit Festigkeitsuntersuchungen begann. Einige Hochschulen unterstützten die Arbeiten, so daß 1929 die erste Richtlinie für die Ausführung geschweißter Hochbauten zur Anwendung empfohlen werden konnte. *Neese* erwarb sich als Wegbereiter geschweißter Stahlkonstruktionen große Verdienste. 1956 wurde er zum Professor an die drei Jahre vorher gegründete Technische Hochschule Magdeburg berufen und mit dem Aufbau der Fachrichtung Schweißtechnik betraut. Er konnte bereits auf eine erfolgreiche Lehrtätigkeit an sowjetischen Hochschulen zurückblicken.

Brücken, Hallen und andere Stahlbauten entstanden in geschweißter Ausführung. Die meisten Stahlkonstruktionen werden nicht nur ruhend – statisch – belastet, sondern erleiden eine schwingende – dynamische – Beanspruchung. Auftretende Brüche an genieteten Eisenbahnbrücken veranlaßten die Reichsbahn, die Dauerfestigkeitsforschung wieder aufzunehmen. Sie gab den Auftrag zum Bau großer Prüfmaschinen, sogenannter Pulsatoren. Mit ihnen ermittelte man auch die Dauerfestigkeit geschweißter Stabanschlüsse.

Mit solchermaßen gesicherten Berechnungsgrundlagen wagte man sich an größere Objekte. 1934 entschloß man sich, die vorgesehene Eisenbahnbrücke zwischen den Inseln Dänholm und Rügen unmittelbar neben der genieteten Straßenbrücke als Schweißkonstruktion auszuführen. Die 540 m lange Brücke stellt eine ingenieurtechnische Meisterleistung dar. Alle Montagestöße der 4 m hohen Vollwandträger wurden unter großen Schwierigkeiten über der Ostsee geschweißt.

Im Stahlbau erlebte das Schweißen einen ungeheuren Aufschwung, bis es 1936 zu ersten Rückschlägen kam. An der gerade fertiggestellten Eisenbahnbrücke am Bahnhof Zoo in Berlin traten Risse in den Schweißnähten auf. Der Ausbau der geschweißten sowie Einbau einer genieteten Brücke kostete mehrere Millionen Reichsmark. 1938 brachen an der 742 m langen Autobahnbrücke Berlin–Rüdersdorf die geschweißten Hauptträger an zwei Stellen. Noch größere Schäden traten bei den Frachtschiffen des Typs »Liberty« auf, die während des zweiten Weltkrieges in den USA gebaut wurden. Durch die Kriegsverluste ging die USA zum Serienbau von Frachtschiffen über. Unter Notbedingungen baute man die Schiffe mit 7 200 t Tragfähigkeit bei einer Länge von 134 m in der Rekordzeit von insgesamt 170 Stunden. Sie erhielten zwar nur die nötigste Ausrüstung, aber das Geheimnis für diesen Rekord lag in einer streng organisierten Vormontage. Über 50 % aller Schweißarbeiten erfolgten vor der Kiellegung. Folgenschwere Havarien zeigten sich bald nach Stapellauf. Von den über 3 100 in Dienst gestellten Schiffen brachen 250 auseinander, an mehr als 1 200 zeigten sich bis 4 m lange Risse.

In den Versuchswerkstätten der Hochschulen und schweißtechnischen Laboratorien versuchte man, die Gründe für das Versagen der ordnungsgemäß hergestellten Schweißnähte zu ermitteln. Man fand schließlich, daß unerwünschte Begleitelemente, wie in das Schweißbad eingedrungener Luftstickstoff zur Alterung und Versprödung der verwendeten Stahlmarke geführt haben. Aber auch konstruktive Mängel trugen zu den Katastrophen bei.

Diese durch große Opfer gewonnenen Erkenntnisse gaben jedoch wieder neue Impulse. Wissenschaftlich fundierte Berechnungsvorschriften, exakte Schweißtechnologien und ausgereifte Prüfverfahren bilden heute die Grundlage für sichere Schweißkonstruktionen.

Alles auf dem Schiff war gewaltig. Die Größe von 18 915 BRT, 207 m Länge und 25 m Breite – so etwas hatte die Welt noch nicht gesehen! 4 000 Passagiere und 6 000 t Fracht sollten auf der Route England–Indien–Ceylon ohne Zwischenbunkerung befördert werden. Für die drei Dampfmaschinen, die eine über 7 m große Schraube und zwei seitliche Schaufelräder mit 17 m Durchmesser antrieben, brauchte man 10 000 t Kohle. Auch die Baukosten waren gewaltig – über 10 Millionen Mark kostete der Ozeanriese. Die »Great Eastern« sollte neue Dimensionen im Dampfschiffbau ankündigen und die Überlegenheit eiserner Schiffe demonstrieren. Doch schon beim Stapellauf im November 1857 gab es das erste Mißgeschick. Die Ablaufbahnen brachen unter der ungeheuren Last, und der Schiffskörper saß auf Morast. Während der Jungfernfahrt trat eine Explosion auf. Auf einer weiteren Reise lief das Schiff vor New York auf ein Riff. Taucher behoben den Schaden mit hohem Kostenaufwand. In einem schweren Sturm zerbrachen die Schaufelräder und das Ruder. Schließlich blieben Passagiere und Frachten aus, und die bankrotte Reederei legte 1864 das Unglücksschiff still. Dabei war das Dampfschiff »Great Eastern« genial erdacht. Erstmalig waren Doppelböden und Längsspanten eingebaut worden. Doch es eilte seiner Zeit um 50 Jahre voraus. Dampfschiffe dieser Dimension setzten sich – technisch ausgereifter – erst um die Jahrhundertwende durch. Dennoch hatte auch die »Great Eastern« die Nützlichkeit der Verwendung von Eisen im Schiffbau nachgewiesen.

Lange Zeit hielt man es für unmöglich, daß Eisen »schwimmen« kann. Als zu Beginn des 19. Jahrhunderts die ersten eisernen Schiffe in Betrieb genommen wurden, begegnete man ihnen ablehnend, skeptisch oder staunend. Obwohl die Eisenschiffe bei gleicher Größe eine höhere Ladefähigkeit hatten, konnten sie die traditionelle Holzbauweise nur langsam verdrängen. Weitere Vorteile traten ein, als das Eisen von dem an Festigkeit überlegenen Stahl abgelöst wurde. Zeitgleich vollzog sich auch im Antrieb der Schiffe eine wesentliche Veränderung. Schraubendampfer wurden zum ernsten Konkurrenten der Segelschiffe. Mit den stählernen Vier- und Fünfmastern erlangte die Zeit der »Windjammer« zwar noch einmal eine hohe Blüte, doch bereits um 1890 überwog die Gesamttonnage der Dampfschiffe die der Segelschiffe. Um diese Zeit wurde bereits zu 90 % Stahl im Schiffbau verwendet. Auf den Werften hatte sich die Technologie grundlegend geändert. Anstelle von Beilen, Stemmeisen und Raspeln bestimmten jetzt maschinelle Blechscheren, Bohrmaschinen und hydraulische Niethämmer die Arbeiten.

Bereits 1688 trafen Reeder, Kapitäne und Händler in Edward Lloyds Kaffeehaus unweit des Londoner Tower Vereinbarungen, um das hohe Risiko der Handelsschiffahrt auf breite Schultern zu verteilen. Daraus entwickelte sich das größte Versicherungsimperium für Schiffe und Ladungen. Zur Festlegung der Versicherungsprämien wurden zuerst die Schiffe klassifiziert und ihre Seetüchtigkeit geprüft. 1855 veröffentlichte *Lloyd* erste Bauvorschriften für eiserne Schiffe. Eine Aufsichtsbehörde überwachte

Die »Great Eastern« im Einsatz als Kabelleger. Der mit 18 915 BRT zu damaliger Zeit größte und schnellste Schrauben- und Raddampfer lief 1857 vom Stapel

die Einhaltung der Vorschriften und bestätigte die Sicherheit der Schiffe, bevor sie im Register eingetragen und versichert werden konnten. 1888 gab diese Aufsichtsbehörde, jetzt allgemein als Lloyd bezeichnet, Bauvorschriften für stählerne Schiffe heraus. Das Schweißen erwähnte dieses Vorschriftenwerk vorläufig noch nicht; Nieten war die übliche Verbindungsmethode. Beim Bau eines Schnelldampfers um die Jahrhundertwende mußten über 10 Millionen Niete eingeschlagen werden, – eine unvorstellbare Anzahl. Kein Wunder, wenn einige Niete »vergessen« wurden. Nicht selten entdeckte man bei der Wasserdruckprüfung 500 bis 600 offene Nietlöcher.

Wenn auch vollständig geschweißte Großschiffe noch einige Zeit auf sich warten ließen, machte sich das Schweißen bei Reparaturarbeiten bald verdient. Im März 1906 wurde die erste in Lloyds Register eingetragene Reparaturschweißung am Dampfkessel eines schwedischen Schiffes in Genua ausgeführt. Der Vorteil dieses Verfahrens lag auf der Hand. Das Ausbrennen schadhafter Teile aus Feuerbuchsen oder Dampfzylindern, das Anpassen neuer Stücke und Einschweißen dauerte nur noch wenige Tage, während bei einer Reparatur durch Nieten einige Wochen notwendig gewesen wären. Die Liegezeiten verkürzten sich dadurch wesentlich.

In den folgenden Jahren kamen Ausbesserungsschweißungen an Schiffskörpern hinzu. Als im März 1909 der argentinische Kreuzer »Parana« bei der Ausfahrt aus dem Göteborger Hafen mit einem Handelsschiff kollidierte, wurde sein Rammsteven schwer beschädigt. Es zeigten sich zwei durchgehende Risse und mehrere Splitterbrüche. Ein neuer Steven konnte nicht gegossen werden, da die Arbeiter in Schwedens Stahlgießereien gerade streikten. Man entschloß sich deshalb, das beschädigte Teil durch geformte Stücke aus 40 mm dicken hochnickellegierten Blechen zu ersetzen und an den Rumpf anzuschweißen. Der Kreuzer versah noch jahrelang seinen Dienst.

Kurz bevor die USA im ersten Weltkrieg

Deutschland den Krieg erklärten, beschlagnahmten die amerikanischen Zollbehörden 31 in den Häfen von New York und Norfolk liegende deutsche Schiffe. Die Besatzungen hatten ihre Schiffe jedoch bewußt unbrauchbar gemacht. Sie zerstörten die Zylinder der Hauptmaschinen oder glühten die Kessel aus. Ihr Vorhaben gelang aber nur teilweise, denn amerikanische Werften setzten die Schiffe in kürzester Frist durch Lichtbogenschweißung wieder instand.

Die guten Erfahrungen bei den Reparaturarbeiten ermutigten die Ingenieure, das Schweißen auch für Neubauten einzusetzen. Schon 1915 wurde für den Hafenbetrieb von Ashtabula im Staate Ohio (USA) ein 12,5 m langer und über 3 m breiter Kahn geschweißt. Allerdings waren die Verbindungen zwischen den Blechen mit dem Vorder- und Hintersteven sowie dem Kiel noch genietet. Zwei Jahre später stellte man in Südengland einen vollständig geschweißten, 40 m langen Kanalprahm für 200 t Ladung in Dienst.

Mit einem 20 m langen geschweißten Kahn sammelte die schwedische Firma Elektriska Swetnings Aktiebolaget (ESAB) Erfahrungen beim Schweißen im Schiffbau. Dabei war bemerkenswert, daß alle Schweißarbeiten von Frauen ausgeführt wurden. 1921 baute diese Firma ein Schlepp- und Werkstattschiff in vollständig geschweißter Ausführung mit einer Länge von 16 m und einer Breite von 4 m. Die Schweißnähte waren 1 724 m lang. Man hatte die Überlapptbauweise der Nietkonstruktionen beibehalten. Dadurch ließen sich zwar keine entscheidenden Gewichtseinsparungen erzielen, aber es konnte überzeugend nachgewiesen werden, daß die Schweißtechnik eine echte Alternative zum Nieten im Schiffbau bietet.

Zunächst ließen die Aufsichtsbehörden nur das Schweißen von Deckaufbauten und Baugruppen für das Schiffsinnere zu, die mit

Das erste vollständig geschweißte Schiff der Welt »ESAB IV«. 1920 von der Elektriska Svetsnings AB, Gothenborg, gebaut. 1724 m betrug die Länge der Schweißnähte

»Tafelschweißer« für Schweißdraht mit Regulierung des Lichtbogens, um 1922

dem Schiffskörper vernietet wurden. Der führende Schweißfachmann *K. Meller* schrieb 1925: ». . . ist die Anwendung des Lichtbogenschweißens ganzer Schiffe, also vor allem der hochbeanspruchten Teile, z. B. der Verbände und der Außenhaut selbst noch in Entwicklung begriffen. Es bestehen zur Zeit noch gewisse Bedenken gegen das Schweißen ganzer Schiffe, und zwar in erster Linie wegen der geringen Dehnung der Schweißnaht gegenüber der Nietung und wegen der Unmöglichkeit, in einfacher Weise die Güte der Schweißung zu prüfen. Die bisher durchgeführten Schiffsschweißungen zeigen jedoch, daß diese Bedenken nicht ausschlaggebend sein dürften gegenüber den zu erwartenden Vorteilen, die mit der elektrischen Lichtbogenschweißung verbunden sind.«

In größerem Umfang kam das Schweißen im Kriegsschiffbau zum Einsatz. Dort

Einsatz des UP-Schweißens im Schiffbau. Schweißen mit Gelenkarmgeräten Typ UPG auf dem Vormontageplatz

brauchte man sich an keine Vorschriften gebunden zu fühlen. So wurde beim Bau des ersten Nachkriegskreuzers »Emden« aus der Not eine Tugend gemacht. Als Folge der Ruhrbesetzung blieben die benötigten Spezialprofile aus. Sie wurden durch ungleichschenklige Winkel ersetzt und zur Versteifung an die Platten des Schiffskörpers geschweißt. Die Vorteile und Erfahrungen waren dabei so überzeugend, daß vorliegende Projekte weiterer Kriegsschiffe in geschweißter Ausführung gebaut wurden.

1931 erließ der »Germanische Lloyd« endlich Vorschriften, in denen eine uneingeschränkte Anwendung des elektrischen Schweißens auch für den Handelsschiffbau freigegeben wurde. Als erstes vollgeschweißtes Schiff lief ein 45 m langer Öltanker vom Stapel einer deutschen Werft. Genau 50 Jahre später entstand mit 458 m Länge der Tanker »Seawise Giant«, das größte Schiff der Welt. Ein Hongkonger Reeder ließ 1981 das ursprünglich 370 m lange Schiff durch Einfügen eines Mittelstückes vergrößern. Diese Methode ist nicht neu. Bereits 1933 wurden in Hamburg vier Schiffe der Hamburg–Amerika–Linie durch Einschweißen eines 12 m langen Zwischenstücks verlängert. Diese Maßnahme ermöglichte den Einbau größerer Kessel. Dadurch erhöhte sich die Geschwindigkeit der Schiffe, und die Reisedauer verkürzte sich von 8 auf $6^1/_2$ Tage von Cherbourg nach New York. Der Einbau des 800 t schweren Mittelstückes war damals eine Sensation. 10000 m Schweißnaht mußten gezogen werden.

Bis Anfang der fünfziger Jahre dominierte auf den Werften das Elektrodenhandschweißen. Mit einfachen Geräten versuchte man, die Schweißarbeiten zu mechanisieren. Dazu gehörte der »Tafelschweißer«, ein von Hand in der Schweißfuge geführter Schweißtraktor, bei dem man den Draht von der Spule mit Elektromotor zuführte und den Lichtbogen automatisch regelte. Da aber kein Schutz vor Luftzutritt während des Schweißens bestand, lagen die erreichbaren mechanischen Werte der Schweißnähte unter denen, die mit umhüllten Elektroden geschweißt wurden.

Das Schweißen ist heute zum wichtigsten Fertigungsverfahren im Schiffbau geworden. Hochleistungsfähige Schweißverfahren, wie das Unterpulver-, Schutzgas- oder Elektroschlackeschweißen, haben das Elektrodenhandschweißen fast völlig abgelöst. Große Sektionen werden in der Vorfertigung mit modernen Automaten geschweißt, bevor sie zur Endmontage auf die Helling gelangen. Auch dort finden halbautomatische Schweißverfahren Verwendung. An einigen Stellen, wo schwer zugängliche Nähte es erfordern, werden die MAG-Schweißpistole (MAG Metall-Aktiv-Gas) oder die Elektrodenzange noch von Hand geführt. Nur so ist eine wirtschaftliche Fertigung der modernen Hochseefrachter möglich. Über 100 km Schweißnaht und die Verbindungen von über 40 km Rohrleitungen eines Schiffes müssen sicher geschweißt werden. Schon das Versagen einer Verbindung kann zur Katastrophe führen.

Schweißtechnik schlägt Brücken

Keuchend stemmte sich am 28. Dezember 1879 der Abendzug von Edinburgh nach Dundee gegen den gewaltigen Orkan. Mit nur geringer Verspätung passierte er den Signalposten am südlichen Ufer des Firth of Tay, bevor er über die Eisenbahnbrücke rollte, die den Fluß in einer Gesamtlänge von 750 m überspannte. Kurz darauf gewahrte der Posten einen Feuerschweif, der wie ein Komet ins Wasser ge-

schleudert wurde. Als er im Sturmgeheul die Brücke absuchte, entdeckte er in ihrer Mitte ein unheimliches Loch. Für die Reisenden des aus Lokomotive, Gepäckwagen und sechs Personenwagen bestehenden Zuges kam jede Hilfe zu spät. Der Orkan hatte 13 der 85 Stützträger wie Halme geknickt und den Zug in den Abgrund gestürzt.

Die zu jener Zeit längste Brücke der Welt war erst vor zweieinhalb Jahren mit großem Prunk eingeweiht worden. Ungenügende Erfahrung und folgenschwere Fehler bei der Berechnung führten zu dieser Katastrophe. Begünstigt wurde das Unglück noch durch zahlreiche Blasen in den gußeisernen Trägern sowie mangelnde Aufsicht während des Baus, wie das amtliche Untersuchungsergebnis feststellte.

Nicht nur dieses Unglück machte sehr deutlich auf das Fehlen theoretischer Grundlagen zur Stabilität derartiger Eisenkonstruktionen aufmerksam. Der praktische Erfahrungsschatz der Baumeister, die einst massive, überdimensionierte Steinbrücken für Fußgänger und Pferdegespanne errichteten, reichte nicht mehr aus.

Die Frage, ob Schweißeisen oder Flußeisen der bessere Werkstoff für den Brückenbau sei, erhitzte damals heftig die Gemüter. 1891 ließ das Preußische Verkehrsministerium erstmals in Deutschland eine Eisenbahnfachwerkbrücke über die Weichsel (heute Wisla, VR Polen) aus Flußeisen errichten. Die Vorteile sprachen für dieses Material, so daß 1894 die letzte Brücke aus Schweißeisen über den Nordostsee-Kanal gebaut wurde.

Alle Brücken waren traditionelle Niet-

Erste vollständig geschweißte Bogenbrücke. Die über das malerische Radbuzatal bei Pilsen mit 50,5 m Spannweite führende Brücke wurde 1933 errichtet

konstruktionen. Das sollte auch noch einige Jahrzehnte so bleiben. Obwohl das Schweißen auf vielen Gebieten bereits einen festen Platz in der Verbindungstechnik gefunden hatte, bestanden gegen seine Anwendung im Stahlhochbau starke Bedenken. Die Sicherheit schien noch nicht gegeben, und auch die verfahrenstechnische Ausführung ließ viele Wünsche offen. Für Stahlkonstruktionen waren das elektrische Widerstandsschweißen und das Gasschmelzschweißen ungeeignet. Das elektrische Lichtbogenschweißen gewann erst durch Fortschritte in der Gerätetechnik an Bedeutung. So dröhnten bis Ende der 20er Jahre bei jedem Brückenschlag die Preßlufthämmer, um die Streben, Gurte und Träger mit Tausenden von Nieten zu verbinden.

Eine zunehmende Motorisierung sowie der Ausbau des Eisenbahnnetzes machten immer mehr neue Brücken notwendig. Leere Staatskassen infolge der Weltwirtschaftskrise zwangen auch im Brückenbau, kostengünstigere Lösungen zu suchen. Der geringere Werkstoffeinsatz rückte geschweißte Stahlbauten verstärkt in den Vordergrund. Allein geringe Geldmittel veranlaßten das Leipziger Stadtbauamt 1929 zu dem Wagnis, eine 15 m lange Straßenbrücke über die Luppe in geschweißter Ausführung zu errichten. 14 % geringere Baukosten und eine kürzere Bauzeit waren der Lohn für den Mut, der damals für diese fortschrittliche Entscheidung aufgebracht werden mußte.

Ende August 1929 wurde die erste geschweißte Fachwerkbrücke Europas bei Łowiçz in der Nähe Warschaus dem Verkehr übergeben. Entwurf und Berechnung der 27 m langen Straßenbrücke hatte der Professor an der Technischen Hochschule des damaligen Lembergs (heute Lwow, VR Polen), Dr. *Bryla*, übernommen. Nun häuften sich Nachrichten über die Fertigstellung geschweißter Brücken. Die wissenschaftliche Durchdringung des Schweißprozesses, erste Berechnungsvorschriften sowie die Anwendung der Röntgentechnik gaben den Projektanten weitere Sicherheiten. Auch die Deutsche Reichsbahn wollte die Fortschritte der Schweißtechnik im Brückenbau anwenden. Mit einem Versuchsbau sollten Erfahrungen gewonnen werden. 1929 wurde in der Gutehoffnungshütte in Sterkrade, die beim Schweißen von Stahlbauten bereits einige Erfahrungen hatte, eine 10 m lange und 3 m breite Eisenbahnbrücke gebaut. Die aus der Stahlsorte St 37 bestehende Konstruktion schweißte man noch mit Nacktdraht. Dabei legte man die Brückenteile so, daß Überkopfschweißungen vermieden wurden. Der Versand der fertigen Brücke erfolgte seitlich stehend auf einem Eisenbahnwaggon. Zur Sicherheit ließ die Reichsbahn die Brücke erst in eine Umgehungsstrecke einbauen. Dort wurde sie täglich mehrfach von einer Schnellzuglokomotive mit 130 t Masse und verschiedenen Geschwindigkeiten befahren. Erst nach erfolgreich bestandenem Test baute man sie in Münster in die Hauptstrecke ein.

Die Spannweiten wurden immer größer, die Konstruktionen ständig kühner. Mit fast 50 m Spannweite erreichte 1931 die voll geschweißte Straßenbrücke in Pilsen (heute Plzeň, ČSSR) neuen Rekord. Geschweißte Brückenkonstruktionen ermöglichten architektonisch günstigere Lösungen. 1933 spannte sich die erste geschweißte Bogenbrücke über das malerische Radbuzatal, ebenfalls in der Nähe von Pilsen. Die über 50 m lange Brücke fügt sich harmonisch in die Landschaft. Das Gesamtgewicht der Stahlkonstruktion beträgt 111 t. Eine genietete Bogenbrücke hätte 22 % mehr gewogen. Geschweißt wurde die Brücke teils mit stark umhüllten, teils mit Seelenelektroden sowohl in der Werkstatt als auch bei der Montage. Die vorgefertigten Elemente wurden auf der Baustelle mit Montageschrauben zusammengebaut, geheftet und dann vollständig geschweißt.

Den niedrigeren Materialkosten standen bei Schweißkonstruktionen höhere Lohnkosten als bei genieteter Ausführung entgegen. Der Wettbewerb zwischen beiden Verbindungsarten war noch längst nicht entschieden. Für den Bau der Schlachthofbrücke in Dresden lag sogar ein äußerst kostengünstiges Angebot für eine hölzerne Ausführung vor. Nur der Einsatz mechanisierter Längsnahtschweißmaschinen in der Vorfertigung konnte die Kosten, die im Entwurf einer Schweißkonstruktion genannt waren, erheblich senken. Die mit der Prüfung der eingereichten Projekte beauftragte Expertengruppe entschied sich schließlich für eine geschweißte Ausführung. Als 1932 die insgesamt 315 m lange Brücke, mit Stützweiten bis zu 26 m, dem Verkehr übergeben wurde, hatte die Schweißtechnik im Brückenbau einen wichtigen Sieg über das Nieten errungen.

Nun ging es zügig weiter. Bei der Verstärkung der noch aus Schweißeisen genieteten Elbbrücke bei Dömitz wurden 1932 über 90 km Schweißnähte gezogen. Die Autobahnbrücke über den Lech bei Augsburg erreichte schon eine Spannweite von 94 m und die Kaiserbergbrücke bei Duisburg 103 m. 1936 erfuhr der überschwengliche Optimismus einen ernsthaften Dämpfer. Die Brükken am Bahnhof Zoo in Berlin, die Autobahnbrücke Rüdersdorf sowie die Kaiserbergbrücke zeigten Risse oder stürzten ein. Auch die Fachwelt war zunächst bestürzt. Umfangreiche Untersuchungen ermittelten die Ursachen (ins Schweißbad eingedrungener Luftstickstoff führte zur Versprödung und Alterung der Stahlmarke, sowie konstruktive Mängel) und gaben Hinweise zur Vermeidung weiterer Schäden. Die Rückschläge entmutigten deshalb nicht, sondern vermittelten neue Impulse. Im zweiten Weltkrieg wurde die rasche Entwicklung unterbrochen. Nach Kriegsende erhielt die Schweißtechnik eine neue Bewährungsprobe beim Wiederaufbau der vielen zerstörten Brücken.

Nachdem der Verkehr wieder zu rollen begann, setzten die Brückenbauer ihren erfolgreich beschrittenen Weg weiter fort. Ihre Projekte übertrafen sich an Kühnheit und Eleganz. Besonders die Schrägseilbrücken gefallen durch gutes ästhetisches Aussehen. Obwohl bereits Anfang des 19. Jahrhunderts bekannt – 1817 wurde die erste Schrägkettenbrücke als Fußgängerbrücke mit 34 m Spannweite errichtet – begann die Entwicklung für den Großbrückenbau erst ab 1955. Einen Höhepunkt setzte die vollständig geschweißte Rheinbrücke Duisburg-Neuenkamp mit 350 m Spannweite. Insgesamt 430 000 m Schweißnähte mußten gezogen werden. Vielen Touristen ist die Schrägkabelbrücke in Bratislava bekannt. Sie überspannt mit einer Stützweite von 303 m die Donau. Unvergeßlich bleibt der Ausblick aus den Fenstern des Rundkaffees, das hoch über dem Strom die Spitze des schlanken Pylons krönt.

Brücken überspannen in kühnem Bogen nicht nur Täler und Flüsse. Mit der Brücke über den Bosporus wurden sogar die Kontinente Europa und Asien verbunden. Diese moderne geschweißte Stahlkonstruktion ist

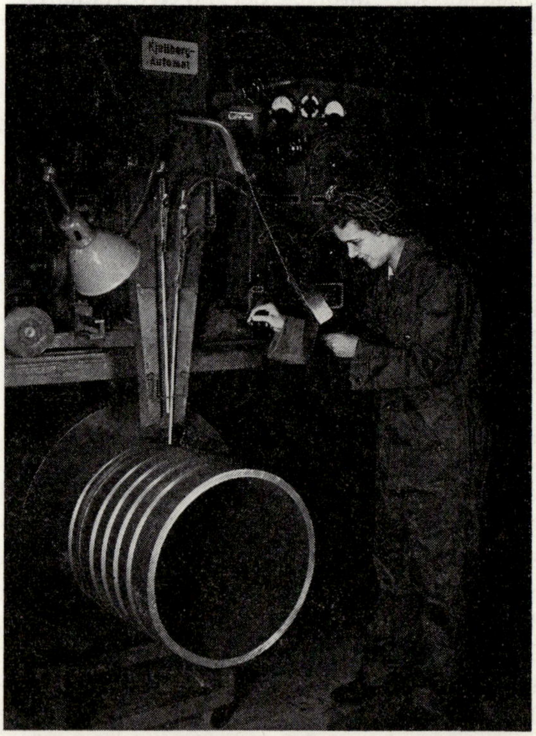

Mit dem international viel beachteten Schweißautomat SII begann 1939 eine neue Etappe der Mechanisierung des Lichtbogenschweißens

mit 1600 m Länge und 1067 m Spannweite eine der größten Brücken Europas. Bei einer Höhe von 65 m über dem Wasserspiegel wird der Schiffsverkehr nicht behindert. Mit dieser Brücke wird auf moderne Weise verwirklicht, was dem persischen König *Xerxes* schon vor über 2000 Jahren gelang. Er überwand mit seinem Heer die Meerenge durch eine Schwimmbrücke.

Mit fast 1300 m Spannweite gehört die 1965 fertiggestellte Verrazano-Narrows-Brücke in New York zu den größten Hängebrücken der Welt. Doch schon sieht ein Entwurf für eine Hängebrücke über die Meerenge von Messina eine Mittelöffnung von 3000 m vor. Kürzlich legten Spanien und Marokko dem UNO-Wirtschafts- und Sozialrat das Projekt einer festen Verbindung zwischen Afrika und Europa vor. Gemeinsam erarbeiteten beide Länder eine Studie für den Bau einer Hängebrücke über die Meerenge von Gibraltar. Demzufolge würde die Brücke über die 15 km breite Wasserstraße etwa 2,5 Milliarden Dollar kosten und könnte um das Jahr 2010 in Betrieb genommen werden. Um den Schiffen die Durchfahrt zu ermöglichen, müßte die Brücke 70 m über der Wasserlinie verlaufen und auf 600 m hohen, im Abstand von 2 km stehenden Stützpfeilern ruhen.

Wenn auch der Bau solcher »Superbrükken« meist aus finanziellen Gründen noch auf sich warten läßt, so sind die technischen Voraussetzungen jedoch heute schon gegeben. So trägt die Schweißtechnik dazu bei, Länder und Kontinente zu verbinden.

Von Rohrschlangen umgeben

Großmutters anheimelnde Petroleumlampe kommt in unserer Zeit zu neuem Glanz. Während sie heute einer modernen Wohnung nostalgischen Hauch verleiht, war sie jahrzehntelang als Lichtquelle unentbehrlich. Das Petroleum wurde aus Naphta, dem Erdöl, gewonnen, das aus natürlichen Quellen floß. Als mit Petroleum ein Geschäft zu machen war, versuchte ein Mann sein Glück, der als Oberst Drake in die Geschichte eingegangen ist. Mit neuartigem Bohrgerät half er der Natur nach und begann in Titusville (Pennsylvania, USA), ein Loch in die Erde zu treiben. Am Abend des 27. 8. 1859 erreichte er die Tiefe von 21 m. Freudig entdeckte er am nächsten Morgen, daß sich das Loch mit Naphta gefüllt hatte. Nun wurde überall emsig gebohrt. Ein Heer unternehmungslustiger Abenteurer und Glücksucher machte sich auf, das neue Eldorado zu erobern. Bald erhob sich in vielen Gebieten ein ganzer Wald von Bohrtürmen, aus dem das »flüssige Gold« reichlich sprudelte.

Am großen Geschäft mit dem Erdöl verdienten auch die Fuhrleute, die das kostbare Produkt in Fässern von den Ölfeldern zu den Bahnstationen und Raffinerien brachten. Mehr als die Hälfte des Gewinnes an einem Faß Erdöl, für das 5 bis 8 Dollar gezahlt wurden, steckten die Fuhrunternehmer in ihre Tasche. Um ihrer Willkür zu entgehen, baute der aus Holland stammende Amerikaner *Samuel van Syckle* eine 7 km lange Rohrleitung und pumpte Tag und Nacht sein Öl hindurch. Obwohl ihn die Rohrschlange über 100000 Dollar gekostet hatte, sparte er diese Summe in wenigen Wochen an Fuhrlohn ein. Die Fuhrleute versuchten, die Rohrleitungen zu zerstören, doch überall und unaufhaltsam wurden weitere »Rohrschlangen« gebaut. Heute umspannen sie mehrfach den Erdball. Dabei mußten oft schwierigste Bedingungen überwunden werden. Gebirge, Sümpfe und Flüsse verlegten den Weg; die glühende Hitze der Wüste, das fieberheiße Klima des Dschungels sowie die arktische Kälte des Nordens verlangten das Letzte von den Erbauern.

Kurz noch einen Blick in das 7. Jahrhundert. Als die Araber das Perserreich eroberten, fanden sie viele Tempel, in denen ein ewiges Feuer brannte. Es waren die Kultstätten der Feueranbeter, und zwar dort, wo aus Erdspalten das wundersame brennende Gas flackerte. In unserem Jahrhundert stießen die Bohrtrupps bei der Suche nach neuen Ölquellen auf diese historischen Funde. Laboruntersuchungen ergaben, daß auch in dem »Naphtagas« nützliche Eigenschaften steckten. Es wurde aufgefangen und durch Rohrleitungen in das Netz der Gaswerke eingespeist, außerdem auch zu Benzin, Ruß und anderen chemischen Produkten verarbeitet.

Heute sind Erdöl und Erdgas wichtige Energieträger und wertvolle Ausgangsstoffe der chemischen Industrie. Bei sparsamem Umgang mit diesen kostbaren Rohstoffen reichen die bekannten Reserven noch weit in das nächste Jahrtausend, und ständig werden neue Lagerstätten erkundet. Doch die Erschließung erfolgt in immer unwegsameren Gebieten, der Transport zum Verbraucher gestaltet sich immer aufwendiger. Technisch lassen sich Entfernungen bis 10000 km mit Rohrleitungen überbrücken. Unvorstellbar sind aber die Schwierigkeiten beim Bau solcher Leitungen.

Die 1966 fertiggestellte Erdöltrasse »Freundschaft« verbindet die sowjetischen Ölfelder bei Kuibyschew mit den 5300 km entfernten Zentren der Petrolchemie der DDR – den Chemiekombinaten Schwedt und Leuna. Das Öl benötigt für diese Strecke 23 Tage. Solche Rohrleitungen sind im wahrsten Sinne völkerverbindend; die Erdölleitung »Freundschaft« versorgt auch Polen, die ČSSR und Ungarn.

Aus den westsibirischen Gebieten des ewigen Frostes strömt Erdgas bis nach Frankreich. Diese Pipeline, an die einige RGW-Länder sowie über ein Verbundnetz mehrere westeuropäische Länder angeschlossen sind, ist mit allen Verzweigungen die längste der Welt. Das größte Projekt stellt gegenwärtig der Bau einer 8000 km langen Erdgasleitung von Alaska über Kanada nach den USA dar. Das Mammutvorhaben führte besonders in Kanada zu erbitterten Auseinandersetzungen über den Umweltschutz und das Los der Ureinwohner, der Eskimos und Indianer.

Erfahrungen in diesem unwirtlichen Gebiet hatten die Ölgesellschaften beim Bau der 1290 km langen Alaska-Erdölleitung sammeln können. Die Pipeline transportiert das Öl von den Fördertürmen im ewigen Eis der Prudhoe Bay zum eisfreien Hafen Valdez am Golf von Alaska. Als im September 1980 das erste Öl durch die Leitung floß, wurde zu Ehren der Erbauer, die bei eisiger Kälte und peitschenden Schneestürmen an der Trasse arbeiteten, ein Denkmal enthüllt. Aus der 4 m hohen Personengruppe ragt die kräftige Gestalt eines Schweißers heraus. Denn die Schweißarbeiten sind ein wesentlicher Bestandteil der Rohrverlegung.

Schon die einzelnen 6 bis 12 m langen Rohrabschnitte, »Schüsse« genannt, werden in einem Herstellerwerk aus gerundetem Blech längsnahtgeschweißt oder aus Band spiralförmig zu einem Rohr verschweißt. Die Schüsse gelangen zu Basislagern an die Baustelle. Dort werden sie mit halbautomatischen Schweißverfahren zu zwei- bis dreirohrigen Sektionen verlängert. Dann transportiert man diese Teile an den Montageort, wo sie mit dem Strang verbunden werden. Die erste Lage jeder Rundnaht, die sogenannte Wurzellage, wird meist noch von Hand mit der Elektrode gezogen, denn von

Tag und Nacht waren die Schweißer beim Bau der 4451 km langen Erdgastrasse von Urengoi nach Ushgorod unter teilweise extremen Bedingungen im Einsatz

ihr hängt die Güte der gesamten Schweißnaht ab. Dabei müssen die Schweißer in jeder Stellung dichte, fehlerfreie Nähte herstellen. Die weiteren Lagen übernehmen Schweißautomaten, die am Umfang des Rohres entlangfahren.

Für kleinere Durchmesser wurde bereits mit gutem Erfolg das Abbrennstumpfschweißen eingesetzt. Es erlaubt eine wesentlich höhere Produktivität des Schweißvorganges. Zum Verbinden von 1 420-mm-Rohren wurde in der Sowjetunion der Schweißkomplex »Sewer-1« entwickelt. Er rückt von Stoß zu Stoß vor und übernimmt die Montage der Rohre, die Nahtvorbereitung, das Schweißen sowie die Qualitätsprüfung der Schweißnähte. Je Stunde verbindet »Sewer-1« in bester Qualität sechs bis acht Stöße. Ein guter Schweißer brauchte dazu etwa eine Woche. In einer Schicht kann der Komplex die Trasse um über 2 km aus dreiteiligen Sektionen verlängern.

Die Länge aller bis jetzt verlegten Erdöl- und Erdgasleitungen reicht aus, um eine doppelte Rohrleitung zum Mond und zurück zu errichten. Da die Schweißnahtlänge etwa das 1,5fache jeder Rohrleitung mißt, könnten die Schweißnähte heute etwa 55mal den Erdball umspannen. Und Erdöl oder Erdgas sind nur zwei der mit Rohren beförderten Stoffe. Denken wir nur an das lebensspendende Wasser, das oft ebenfalls über Hunderte von Kilometern in die Städte und Dörfer geleitet werden muß. Unter uns erstreckt sich, dem Auge verborgen, ein riesiges Netz an Rohrleitungen für Wasser, Gas und Fernwärme, in Großstädten über 1 000 km lang.

Dabei waren Rohrleitungen schon im Altertum bekannt. Wenn das Wasser aus den nahen Quellen, Flüssen, Brunnen oder Zisternen nicht mehr ausreichte, leitete man es aus der weiteren Umgebung zu den Ansiedlungen. Um 2350 v. u. Z. ließ König *Urukagina* in Mesopotamien Tonleitungen zur Wasserversorgung bauen. Eine große technische Leistung war die Wasserzuführung der auf einem Berg gelegenen Akropolis von Pergamon um 200 v. u. Z. Eine etwa 60 km lange dreifache Tonrohrleitung aus über 200 000 Einzelstücken brachte das Wasser von einem Berg in ein tiefes Tal, bevor es durch den Wasserdruck auf den Burgberg gelangte. Der Druckteil der Leitung bestand vermutlich aus gegossenen Bronze- oder geschweißten Bleirohren.

Die gewaltigen Aquädukte zur Wasserversorgung im alten Rom erfüllen uns heute noch mit Bewunderung. *Appius Claudius Caesus* ließ 312 v. u. Z. die von *Gaius Plautius* begonnene Wasserleitung vollenden. Um das Jahr 100 war *Sextus Julius Frontinus* der Curator aquarum, der Direktor der Wasserversorgung Roms und Herr über 10 Wasserleitungen mit einer Gesamtlänge von 404 km. In einer alten Schrift berichtet er über die Einteilung der Bleirohre in 17 Formate; das erleichterte die Rohrberechnung. Man bog die Bleiplatten über einem Holzkern zu mandelförmigem Querschnitt. Die Naht wurde durch Aufgießen eines Blei-Zinn-Lotes metallisch verbunden. Als Zinn knapper wurde, kam reines Blei zur Anwendung, wodurch sich aus heutiger Sicht das Löten zum Schweißen wandelte, obwohl der eigentliche Arbeitsablauf unverändert blieb. Nach einer anderen Technik wurden die überstehenden Kanten des Bleirohres mit einem heißen Lötkolben oder mit dem Lötrohr verschmolzen. Auch dieser Vorgang zählt heute zum Schmelzschweißen.

Wie bereits erwähnt, wurde bei Ausgrabungen der durch einen Ausbruch des Vesuvs im Jahre 79 verschütteten Stadt Pompeji ein gut erhaltenes System feuergeschweißter eiserner Rohre gefunden.

Sicher wurden auch Rohrleitungen aus Holz benutzt. Beispielsweise befindet sich unter den zahlreichen Entwürfen des genialen Künstlers und Ingenieurs *Leonardo da Vinci* u. a. die Handskizze einer Bohrmaschine zum Aushöhlen von Baumstämmen.

Mit der Vervollkommnung der Eisengußtechnik dominierten die Gußrohre über lange Zeiten. Für Wasser und Gas waren sie noch vor wenigen Jahrzehnten in Gebrauch. Ein Problem stellten die Verbindungen der Rohrstücke dar. Ein entscheidender Durchbruch gelang den Brüdern *Mannesmann* mit der Erfindung gewalzter Stahlrohre. Doch der Bedarf an Rohren jeder Abmessung stieg ständig. So ist es nur natürlich, daß mit den aufkommenden Schweißverfahren auch geschweißte Stahlrohre hergestellt wurden. Die Verbindungen konnten nun ebenfalls ohne Dichtungen, Muffen oder Flansche geschweißt werden. 1920 verlegte eine Firma eine 40 km lange Gasfernleitung im Bezirk Leipzig nur durch Autogenschweißen. Das war zu dieser Zeit ein Wagnis; allen Skeptikern zum Trotz blieb aber die Leitung unter Betriebsdruck dicht. Nach diesen guten Erfahrungen führte sich das Schweißen im Rohrleitungsbau schnell ein. Vor allem hatte man durch das Brennschneiden auch ein Verfahren, um an Ort und Stelle die Rohre auf beliebige Länge zu schneiden. 1929 betrug die Länge der geschweißten Rohrleitungen in den USA über 20 000 km. Der Anteil der durch Elektrodenhandschweißen hergestellten Leitungen war mit 22 % noch gering. Er stieg in den nächsten Jahren gegenüber dem Gasschmelzschweißen schnell an. 1930 gestattete der Stand der Technik den Bau von Leitungen mit einem Betriebsdruck von 20 bar (2 MPa) und einem Durchmesser von 500 mm. Der ständig steigende Bedarf erforderte höhere Drücke und größere Durchmesser. Heute bereiten Drücke von 200 bar (20 MPa) und Durchmesser von mehreren Metern keine Schwierigkeiten. Auch Flüsse und Meere sind für Rohrleitungen kein unüberwindliches Hindernis. So verbindet eine Erdgaspipeline in einer Wassertiefe von 500 bis 600 m den afrikanischen Kontinent mit Sizilien.

Dem energiesparenden Rohrtransport von Gasen, Flüssigkeiten und Feststoffen kommt in nächster Zukunft erhöhte Bedeutung zu. Schon umspannen uns Rohrschlangen aus Plastwerkstoffen oder aus Glas. Trotz unterschiedlicher Werkstoffe haben sie alle mit den Stahlrohren eines gemeinsam: die Verbindungsstellen werden geschweißt.

Vom »architecti« zum »Schweißungsingenieur«

Eine schlimme Überraschung erlebte die römische Flotte bei ihrem Angriff auf das mit Karthago verbündete Syrakus im Jahre 214 v. u. Z. Unter einem dichten Hagel schwerer Wurfgeschosse versanken viele Schiffe, der Rest wurde an den Befestigungsanlagen durch Balken unter das Wasser gedrückt, mit Mechanismen in die Höhe gezogen oder umgekippt.

Der berühmte Archimedes hatte diese Katapulte, Schleudern und anderes Kriegsgerät ersonnen oder verbessert, wobei er auch das von ihm gefundene Hebelgesetz sinnreich anwandte. Seine Erkenntnisse gewann der bekannte Mathematiker jener Zeit aus praktischen Versuchen, die aber zu seinem Ausschluß aus der Akademie von Alexandria führten. Nach damaliger Ansicht waren Experimente mit der Würde eines Wissenschaftlers nicht vereinbar. Im Gegensatz zu seinen Vorgängern wandte Archimedes aber mathematische sowie physikalische Erkenntnisse auf technische Probleme an und ist damit einer der ersten Ingenieure.

Vor dieser Zeit gab es bereits geniale Architekten und Baumeister, die neben einer nur auf Erfahrung fußenden Statik auch geschickt die sogenannten einfachen Maschinen einzusetzen wußten: wie Hebel, Keil, Walze, Rolle, Rad und Schraube. Davon legen die antiken Kolossalbauten, die Pyramiden, Tempel, Kanäle, Wasserleitungen und andere technische Bauwerke, beredtes Zeugnis ab. Die Römer nannten ihre Staatsingenieure »architecti«. Sie zeichneten für den Bau und die Erhaltung der Kriegstechnik, Straßen- und Wasserbauten verantwortlich. Ihre Ausbildung erfolgte gleichberechtigt mit angesehenen Berufen in den Schulen für Beredsamkeit, Mathematik, Medizin und Mechanik.

Der Begriff Ingenieur taucht als »engignerius« in Mailand um 1196 erstmalig auf. Auch im Mittelalter blieb die Tätigkeit der Ingenieure eng mit dem Militärwesen verbunden. In den Armeen gab es sogar einen Generalingenieur. Doch als sich die Wasserräder für den technischen Fortschritt zu drehen begannen und das Handwerk aufblühte, brauchte die Zeit neue technische Lösungen auch auf anderen Gebieten. Der sicher vielseitigste Ingenieur aller Zeiten war *Leonardo da Vinci.* Obwohl mehr als Maler und Künstler bekannt, stellte er auf über 2000 Skizzen technische Entwürfe dar, die teilweise seiner Zeit weit vorauseilten, deren Prinzipien aber noch heute in vielen Maschinen, Geräten und Werkzeugen wiederzufinden sind.

Nach Erfindung des Buchdruckes erschienen bald auch Beschreibungen zeitgenössischer Technik. Zu den Prachtwerken gehören *Agricolas* »De re metallica« 1556 sowie *Boecklers* »Theatrum machinarum novum«. Die Kloster- und Domschulen als Träger der Wissenschaft reichten mit ihrem starren Denksystem zur Vermittlung neuer Erkenntnisse nicht mehr aus. Zu den ersten Universitäten strömten die Scholaren, um durch ein Generalstudium den Geist einer neuen Zeit aufzunehmen. An der »Artistenfakultät« der sieben freien Künste konnten sich die technisch Begabten in den Fächern Arithmetik und Geometrie mit dem nötigen Rüstzeug versehen.

Der im 18. Jahrhundert mit der Triebkraft der Dampfmaschine eingeleitete stürmische Aufschwung der Industrie erforderte eine bessere fachliche Ausbildung der Techniker. Die Gründung der ältesten Bergakademie der Welt 1765 in Freiberg sowie der Technischen Hochschule in Braunschweig leitete eine neue Form der Vermittlung des sich sprunghaft erweiternden technischen Wissensstandes und Erfahrungsschatzes ein. Bald entstanden weitere namhafte Maschinenbauanstalten. An diesen technischen Bildungsstätten wurde nicht nur Wissen vermittelt; große Bedeutung kam auch der Erforschung fortschrittlicher Verfahren sowie der Entwicklung neuer Maschinen zu. Hier studierten und wirkten berühmte Techniker, die mit ihren Erfindungen und Entdeckungen das Tempo des technischen Fortschritts im beginnenden Zeitalter der kapitalistischen Großproduktion wesentlich beschleunigten. Die Höheren Technischen Lehranstalten erwarben sich bald einen guten Ruf, der dem der Universitäten nicht nachstand. Anläßlich der 100-Jahr-Feier der Berliner Technischen Hochschule 1899 wurde erstmalig der akademische Titel »Doktor-Ingenieur« (Dr.-Ing.) verliehen.

Namhafte Gelehrte, wie *Andreas Schubert*, ein Pionier der deutschen Maschinenbautechnik, begründeten den weit über die Grenzen reichenden Ruf der 1828 eingerichteten Technischen Bildungsanstalt Dresden. 60 Jahre bestand die inzwischen zur Königlich Sächsischen Technischen Hochschule erhobene Einrichtung, als sich der 18jährige *Eugen Oskarowitsch Paton* als Student an der »Ingenieur-Abtheilung« einschreiben ließ. Zu seinen bedeutendsten Lehrern gehörten *Gustav Zeuner*, *Christian Otto Mohr* und *Wilhelm Fränkel*, ein Schüler und ehemaliger Assistent *Schuberts. Paton* wurde Assistent von Professor *Fränkel* am Lehrstuhl für Brückenbau und erhielt nach guten Studienleistungen 1894 sein Diplom als Bauingenieur. Er blieb noch bis 1895 in Dresden und war an den konstruktiven Umbauten des Böhmischen Bahnhofs zum Dresdner Hauptbahnhof beteiligt.

Der Aufenthalt *E. O. Patons* in Dresden bedeutete einen wichtigen Schritt in der fachlichen Entwicklung des großen Ingenieurs und Wissenschaftlers. Er war bereits Professor am Lehrstuhl für Ingenieurbauten des Kiewer Polytechnikums, als er 1929 von der Akademie der Wissenschaften der UdSSR beauftragt wurde, ein Laboratorium für Elektroschweißung in Kiew einzurichten. Unter seiner Leitung entwickelte sich diese Wirkungsstätte sehr schnell zu einem Zentrum der Schweißtechnik von Spitzenniveau. 1934 ging daraus das Institut für Elektroschweißung hervor, das heute seinen Namen trägt. Die wissenschaftlichen Arbeiten und praxisverbundenen Forschungen unter Leitung *Patons* führten zu einem stürmischen Aufschwung der Schweißtechnik in der Sowjetunion und beeinflußten diese Entwicklung in der ganzen Welt.

Allem Fortschritt gegenüber sonst aufgeschlossen, begegneten die Technischen Hochschulen den neuartigen Schweißverfahren mit abwartender Zurückhaltung und Skepsis. Die Industrie hatte jedoch die großen Möglichkeiten erkannt, die in dem moder-

Das neue Polytechnikum in Dresden. Die 1828 eingerichtete Technische Bildungsanstalt wurde 1871 »Königlich Sächsische Hochschule«. Daraus entwickelte sich die heutige Technische Universität Dresden

Theodor Kautny gründete um 1900 den ersten Schweißverband

August Hilpert war nach 1920 als Professor an der Technischen Hochschule Berlin tätig

nen Verbindungsverfahren steckten. Mit intensiven Entwicklungsarbeiten verhalf die Industrieforschung dem Schweißen schnell aus den Kinderschuhen. Grundlegende Erkenntnisse erwarben sich die ersten Fachleute durch ihre Tätigkeit in den industrieeigenen Versuchswerkstätten, in denen sie auch die Ausbildung der Schweißer vornahmen. Bereits *Slawjanow* hatte seine Arbeiter im Umgang mit den von ihm entwickelten Verfahren und Ausrüstungen unterwiesen. Die Interessen der Hersteller und Anwender von Autogenschweißgeräten nahm der 1898 aus zwei konkurrierenden Vereinen gegründete Deutsche Acetylenverein wahr. Acht Jahre später hatte das Gebiet schon so großen Umfang angenommen, daß sich innerhalb dieses Vereins eine eigene Fachgruppe »Autogene Metallverarbeitung« bildete. Daraus ging 1909 unter großer Beteiligung der Industrie der »Verband der autogenen Metallverarbeitung« hervor. Seine Aufgaben sollten hauptsächlich die Förderung und das Studium des autogenen Schweißens sein. Die allgemeinen Bedingungen und Gebühren erlaubten den Beitritt aller an dem neuen Verfahren Interessierten. Den 1. Vorsitz übernahm Prof. *A. Bantlin* von der Königlichen Technischen Hochschule Stuttgart.

Auch der beharrliche *Theo Kautny*, dessen Name unauslöschbar mit der Autogenschweißtechnik verbunden bleibt und der diese Organisation ins Leben gerufen hatte, übte in der wechselvollen Geschichte des Verbandes verschiedene Funktionen aus. Seinen Bemühungen war es zu verdanken, daß mit Unterstützung der Landesregierung Nordrhein-Westfalen an der Königlichen Maschinenbauschule Cöln am 21. 6. 1909 die erste Lehrwerkstätte für autogene Metallverarbeitung eröffnet werden konnte. *Kautny* leitete diese mit viel Umsicht und der ihm eigenen Geschäftstüchtigkeit über viele Jahre. Im ersten einwöchigen Lehrgang erlernten 16 Teilnehmer autogenes Schweißen, bis 1914 waren es 900. Die Lehrgänge waren immer gut besucht, denn es herrschte Mangel an Fachkräften. Bei dem damaligen technischen Stand war das Gelingen einer brauchbaren Schweißnaht mehr als heute von der Geschicklichkeit des Ausführenden abhängig.

In den 20er Jahren entstanden weitere Lehrwerkstätten des »Verbandes der autogenen Metallbearbeitung«, die sich neben der Ausbildung auch mit schweißtechnischen Forschungs- und Versuchsarbeiten beschäftigten (Berlin, Duisburg).

Die rasche Verbreitung des elektrischen

und autogenen Schweißens in größeren Unternehmen sowie kleineren Handwerksbetrieben führte durch unsachgemäßen Einsatz und mangelnde Kenntnis der metallurgischen Grundlagen zwangsläufig zu Schäden mit schwerwiegenden Folgen. Das Hauptinteresse der meisten Hersteller schweißtechnischer Geräte und Hilfsmittel galt dem Verkauf ihrer Produkte, um sich einen Anteil an dem gewinnträchtigen, neu erschlossenen Markt zu sichern.

Viele grundlegende Probleme verlangten zunehmend eine wissenschaftliche Behandlung, der sich die gelehrte Welt nicht länger entziehen konnte. 1909 nahmen das Staatliche Technikum Hamburg sowie das Thüringische Technikum Ilmenau den praktischen und theoretischen Unterricht für autogene Metallverarbeitung in ihr Studienprogramm auf. Über das Thema: »Die Verwendbarkeit der Azetylen-Sauerstoffschweißung im Maschinenbau« hatte schon ein Jahr früher mit *Hilpert* erstmals ein Techniker auf dem Gebiet der Schweißtechnik promoviert und ihr damit einen wissenschaftlichen Anstrich verliehen. *Hilpert* übernahm 1923 auch die erste Professur für Schweißtechnik in Deutschland an der Technischen Hochschule zu Charlottenburg. Im gleichen Jahr verlieh das Braunschweiger Polytechnikum *M. U. Schoop* für seine Erfindungen und Verdienste auf dem Gebiet des Metallspritzens den Titel eines Dr.-Ing. h. c. 1925 erhielt der verdienstvolle Pionier der Autogentechnik, *Ernst Wiss*, ebenfalls diesen Ehrentitel.

Deutschland, gemeinsam mit Frankreich am weitesten bei der Entwicklung der Schweißtechnik fortgeschritten, verlor nach Ende des ersten Weltkrieges seine führende Rolle. Das gewaltige Potential der Massenfertigung in den USA förderte in diesem Land explosionsartig die Verbreitung und Weiterentwicklung der modernen Metallbearbeitung. Dort erkannte man auch schnell, daß die Schweißtechnik einen eigenen Wissenschaftsbereich beansprucht. Bald gab es in der amerikanischen Industrie die ersten »Schweißungsingenieure«, die sich in der

Ausführliche
Beschreibung
der
Metallothe
und
Löthungen,
darin sowol
alle Schlag- Schnell- Hart- Weich-
Metall- und andere Lothe zu machen;
als auch
alle Metalle selbst zu löthen
angewiesen werden
von
Johann Georg Friedrich Klein.
P. M. et A. M.

Berlin, 1760.
im Verlag des Buchladens der Realschule.

Titelblatt des Buches von Johann Georg Friedrich Klein: »Ausführliche Beschreibung der Metallothe und Löthungen«; Berlin 1760

1919 gegründeten Amerikanischen Schweißergesellschaft (AWS) organisierten.

In der technischen Literatur erschienen viel früher fachbezogene Bücher, die sich mit der Löt- und Schweißtechnik beschäftigten. Von 1760 existiert die wohl älteste Schrift, mit der *Johann Georg Friedrich Klein* eine »Ausführliche Beschreibung der Metallothe und Löthungen« gibt. Der in der handwerklichen Kunst des Lötens versierte Autor beklagt in der Einleitung, daß ». . . allein wenig Gelehrte sich bekümmern um diese dem gemeinen Wesen nützliche Sachen«, weil sie die ». . . Handwerksgeschäfte gar niederträchtig und einem Gelehrten unanständig, ja auch selbst den Umgang mit diesen Leuten schon anstößig finden«.

Seine bahnbrechende Erfindung veröffentlichte *Slawjanow* 1892 in Petersburg unter dem Titel »Elektrisches Gießen – Handbuch für dessen Einführung und praktische Anwendung«. Dieses Standardwerk erfuhr 37 Jahre später durch die Fachzeitschrift »Schweißweiser« in Berlin eine Neuauflage. Ebenfalls 1892 erschien das Buch »Die elektrische Schweißung und Löthung« von *Etienne de Fodor*.

Auch eigene Fachzeitschriften erschlossen bald das neue Gebiet. Der rastlose *Kautny*, der bereits die Zeitschrift »Acetylen in Wissenschaft und Industrie« herausgab, ließ am 15. 7. 1908 mit dem Heft Nr. 1 der »Autogenen Metallbearbeitung« die erste schweißtechnische Zeitschrift der Welt erscheinen; sieben Monate später folgte in Paris die »Revue de Soudure Autogène«. Ebenfalls 1909 erschien die Fachzeitschrift »Canadian welder & fabricator«. Sie ist die älteste heute noch erscheinende Zeitschrift auf dem Gebiet der Schweißtechnik.

Das Schweißen hatte sich längst zu einem selbständigen Teilgebiet der Metallbearbeitung entwickelt. Es verlangte zunehmend nach begrifflicher Ordnung und einheitlichen Richtlinien. 1925 erfolgte, wiederum auf Anregung *Kautnys*, die Gründung des Fachausschusses für Schweißtechnik beim Verein Deutscher Ingenieure. Bald erschienen die ersten Richtlinien für die Schweißerausbildung und Prüfung sowie für schweißtechnische Konstruktionen. Bei der Festlegung schweißtechnischer Begriffe, als gemeinsame Sprache der Techniker, erwarb sich *Hilpert* besondere Verdienste. 1930 richtete die Industrie den Lehrberuf »Schmelzschweißer« mit dreijähriger Lehrzeit ein, der sowohl das Gas- als auch das Lichtbogenschweißen umfaßt. Ein Jahrzehnt später erkannte auch das Handwerk das Schweißen als vollwertigen Lehrberuf an und ließ die Prüfung als Schweißmeister zu.

Heute beschäftigen sich Wissenschaftler und Praktiker in vielen Institutionen der ganzen Welt mit neuen Verfahren und Technologien zum Nutzen des »gemeinen Wesens«. Und diese Zusammenarbeit wird nicht als »unanständig«, sondern als unbedingt notwendig erachtet. An zahllosen Hoch- und Fachschulen werden Schweißingenieure ausgebildet, die sich aus modernen Fachbüchern das nötige Wissen aneignen können.

Welchen Umfang die Ausbildung qualifizierter Schweißfachkräfte hat, spiegeln folgende Zahlen wider:
600 000 Schweißer, 18 400 Schweißingenieure und 24 500 Schweißtechniker wurden allein von 1977 bis 1982 in der Sowjetunion ausgebildet. Die Schweißtechnik ist zu einem bestimmenden Faktor des Entwicklungstempos der Wirtschaft geworden.

Nach Gründung der DDR konzentrierten sich die Kräfte besonders auf die Errichtung einer modernen Schwerindustrie und chemischer Großbetriebe. Dabei hatte die Schweißtechnik wichtige Aufgaben zu erfüllen. Um den wissenschaftlich-technischen Fortschritt zu beschleunigen, entstand 1952 aus der ehemaligen Schweißtechnischen Versuchs- und Lehranstalt Halle das Zentralinstitut für Schweißtechnik der DDR (ZIS). Maßgeblichen Einfluß nahm hier Prof. *Werner Gilde*. Seit dieser Zeit entwickelten die Mitarbeiter einige tausend Verfahren, Technologien und Geräte und führten sie in die Industrie ein. Große Bedeutung hat dabei auch die Ausbildung: 1983 konnte der 700 000. Schweißerpaß überreicht werden.

Die Schweißnähte umspannten längst den ganzen Erdball. Es war deshalb nötig, daß auch die Schweißfachleute aus aller Welt zusammenarbeiteten. 1948 wurde in Brüssel das Internationale Schweißinstitut (IIW-International Institut Welding) gegründet, in dem sich zunächst Spezialisten aus 34 Ländern zusammenschlossen. Seit 1973 gehört die DDR, vertreten durch das ZIS, dieser Organisation an. In regelmäßigen Abständen beraten die Experten über einheitliche Richtlinien, tauschen Forschungsergebnisse aus und koordinieren Entwicklungsarbeiten.

Skorbut zeigte sich lange Zeit als Geißel der Seefahrt. Wenn Sauerkraut und Malz als Vitaminspender aufgezehrt waren und die Kost nur noch aus zerbröckeltem Zwieback und Pökelfleisch bestand, kehrte mancher Seemann nicht mehr von großer Fahrt zurück. Am 9. 11. 1774 schrieb James Cook während seiner zweiten großen Entdeckungsreise in sein Tagebuch: »Das eingesalzene Fleisch, das sich noch dazu im schlechten Zustand befand, war uns allen im höchsten Grade zum Ekel geworden, und ich für meinen Teil zweifelte, ob ich jemals wieder imstande sein würde, Pökelfleisch zu genießen.«

Erst die Erfindung der Konservierung durch Erhitzen und Aufbewahren in luftdichten Behältern gewährleistete eine abwechslungsreiche und vitaminhaltige Kost. 1810 wurde dem Engländer *Peter Durand* das Patent für Konservendosen aus Weißblech erteilt. Eine gelötete Dose mit Kalbsbraten, die *W. E. Parry* 1824 auf seiner dritten Reise zur Erforschung der Nordwestpassage mitnahm, wurde 1939 gefunden und geöffnet. Der Inhalt war noch nach über 100 Jahren genießbar.

Die Herstellung von Konservendosen vermittelt sehr anschaulich, welchen Sprung das Löten auf seinem Weg von der handwerklichen Kunst zum industriellen Fügeverfahren vollzogen hat. Benötigte anfangs ein geschickter Klempnergeselle für die Anfertigung von 18 bis 20 Dosen einen ganzen Arbeitstag, konnten Lötmaschinen zur Jahrhundertwende dieselbe Anzahl schon in einer Minute herstellen. Heute schafft eine automatische Dosenanlage diese Menge in nur einer Sekunde. Eine solch unvorstellbare Leistungssteigerung war nur mit Hilfe wissenschaftlicher Untersuchungen und Anwendung neuer Wirkprinzipien möglich. Manche Entwicklung wäre ohne neue Lötverfahren undenkbar gewesen.

In einem Märchen aus 1001 Nacht wurde dem Prinzen Ali eine wunderbare elfenbeinerne Zauberröhre angeboten. Mit ihr konnte man alles sehen, und wäre es auch tausend Meilen entfernt. Ali kaufte diese Zauberröhre für 40 000 Goldstücke. Inzwischen ging dieser Wunschtraum für viele in Erfüllung: Die Fernseh-»Zauberröhre« zieht täglich Millionen in ihren Bann. Bevor das »Wunder« Wirklichkeit wurde, arbeiteten Erfinder und Konstrukteure jahrzehntelang an der technischen Lösung. Aber auch die Probleme einer wirtschaftlichen Serienfertigung mußten überwunden werden. Konnte man die wenigen Stellen der ersten Rundfunkgeräte noch mit einem Handlötkolben verbinden, so erfordern die fast 5 000 Lötstellen eines Colorfernsehgerätes eine rationellere Methode.

Als die Anzahl der elektrischen Bauelemente immer größer und ihre Abmessungen immer kleiner wurden, kam man auf den Gedanken, sie auf eine Platte zu setzen und die Anschlüsse durch Bohrungen zu stecken. Auf der Unterseite der Platte sind Leiterbahnen aus Kupfer aufgedruckt, wodurch das Verdrahten entfällt. Nun braucht man die Platte nur noch in ein Lötbad zu tauchen, und alle Anschlußdrähte werden gleichzeitig mit den Leiterzügen verbunden. Zum Tauchlöten kam Ende der 50er Jahre noch das Schwallöten hinzu. Hierbei werden die bestückten Leiterplatten über eine Welle aus flüssigem Lot geführt. Mit diesem hochproduktiven Verfahren können mehrere tausend Lötstellen in wenigen Sekunden bearbeitet werden. Noch produktivere Lösungen sind erforderlich, denn die Elektronik dringt in alle Lebensbereiche vor. Die Anzahl der Lötstellen wächst ins Unermeßliche, wobei die Miniaturisierung der Bauelemente fortschreitet. 1982 wurden etwa 10^{14} Mikrolötstellen im Bereich der Elektronik hergestellt. Mehrere Millionen Lötstellen enthält z. B. ein Computer. Der Ausfall nur einer einzigen kann weitreichende Folgen haben; nicht nur in der Nachrichten- oder Prozeßüberwachungstechnik. Schon eine undichte Lötstelle der über 10000 eines PKW-Kühlers kann recht ärgerliche Auswirkungen nach sich ziehen.

Zu den seit Jahrtausenden ausgeübten Verfahren mit Lötrohr und -kolben kamen in diesem Jahrhundert über ein Dutzend neuer hinzu. Stellvertretend für sie seien das Induktions-, Widerstands-, Ultraschall-, Diffusions- und Lichtstrahllöten genannt. Sie entstanden durch bewußte Ausnutzung bekannter Prinzipien in Wechselwirkung mit neuen Verbindungsaufgaben. Eine Ausnahme machte das Schutzgaslöten. Es wurde 1906 durch Zufall in einem Forschungslabor der General Electric in den USA entdeckt. Wolframoxid sollte in bekannter Weise in einem Kupferschiffchen innerhalb eines Eisenrohres mit Wasserstoff reduziert werden. Versehentlich wurde die Temperatur überschritten, und das geschmolzene Kupfer hatte das Wolfram fest mit dem Stahlrohr verbunden. Die zielgerichtete Anwendung dieses Effektes führte zu einem hochproduktiven, äußerst wirtschaftlichen Massenlötverfahren.

Das Löten hat, wie alle Verbindungsverfahren, seine spezifischen Anwendungsgebiete. Historisch spielt es eine besondere Rolle, denn es ist älter als das Feuerschweißen, das älteste Schweißverfahren überhaupt. Bei der Geburt der modernen Schweißverfahren stand das Löten Pate. Als *Richemont* 1838 seinen »Lötapparat« zum Löten von Bleiplatten einsetzen wollte, verschmolz die heiße Wasserstoff-Luft-Flamme die Bleikanten, ohne daß Lot erforderlich war. Das Löten wandelte sich zum »Löten durch sich selbst« (soudure autogène-Schweißen).

Nachdem über Jahrtausende nur das Feuerschweißen existiert hatte, war ein neues Verfahren hinzugekommen. Es gewann allerdings erst an Bedeutung, als man den Werkstoff des Industriezeitalters – den Stahl – damit verbinden konnte. Die explosionsartig zunehmende Verwendung des Stahls auf allen Gebieten hatte auch eine sprunghaft steigende Zahl von Verbindungsaufgaben zur Folge. Diesen Anforderungen war das Feuerschweißen nicht mehr gewachsen. Die Entdeckung neuer Wirkenergien sowie die Entwicklung von Verfahren zur örtlich begrenz-

Ein hochproduktives Verbindungsverfahren für die Massenfertigung ist das Löten im Schutzgas-Durchlaufofen

ten Energieübertragung auf das Werkstück lösten den qualitativen Sprung aus, der die Menschen zur Bewältigung der quantitativ gestiegenen Erfordernisse der Schweißtechnik befähigte.

Alle heute noch gebräuchlichen konventionellen Schweißverfahren wurden im Zeitraum von 1838 bis zum Beginn des 20. Jahrhunderts erfunden und in die Praxis eingeführt. Das Verwenden von Brenngasgemischen mit Druckluft und Sauerstoff beim Autogenschweißen, die Ausnutzung des elektrischen Widerstandes, das Anwenden des elektrischen Lichtbogens und das aluminothermische Schweißen bilden die Grundlage der vielen Verfahren, deren Entwicklung heute noch nicht abgeschlossen ist.

In den ersten Jahren nach der Jahrhundertwende waren es besonders die Praktiker, die vor allem die Erkenntnisse auf dem Gebiet der Metallurgie, der Elektrotechnik sowie der Technischen Mechanik nutzten. Später trugen auch wissenschaftliche Untersuchungen der Schweißvorgänge dazu bei, daß sich das Schweißen zu einem soliden, anerkannten Verbindungsverfahren entwickelte. Nachdem die grundlegenden Verfahren in der Metallbearbeitung Fuß gefaßt hatten, versuchte man, ihren Anwendungsbereich zu erweitern und ihre Leistungsfähigkeit zu erhöhen. In dieser Phase wurde das Metallspritzverfahren durch *Schoop* erfunden, der große Verdienste auf diesem Gebiet hat. 1909 erwarb eine deutsche Firma die Grundpatente zum Metallspritzverfahren für 180 000 Goldmark. Bis heute hat das Metallspritzen noch nichts an Bedeutung für die Regenerierung verschlissener Teile eingebüßt und hilft der Wirtschaft, Millionenwerte zu erhalten. *Schoop* hatte schon 1906 das Schweißen von Aluminium möglich gemacht, und *Carl Canzler* erweiterte 1912 in Düren das Autogenschweißen auf Kupfer.

Die Erfindungen des Nachrechts-Schweißens (1925), des Zweiflammenschweißens (1934) und der AGA-Tiefschweißung (1941) beim autogenen Schweißen sowie des Elin-Hafergut-Verfahrens (1939), des Kaell-

Mit der Metallspritztechnik können Oberflächen mit einer gegen Verschleiß und Korrosion widerstandsfähigen Schicht versehen oder verschlissene Werkstücke wieder regeneriert werden

Schweißverfahrens (1938), des Einlegeschnellschweißens (1944) und des Humboldt-Meller-Verfahrens (1950), um nur einige der Lichtbogenschweißverfahren zu nennen, ergaben eine höhere Schweißleistung, beruhten jedoch auf den bekannten Grundprinzipien. Über einige Zeiträume nutzte man die verschiedenen Varianten, bis sie durch noch leistungsstärkere Verfahren abgelöst wurden. Sind die meisten heute auch wieder vergessen, so gaben sie doch Impulse für die weitere Entwicklung.

Bereits *Benardos* hatte vorgeschlagen, den Lichtbogen mit einem Schutzgas zu umhüllen, um damit den Zutritt der Atmosphäre zum Schweißbad zu verhindern. 1919 benutzte *M. H. Roberts* in den USA Stickstoff, den man irrtümlich für inaktiv gehalten hatte, als Schutzgas. Die Schweißnähte erwiesen sich aber als zu spröde. Ebenso unbefriedigende Ergebnisse erhielt man mit Kohlengasen und Wasserdampf. Durch die aufkohlende Wirkung blieb auch Leuchtgas ungeeignet. Den ersten praktischen Erfolg erzielte 1925 der amerikanische Physiker *Irving Langmuir* mit dem Arcatomschweißen. Wie beim Zerener-Verfahren brennt der Lichtbogen zwischen zwei Wolframelektroden. Als Schutzgas dient Wasserstoff, der im Lichtbogen unter Aufnahme von Wärme teilweise in atomaren Zustand übergeht. Die Bildung von Molekülen am Rande der Flamme ruft eine Temperatursteigerung hervor. Das Hauptanwendungsgebiet des Arcatomschweißens liegt neben dem Dünnblechschweißen legierter Stähle beim Schweißen von Leichtmetallen. *Langmuir*, der bereits 1911 den atomaren Wasserstoff entdeckte, erhielt 1932 für seine bahnbrechenden Arbeiten auf vielen Gebieten den Nobelpreis für Chemie.

Ebenfalls 1925 meldeten *E. Thomson* und *Peter P. Alexander* aus Schenectady (USA) das nach seinem Miterfinder benannte Alexander-Verfahren zum Patent an. Dabei wird der Lichtbogen durch Methanolgas abgeschirmt. Die Allgemeine Electricitäts-Gesellschaft (AEG) entwickelte dieses Verfahren weiter und führte es zur Einsatzreife. Trotz einiger Verbesserungen hafteten dem Schutzgasschweißverfahren Unzulänglichkeiten an, die einer breiteren Anwendung entgegenwirkten. Wasserstoff hatte sich nicht als inertes Gas erwiesen. Seine hohe Löslichkeit im flüssigen Stahl führte zu unerwünschten Folgen. Deshalb suchte man weiter nach geeigneten Schutzgasen, um das Schweißbad gegen die Einflüsse der Luftatmosphäre abzuschirmen.

Die amerikanischen Northrop-Flugzeugwerke arbeiteten 1937 ein Verfahren zum Schweißen von Aluminium aus, das in der Folgezeit der Schutzgasschweißung zum Durchbruch verhalf. Der Lichtbogen brannte zwischen einer sich kaum verzehrenden Wolframelektrode und dem Werkstück. Als Schutzgas benutzte man zunächst Helium, das in den USA in Naturgasquellen vor-

Kjellberg-Schweißautomat für Blankdraht oder Seelendraht, um 1922

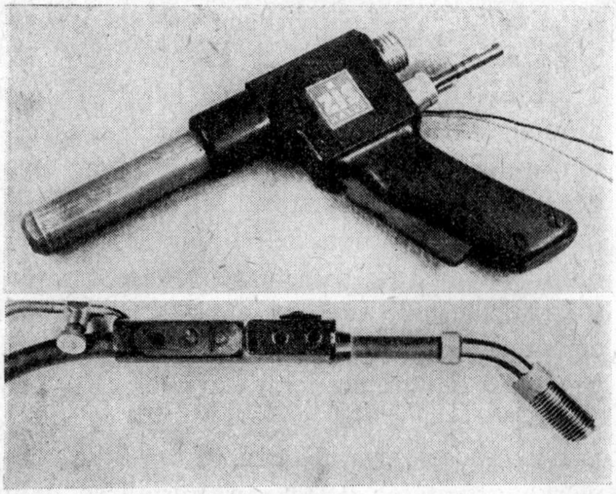

Schweißpistolen
a) 1957 wurde die erste einsatzfähige wassergekühlte CO_2-Schutzgasschweißpistole der DDR vorgestellt. Sie wog noch 950 g und konnte bis 450 A belastet werden
b) Um die Masse zu verringern, wurde 1958 im ZIS Halle erstmalig in der Welt eine ungekühlte CO_2-Schweißpistole entwickelt. Dieses Prinzip hat sich weltweit durchgesetzt.

kommt, später Argon, das als Nebenprodukt bei der Sauerstoffgewinnung anfiel. Die chemisch völlig inaktiven Edelgase gaben den neuen Verfahren auch die Bezeichnung als Heliarc und Argonarc. In der deutschen Terminologie werden sie als Wolfram-Inert-Gas-Schweißen (WIG) bezeichnet. Der Zusatzwerkstoff wird dabei als Stab von Hand zugeführt.

Um den Schweißprozeß zu automatisieren und die Leistung zu erhöhen, mußte der Zusatzwerkstoff als Draht von einer Rolle endlos vorgeschoben werden. Dieses Verfahren hatte man zwar schon in den 20er Jahren bei Längs- und Rundnahtschweißautomaten angewandt, dabei wurde aber der Blankdraht ohne Schutz abgeschmolzen. Das beeinträchtigte die Schweißnahtgüte. Auf den Erfahrungen des WIG-Schweißens aufbauend, versah man 1948, ebenfalls in den USA, den abschmelzenden Draht mit einem Argonschutz. Das Verfahren wurde unter dem Begriff Sigma- (Shielded-Inert-Gas-Metal-Arc) oder MIG-Schweißen (Metall-Inert-Gas) bekannt. Es verdrängte beim Schweißen von Nichteisenmetallen und nichtrostenden Stählen bald alle anderen Schmelzschweißverfahren. Später fand es auch für normale Stähle seinen Einsatz. Allerdings mußte eine kleine Menge Sauerstoff zugemischt werden, um einen günstigeren Tropfenübergang zu erzielen.

Da Argon teuer ist, versuchte man, es durch Kohlendioxid zu ersetzen. Bereits *Alexander* hatte schon 1926 Kohlendioxid benutzt, erhielt aber stark oxydierte und versprödete Schweißnähte. Seitdem beschäftigte man sich immer wieder mit diesem Schutzgas. Nach intensiven Forschungsarbeiten in amerikanischen, sowjetischen und anderen europäischen Laboratorien stellte sich der große Erfolg zu Beginn der 50er Jahre ein. Heute spielt besonders zur Mechanisierung und Automatisierung des Schweißprozesses das Schweißen unter CO_2-Schutzgas eine große Rolle.

Bei den im Lichtbogen herrschenden hohen Temperaturen zerfällt das Kohlendioxid in Kohlenmonoxid und Sauerstoff. Der freiwerdende Sauerstoff reagiert mit der Metallschmelze. Deshalb zählt man das Schweißen unter CO_2 zu den MAG-Verfahren (Metall-Aktiv-Gas). Die Vorteile der einzelnen Schutzgase werden beim Mischgas-Schweißen, ebenfalls ein MAG-Verfahren, vereinigt. Durch die Wahl bestimmter Anteile einer Argon-Kohlendioxid-Sauerstoff-Mischung lassen sich die günstigsten technologischen Parameter für das Schweißen unlegierter oder niedrig legierter Stähle einstellen.

Etwa zur gleichen Zeit, als das Schutzgasschweißen zu einem wichtigen Faktor der Leistungserhöhung sowie der Automatisierung des Schweißprozesses wurde, entwickelte sich mit dem Unter-Pulver-Schweißen (UP-Schweißen) ein weiteres Hochleistungsverfahren. Der Wiederaufbau der im zweiten Weltkrieg in fast allen europäischen Ländern zerstörten Industriebauten, Brücken, Bahnhofshallen, Schiffe, Hafenanlagen und die bei einem Neubeginn möglichen erweiterten Dimensionen stellten an die Schweißtechnik

Forderungen, denen sie mit den traditionellen Verfahren nicht mehr gewachsen war. Das hohe Wirtschaftswachstum seit Mitte der 50er Jahre wäre ohne Schutzgas- und UP-Schweißen undenkbar gewesen. Andererseits förderte das Bedürfnis nach leistungsfähigen Verfahren ihre schnelle Ausbreitung.

Wie die meisten bedeutenden Erfindungen unserer Tage hatte auch das UP-Schweißen mehrere geistige Väter. *Benardos* und *Slawjanow* empfahlen schon vor fast 100 Jahren, die Schweißzone mit gestoßenem Glas, d. h. mit Silikaten und Ferrolegierungen, zu bedecken. Der sowjetische Schweißfachmann *D. A. Dultschewski* erhielt 1929 ein Patent für die Erfindung der Lichtbogenschweißung unter einer Schicht pulverartiger brennbarer Stoffe, die den Lichtbogen und die Schweißstelle vor Luftzutritt abschirmten. Sieben Jahre später wurde in den USA der zur Union Carbid and Carbon Corporation gehörenden Firma Linde die Priorität für ein Schweißverfahren unter einer Schicht granulierter Stoffe erteilt, das als Unionmelt-Verfahren bekannt wurde. In Deutschland erwarb die Gesellschaft für Lindes Eismaschinen AG in Höllriegelskreuth 1937 die Generallizenz für dieses Verfahren und führte es unter der Bezeichnung Ellira-Verfahren (Elektro-Linde-Rapid) in der Stahlbauindustrie ein. Die Firma Kjellberg entwickelte dafür auf der Grundlage ihres berühmten »Maulwurfs« einen Universal-UP-Schweißautomaten.

Universal-Unterpulver (UP)-Schweißautomat »Maulwurf«, 1944

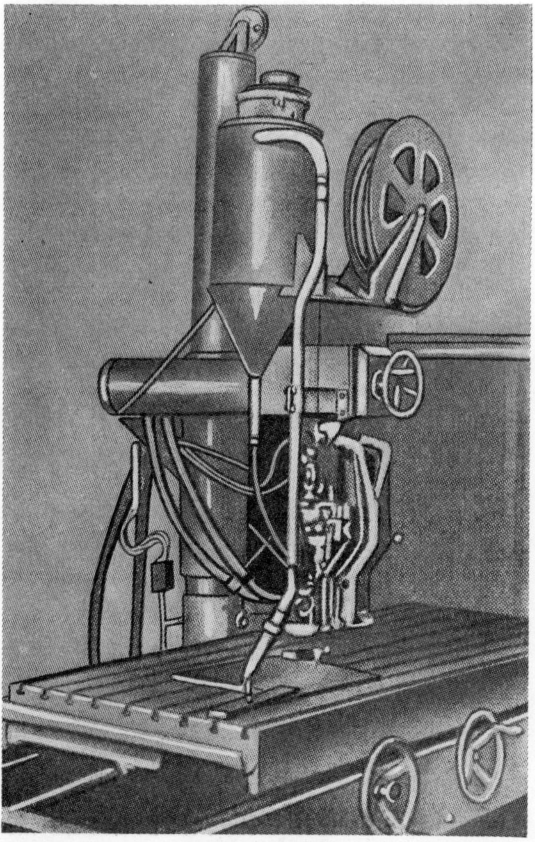

Erster 1941 im Kiewer Patoninstitut gebauter UP-Schweißautomat

Auch sowjetische Wissenschaftler, die im amerikanischen Unionmelt-Verfahren die Anwendung bereits bekannter Methoden sahen, führten unter Leitung *E. O. Patons* im Institut für Elektroschweißen in Kiew grundsätzliche Untersuchungen für dieses Schweißverfahren aus. Bis zum Jahre 1942, in welchem *Tannheim* den Beweis erbrachte, daß es sich um ein Lichtbogenschweißverfahren handelt, hatte man es als Widerstandsschweißverfahren betrachtet. Zahlreiche technologische und gerätetechnische Verbesserungen entwickelten das UP-Schweißen zu

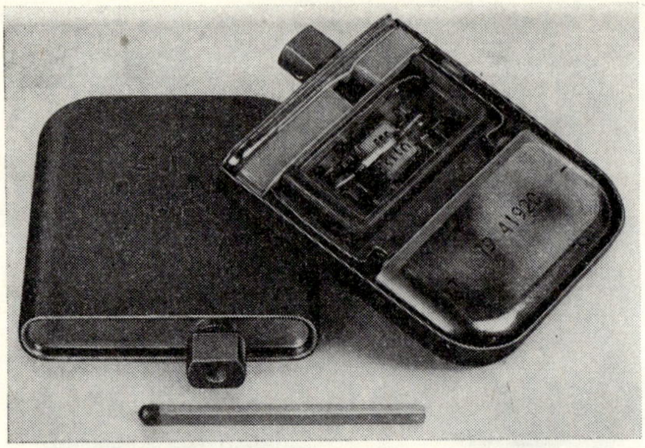

Das Titangehäuse eines Herzschrittmachers ist mit dem Laserstrahl geschweißt, ohne die empfindlichen Bauelemente im Inneren zu beschädigen

einem bewährten Verfahren, das besonders im Kessel-, Brücken- und Schiffbau seinen Platz gefunden hat.

Das Bestreben, Schweißgeschwindigkeiten und Abschmelzleistungen zu erhöhen, führte in den 50er und 60er Jahren zur Entwicklung weiterer Schweißverfahren. Dazu gehören das Elektroschlacke- und das Elektrogasschweißen (ES- bzw. EG-Schweißen). Sie dienen besonders zum Verbinden dicker Bleche. An ihrer Ausarbeitung hatte Professor *Boris E. Paton* aus Kiew, Leiter des von seinem Vater begründeten Schweißinstitutes, großen Anteil.

Die Fortschritte auf dem Gebiet der Schweißtechnik hatten längst ihren sporadischen Charakter verloren. In den Schweißinstituten und Versuchswerkstätten wurde systematisch der Einsatz physikalischer und chemischer Wirkprinzipien untersucht. Viele Vorarbeiten mußten geleistet und vielerlei Voraussetzungen erfüllt sein, bis der technische Entwicklungsstand eine Reihe neuer Verfahren reifen ließ, die das Ergebnis internationaler Forschungsarbeiten darstellen. Fachleute der ganzen Welt trugen mit ihren Erkenntnissen zu ihrer Entwicklung bei. Deshalb sind auch die Verfahren, wie das Elektronenstrahl-, Plasma-, Diffusions-, Reib-, Thermokompressions-, Explosions-, MBL-, Hochfrequenz-, Perkussions- und Lichtstrahlschweißen, um nur einige zu nennen, nicht mehr mit den Namen einzelner Erfinder verbunden.

Forscher schätzen ein, daß die Lasertechnik zu den Grundtechnologien gehört, die zahlreiche Fertigungsverfahren wesentlich verändern werden. Laser ist die Abkürzung von »Light amplication by stimulated emission of radiation« und bedeutet in der deutschen Übersetzung »Verstärkung von Licht durch angeregte Strahlenemission«. Laserstrahlen sind eng gebündelte Lichtstrahlen hoher Intensität. Die abgegebene Energie stammt von Atomen, die durch Bestrahlung mit bestimmten Lichtquellen angeregt wurden. Treffen Laserstrahlen auf ein lichtundurchlässiges Material, brennen sie augenblicklich nadelgroße Löcher durch Verdampfen in den Werkstoff. Die gegenwärtig von Laserschweißgeräten zur Verfügung stehende Energie reicht nur zum Schmelzen, Schneiden und Schweißen dünner Bleche, Folien und Drähte. Deshalb erfolgt ihr Einsatz in der Mikroelektronik und überall dort, wo mit höchster Präzision schwierig zu bearbeitende Metallegierungen verbunden werden müssen, z. B. die Kapseln von Herzschrittmachern oder die Anschlüsse winziger Transistoren.

Alle Sonderschweißverfahren werden das Schweißen keinesfalls grundlegend verändern. Sie ergänzen die bestehenden Varianten und lösen die sich ständig neu ergebenden Verbindungsprobleme; sie haben ihre bevorzugten Anwendungsgebiete. Aufgabe des Schweißtechnikers ist es, mit großer Sachkenntnis das jeweils günstigste Verfahren auszuwählen. Laser- sowie ES-Schweißen demonstrieren sehr anschaulich das breite Spektrum der Verfahren. Während das Verschweißen von Drähten, die um ein Vielfaches dünner als ein Menschenhaar sind, mit einem Laserimpuls von einer millionstel Sekunde Dauer unter dem Mikroskop erfolgt, erfordert das Elektroschlackeschweißen zentimeterdicker und mehrere Stockwerke hoher Schiffswände viele Stunden. Und immer weitere Verfahren befinden sich im Entwicklungsstadium. Bald werden den Schweißtechnikern Begriffe wie Metalldampfschweißen, Schweißen mit Ionenstrahlen oder mit elektromagnetischen Feldern geläufig sein.

Nicht nur die funktionsbedingten konstruktiven Veränderungen des Arbeitsgegenstandes und das quantitativ steigende Bedürfnis ließen neue Schweißverfahren entstehen. Mit den Plasten und den technischen Gläsern kamen neue Werkstoffe hinzu, die in vielen Bereichen einen nicht mehr wegzudenkenden Platz eingenommen haben. 1913 schlug die Geburtsstunde der industriell hergestellten Plaste. *Fritz Klatte* gewann aus einem Polymerisat des Vinylchlorids erstmals künstliche Fäden. Knapp zwei Jahrzehnte mußten noch vergehen, ehe die Großproduktion des Polyvinylchlorids (PVC) aufgenommen werden konnte. Neben dem Verspinnen zu Fasern wurde das PVC als Platten und Rohre angeboten. Die Weiterverarbeitung des säurebeständigen Werkstoffs zu Behältern und Rohrleitungen machte eine dichte und feste Verbindungsmethode erforderlich. Ende der 30er Jahre entwickelte *A. Henning* in enger Zusammenarbeit mit der SLV Halle das Heißgasschweißen mit Zusatzwerkstoff. Diese Verbindungsmethode blieb in der Praxis bis heute noch richtungweisend. Sie nahm bald einen so großen Umfang ein, daß 1939 an der Schweißtechnischen Lehr- und Versuchsanstalt in Halle die ersten Lehrgänge für Kunststoffschweißen stattfanden.

Bald stand eine große Palette verschiedenster Plastwerkstoffe für eine breit gefächerte Anwendung zur Verfügung. Mit zahlreichen Schweißverfahren, wie Ultraschall-, Heizelement-Stumpf-, Hochfrequenz-, Lichtstrahl- oder Reibschweißen, haben die Plasttechniker das Problem des Verbindens von schweißbarer Plaste gelöst; es erfolgt weitgehend automatisiert. In der Nahrungsmittel-

Neben Metallen können auch Plast- und Glaswerkstoffe zuverlässig geschweißt werden. Hier das automatische Schweißen von Glasrohrleitungen für die Nahrungsmittelindustrie und Verpackungsindustrie führen Folienschweißautomaten, z. B. für die vollautomatische Abpackung von Milch, bis zu 300 Schweißtakte je Minute aus. Geschweißte Plastartikel umgeben uns überall.

Im Gegensatz zu den Plastwerkstoffen kann Glas auf eine Jahrtausende alte Vergangenheit zurückblicken. Pharaonen schmückten sich einst mit wertvollem Glas. Pompejis Bürger schauten 60 v. u. Z. bereits durch Glasfenster. Heute gewinnt dieser Werkstoff neben den traditionellen Verwendungszwekken im technischen Bereich immer größere Bedeutung. Ursache dafür sind seine vorzügliche Beständigkeit gegenüber fast allen Medien, die glatte, harte Oberfläche, seine Durchsichtigkeit und hohe Druckfestigkeit, geringes Gewicht sowie das nahezu unbegrenzte Vorkommen seiner Hauptbestandteile.

Diese Eigenschaften lassen Glas geradezu als idealen Werkstoff für Rohrleitungen erscheinen. Auch hier löst die Schweißtechnik das Verbindungsproblem. Das Glas wird mit Autogenschweißbrennern manuell oder mechanisiert bis zum Erweichen erhitzt und durch Zusammenpressen gefügt. Geschweißte Glasrohrleitungen haben sich vielfach in Brauereien, Arzneimittelwerken, Weinkeltereien und milchverarbeitenden Betrieben bewährt. Im Verbund mit einer Plastummantelung oder in Beton eingepackt, werden sie bereits im Wohnungs- und Chemieanlagenbau verwendet. Auch in der Bild- und Informationsübermittlung gehört die Zukunft dem Glas.

Vom Schwitzen zum Schweißen

Als Wieland, der Schmied, sein legendäres Schwert »Mimung« schmiedete, erhitzte er das Eisen im Schmiedefeuer, bis es »schwitzte«. Diese in der Sage überlieferte Beschreibung weist auf das Rennverfahren hin, mit dem die Menschen das erste schmiedbare Eisen erzeugten. Im Rennfeuer bildeten sich aus dem Erz teigige Eisenklumpen, sogenannte Luppen, die viel Schlacke enthielten. Durch Hämmern der noch glühenden Luppen wurde ein Teil der Schlacke herausgepreßt; das Eisen »schwitzte«. In diesem Zustand ließ sich das Eisen durch Hammerschläge auch vereinigen.

Später gewann man Eisen im Hochofen. Erst durch das »Frischen« wurde es schmiedbar. Nach dem Puddelverfahren, bei dem das Roheisen durch kräftiges Rühren gefrischt wurde, fiel das Eisen teigig und stark mit Schlacke versetzt an. Durch anschließendes Walzen zu Stangen konnte ein großer Teil der Schlacke herausgepreßt werden. Um eine gleichmäßigere Zusammensetzung zu erreichen, zerteilte man die Stangen in nachfolgenden Arbeitsgängen und legte sie übereinander. Erneutes Walzen verschweißte die einzelnen Teile, und man erhielt so das früher gebräuchliche Schweißeisen.

Wie beim Hammerschweißen kam eine innige Verbindung nur zustande, wenn das Eisen so hoch erhitzt war, daß die Schlacke wie Schweiß austrat. Schweißen war bis in das 18. Jahrhundert gleichbedeutend mit schwitzen. Man verstand darunter das Austreten einer Flüssigkeit, zum Teil verbunden mit Druck oder Wärme. Aus dem angelsächsischen »swaeten« (schwitzen, bluten) entwickelte sich das althochdeutsche »sweizen«

(braten, rösten). Im Mittelhochdeutschen galt »sweizen« schon als Synonym für das Zusammenhämmern von Metall in Weißglut. Hiermit läßt sich überzeugend ableiten, daß der für den Arbeitsvorgang »Verbinden durch Hämmern« stehende Begriff »Schweißen« seinen Ursprung im Vorgang des Erwärmens hat.

Sprengel berichtet 1770 in seinem Buch »Handwerke und Künste« über das Schweißen: »Die Absicht, warum das Eisen erwärmt wird, ist es zu schweißen und zu schmieden, und dies ist ohnstreitig eines der wichtigsten Stücke bei den Eisenarbeitern. Vorzüglich ist das Zusammenschweißen zu bemerken, welches von dem Schweißen überhaupt verschieden ist. Denn Schweißen heißt nur, das Eisen dichter zu schmieden, zusammenschweißen aber, zwei abgesonderte Stücke vereinigen.«

Im technischen Sinne verstanden 1894 die Gebrüder *Grimm* in ihrem Deutschen Wörterbuch unter dem vieldeutigen Begriff Schweißen: »schweiszen, eisen, stahlstücke in glühhitze bringen, in glühhitze durch hämmern verarbeiten oder verbinden«. Inzwischen sind einige Schweißverfahren hinzugekommen, und die Anwendung erstreckt sich auf viele weitere Werkstoffe. Allgemein versteht man heute unter »Schweißen« ein Fertigungsverfahren zum stoffschlüssigen Verbinden von Werkstoffen unter der Einwirkung von Wärme oder Druck oder gleichzeitig von beiden.

Daneben haben sich noch andere Bedeutungen im ursprünglichen Sinn erhalten. Sie liegen hauptsächlich im Bereich der menschlichen Schweißabsonderung und in der Jägersprache, in der mit Schweißen das Bluten des angeschossenen Wildes gemeint ist.

Das Bestreben nach ordnenden Begriffen hat längst auch das Gebiet der Schweißtechnik umfaßt. Definitionen grenzen die einzelnen Verfahren ab und erleichtern die Verständigung der Fachleute untereinander. Große Verdienste bei der Begriffsfestlegung erwarb sich Prof. *Hilpert* im damaligen Normenausschuß des Vereins Deutscher Ingenieure Mitte der 20er Jahre. Bis dahin gab es ein wirres Durcheinander. Die verschiedenen Bezeichnungen für ein und dasselbe Verfahren wurden durch werbewirksame Benennungen einiger Firmen noch vergrößert.

In der Schweißtechnik entzündeten sich z. B. heiße Diskussionen um den Begriff »Autogen«. 1838 hatte der Franzose *Desbassayns de Richemont* sein Verfahren zum Schweißen von Blei ohne Zusatz »soudure autogène« – Löten durch sich selbst – genannt. Das aus dem Lateinischen solidare (Vereinigen, Verbinden) kommende soudure bedeutete Löten als Synonym für das Verbinden von Metallen, und autogene (selbsttätig) entnahm *Richemont* dem Griechischen.

Aus den vielen Vorschlägen seien einige erwähnt:

statt Autogenschweißen – Flammenverschmelzen
Autogenschneiden – Durchbrennen
Verpuddeln der Schweißnähte – Flammenschweißen (also Hammerschweißen)
autogen – eigenstofflich.

Auch am elektrischen Lichtbogenschweißen nahm man Anstoß. Es sollte in Flammenbogenschweißen umbenannt werden.

Gegen die stürmische Entwicklung der Autogentechnik und des Lichtbogenschweißens konnten diese mit der Feder geführten Angriffe nichts ausrichten. Die wissenschaftliche Durchdringung aller Gebiete der Schweißtechnik prägte auch die neuere Fachterminologie. Aber der technische Fortschritt von morgen überholt oft Definitionen von heute. Und so international, wie die schweißtechnische Entwicklung verläuft, so überschreiten die Begriffe auch Ländergrenzen, denken wir nur an das »Laserschweißen« oder an »Software« und »Sensoren« für Schweiß»roboter«.

Der Wasa-Lauf gehört als klassischer Skimarathon zum populärsten Sportereignis Schwedens. 1922 erstmals zwischen Sälen und dem 90 km entfernten Mora ausgetragen, erinnert er an ein historisches Ereignis, als im tiefen Winter des Jahres 1521 der spätere König Gustav Wasa vor dänischen Häschern flüchten mußte. Mit mehreren tausend Teilnehmern ist das Rennen zum wahren Volkslauf geworden, obwohl an der Spitze erbittert um den Sieg gekämpft wird. Unvergessen bleibt der Wasa-Lauf von 1928. Weit an der Spitze liegend, jagten schweißüberströmt die beiden Favoriten Schulter an Schulter dem Ziel entgegen. Auch auf der Zielgeraden konnte sich keiner einen Vorteil verschaffen. Da siegte der Sportgeist, und beide passierten Hand in Hand unter dem Jubel der Menge das Ziel. Das Kampfgericht war ratlos. Es erkannte schließlich die Goldmedaille Erik Hedlund zu. Damit waren weder er noch die Zuschauer zufrieden. Bei der Siegerehrung ergriff Hedlund plötzlich die goldene und die silberne Medaille und lief zur kleinen Dorfschmiede. Dort zersägte er beide und lötete die Hälften wieder zusammen. Wenn es auch den Regeln nicht entsprach, konnten die Schiedsrichter jedem der beiden Sieger nun eine bisher einzigartige Gold-Silber-Medaille überreichen. So verhalf die Löttechnik der sportlichen Gesinnung auf eigentümliche Weise zum Sieg.

Nur wenige technische Verfahren haben so viele Anwendungsmöglichkeiten wie das Schweißen. Über eine Kuriosität berichtete *Oskar Kjellberg* in einem Vortrag auf der Generalversammlung des Vereins Schwedischer Ingenieure im Mai 1921. Im ersten Weltkrieg waren Pferde noch unentbehrliche Helfer beim Transport von Geschützen, Munition und Versorgungswagen. Findige Pioniere sahen im Lichtbogenschweißen eine Möglichkeit, das aufwendige Beschlagen der Pferde zu vereinfachen. Auf abgenutzte Hufeisen schweißten sie neue Stollen und Stahlplatten auf, ohne die Eisen von den Hufen zu entfernen. Nach einer halben Stunde war die »Reparatur« aller vier Hufeisen beendet, und das Pferd konnte die Werkstatt wieder verlassen. Diese Methode soll in großem Umfang angewendet worden sein. Voraussetzung war lediglich, daß Kraftwagen mit Scheinwerfern vorhanden waren. Denn die Generatoren für die mit Kohlelichtbogen betriebenen Scheinwerfer dienten gleichzeitig als Schweißstromquellen. *Kjellberg* sah in dem geschilderten Fall ein interessantes Beispiel für die vielseitigen Einsatzmöglichkeiten des elektrischen Lichtbogenschweißens, »wenn der Blick für dessen Nutzung und Verwertung offen ist«.

Heute verzichten z. B. auch nur wenige Kriminalfilme auf den spannungserhöhenden Effekt, wenn die zischende Schneidflamme mit einem Funkenregen in den Stahl eines Tresors eindringt. Auch die Schmuggler entdeckten in der Autogentechnik neue Möglichkeiten. Beim Füllen einer Sauerstoffflasche fiel auf, daß der Fülldruck ungewöhnlich schnell erreicht wurde. Als Ursache fand die Untersuchungskommission im Flaschenhals eine ausschraubbare Hülse. Sie allein konnte gefüllt werden und täuschte an der Grenze den kontrollierenden Zöllnern eine volle Flasche vor. Im übrigen Hohlraum wurden kostbarer Schmuck und Wertpapiere geschmuggelt. Aufgegriffen wurde dieser Trick in jüngster Zeit beim Transport von

Rauschgift in Propangasflaschen »harmloser« Auslandstouristen. Speziell abgerichtete Hunde kamen auch diesem Versteck auf die Spur.

Fast Unmögliches ereignete sich 1930. Ein belgisches Gericht verurteilte den Reeder eines britischen Schiffes zum Schadenersatz. Das Schiff hatte auf der Fahrt von Algier nach Philadelphia einen Riß an einer genieteten Platte des Schiffskörpers erhalten. Durch einen Zementkasten wurde das Leck provisorisch abgedichtet. In Philadelphia behob man den Schaden durch eine autogene Reparaturschweißung. Nach mehreren Reisen zeigte sich in Verlängerung des alten Risses ein neuer, Wasser drang ein und beschädigte die Ladung. Die Sachverständigen waren der Auffassung, daß die Reparatur mit der elektrischen Lichtbogenschweißung hätte durchgeführt werden müssen. Das starke Erwärmen beim Gasschmelzschweißen hatte das Material versprödet und zusätzliche Spannungen eingetragen. Durch schwere See war das starken Stößen ausgesetzte Stahlblech deshalb an dieser Stelle wieder gerissen. Der Sachschaden war groß.

Mit dem Schrecken kam auch die Besatzung des Dampfschiffes »Jena« im Jahre 1907 davon. Wie auf anderen Schiffen, war auch auf diesem das Brennschneiden mit dem Acetylen-Sauerstoff-Gebläse eingeführt. Beim Arbeiten damit entzündeten umhersprühende Funken Putzwolle. Da sich diese in unmittelbarer Nähe von einem Stapel Granaten befand, verließen die Arbeiter schreckerfüllt ihren Posten. Ein beherzter Feuerwehrmann konnte den Brand gerade noch unterdrücken, und die Fahrt konnte gefahrlos fortgesetzt werden.

Über den Kampf mit dem Feuer berichtete eine französische Zeitschrift unter dem Titel »Don Quichotte und Acetylen« folgendes: »Am 9. Februar 1907 wurden im Hafen von Algier 50 Trommeln Calciumkarbid entladen. Neben den Karbidtrommeln lagerte Polstermaterial für Matratzen. Während der Nacht entstand im Hafen ein Feuer, welches auch das Polstermaterial ergriff. Doch die Feuerwehr von Algier war wachsam und rückte mit Waffen und Löschgeräten an. Sie ging zum Angriff über, um andere auf dem Kai lagernde Waren zu retten. Karbid ist aber ein explosiver Körper, da war guter Rat teuer. Nach kurzem Bedenken trug die Tapferkeit den Sieg davon. Das Karbid mußte kampfunfähig gemacht werden. Mit Spieß und Schießgewehr brachte man dem Feind zahlreiche und wie man hoffte, tödliche Wunden bei. Nun konnte man den löschenden Wasserstrahl auf den Feuerherd richten. Je höher die Flammen zum Himmel emporloderten, um so kräftiger ergossen sich die Fluten des Wassers über das unselige Produkt. Lang dauerte es nachher, bevor man die tapferen Feuerwehrleute überzeugen konnte, daß die Feuersbrunst harmloser verlaufen wäre, wenn sie das Karbid nicht vorher getötet hätten.«

Der Umgang mit Carbid und Acetylen ist nicht ungefährlich. Werden jedoch alle Sicherheitsvorkehrungen eingehalten, ist das Risiko gering. In den Anfangszeiten der Autogentechnik verursachten mangelhaft ausgeführte Acetylenentwickler oder ihre unsachgemäße Bedienung häufig Explosionen, bei denen auch mehrere Todesopfer zu beklagen waren. In zwei Fällen wollten sich die Schweißer mit einem brennenden Streichholz davon überzeugen, ob sich nach dem Reinigen des Entwicklers noch Carbidreste im Inneren befanden. Schweißerfunken sind unentbehrliche Helfer für die Menschen geworden – wenn der Mensch sie richtig handhabt.

Zeittafel

1855 Erste Bauvorschriften für eiserne Schiffe durch *Lloyd*

1864 *H. C. Sorby* untersucht geätzte Metallschliffe unter dem Mikroskop und fotografiert sie

1865 Der Amerikaner *S. van Syckle* baut eine 7 km lange Rohrleitung von seiner Ölquelle zur Raffinerie und begründet damit das weitgespannte Pipelinenetz

1867 *A. Wöhler* führt nach langjährigen Untersuchungen die Dauerfestigkeit in die Berechnung ein

1889 Bau der 2 466 m langen Eisenbahnbrücke über den Firth of Forth mit 521 m größter Stützweite aus Flußstahl

1892 *Slawjanow* veröffentlicht in Petersburg sein Standardwerk »Elektrisches Gießen – Handbuch für dessen Einführung und Anwendung«; »Die elektrische Schweißung und Löthung« von *E. de Fodor* erscheint

1894 Letzte Brücken aus Schweißeisen in Deutschland

1897 29. 8. Gründung des »Calciumcarbid- und Acetylengasvereins« in Frankfurt (Main); 18. 10. Gründung des »Deutschen Vereins für Acetylen und Carbid« in Berlin

1898 27. 11. Vereinigung der beiden Vereine zum »Deutschen Acetylenverein« in Berlin

1904 Schweißen von Fahrradrahmen; *J. H. Vogel* veröffentlicht das »Handbuch für Carbid und Acetylen«

1905 Schweißen im Automobilbau

1906 Erste Reparaturschweißung am Dampfkessel eines schwedischen Schiffes in Genua; Hartlöten unter Schutzgas in einem Forschungslaboratorium der General Electric durch Zufall entdeckt; erster Autogen-Lehrgang in München-Pasing (*Th. Kautny*)

1907 *Schoop* erhält Patent auf oxidlösendes Flußmittel zum Schweißen von Aluminium

1908 *Kautny* veröffentlicht das »Handbuch der autogenen Metallbearbeitung«; metallographische Untersuchungen an Schweißproben; »Autogene Metallbearbeitung« – erste schweißtechnische Zeitschrift der Welt

1909 Schweißtechnische Fachzeitschriften »Revue de Soudure Autogène« und »Canadian welder fabricator« gegründet; Gründung des »Verbandes der autogenen Metallverarbeitung« durch *Kautny*; Eröffnung der ersten Lehrwerkstätte für autogene Metallverarbeitung in Köln; das Staatliche Technikum Hamburg und das Thüringische Technikum Ilmenau nehmen praktischen und theoretischen Unterricht für das Autogenschweißen auf

1911 Eine 4,5 km lange Rohrleitung für Wasserstoff verbindet die Chemische Fabrik Griesheim-Elektron mit dem Frankfurter (M) Luftschiffhafen

1912 Von den rumänischen Erdölfeldern Moreni und Campina wird eine 400 km lange autogengeschweißte Rohrleitung zum Hafen in Konstanza verlegt;
Einführung des Fließbandes in die Produktion durch *H. Ford*;
C. Canzler wendet Autogenschweißen für Kupfer an;

1913 *F. Klatte* gewinnt im Labor erstmals Plaste (PVC)

1915 12,5 m langer Arbeitskahn in USA geschweißt (teilweise noch genietet)

1916 Anwendung der Röntgenprüfung für Schweißnähte

1917 40 m langer geschweißter Kanalprahm in England

1919 *Roberts* benutzt Stickstoff als Schutzgas beim Lichtbogenschweißen;
Gründung der »Amerikanischen Schweißergesellschaft«

1920 Bau einer 40 km langen geschweißten Gasfernleitung bei Leipzig;
eine Werkhalle von 12 m × 18 m Grundfläche wird in New York als Schweißkonstruktion errichtet

1921 Vollständig geschweißtes Versuchsschiff der ESAB (Schweden)

1922 Festigkeitsuntersuchungen an geschweißten Gitterkonstruktionen durch *Neese* von der Gutehoffnungshütte in Sterkrade;
Firma Kjellberg in Finsterwalde/Niederlausitz nimmt mit 30 Beschäftigten den Betrieb auf

1923 *P. Flamm* erkennt den tropfenförmigen Übergang beim Lichtbogenschweißen;
A. Hilpert übernimmt erste Professur für Schweißtechnik an der Technischen Hochschule Charlottenburg;
das Braunschweiger Polytechnikum verleiht *M. U. Schoop* den Titel Dr.-Ing. h. c. für seine Verdienste auf dem Gebiet des Metallspritzens;
erste vollständig geschweißte Kupfer-Feuerbüchse der Reichsbahn

1924 Wechselstromschweißung

1925 E. *Thomson* und *P. P. Alexander* entwickeln das Alexanderverfahren, bei dem der Lichtbogen durch die Methanolgasflamme umhüllt wird;
erstmalig wird der Gedanke geäußert, die induktive Erwärmung auch auf metallurgische und metallverbindende Prozesse auszudehnen; die praktische Anwendung zum HF-Löten erfolgt erst etwa 10 Jahre später;
Gründung des Fachausschusses Schweißtechnik im Verein Deutscher Ingenieure durch *Kautny*;
Nachrechts-Schweißung (*Keel, Richter*);
Frama-Verfahren (Gleichdruckbrenner);
Arcatomschweißen durch *I. Langmuir*;
F. Leitner (Böhler-Österreich) entwickelt die Seelenelektrode

1926 AEG Berlin erhält Patent für eine »Einrichtung zum Lichtbogenschweißen unter Schutzgas«;
Lichtbogenschweißung des 5stöckigen Westinghouse-Gebäudes (790 t Stahlgewicht);

Alexander verwendet Kohlendioxid als Schutzgas beim Lichtbogenschweißen mit Nacktdraht, erhält aber stark versprödete Schweißnähte;
»Geburtsjahr« geschweißter Stahlhochbauten

1927 Gründung der Schweißtechnischen Lehr- und Versuchsanstalt Berlin

1928 Gründung der Schweißtechnischen Lehr- und Versuchsanstalt Duisburg;
Hilpert und *Thun* filmen den Tropfenübergang beim Lichtbogenschweißen mit Zeitlupenaufnahmen;
gepreßte Mantelelektroden;
Prof. Keel aus Basel führt auf der Hauptversammlung des Deutschen Acetylenvereins in Eisenach das »magnetische Prüfverfahren« an Schweißnähten vor;
erste Autogen-Lehrschweißerprüfung an der Schweißtechnischen Lehr- und Versuchsanstalt Berlin

1929 *E. O. Paton* gründet im Auftrag der Akademie der Wissenschaften der UdSSR ein schweißtechnisches Labor in Kiew; der sowjetische Schweißfachmann *D. A. Dultschewski* erhält Patent für das Lichtbogenschweißen unter einer Schicht pulverartiger Stoffe;
erste geschweißte Straßenbrücke in Deutschland, 15 m Spannweite;
erste geschweißte Fachwerkbrücke Europas bei Łowiçz in der Nähe von Warschau, 27 m Spannweite;
Entwurf der ersten Richtlinie zur Ausführung geschweißter Hochbauten;
erste geschweißte Eisenbahnbrücke in Deutschland, 10 m Spannweite;
Gründung des »Werbeausschusses für Elektroschweißung«

1930 »Elektroschweißung« als erste deutsche Fachzeitschrift für das Gebiet der elektrischen Schweißverfahren gegründet;
Lehrberuf »Schmelzschweißer« mit dreijähriger Lehrzeit;
Gründung der mitteldeutschen Schweißtechnischen Lehr- und Versuchsanstalt in Halle (Saale);
Rahmen, Fahrwerke und Aufbau einer elektrischen Lokomotive in geschweißter Ausführung;
I. C. Fritz verbessert den Leistungsfaktor von Schweißtrafos durch Parallelschalten mit Kondensatoren;
Arcogen-Verfahren (Kombiniertes Autogen-Elektro-Schweißverfahren)

1931 Lindeweld-Schweißverfahren;
Erlaß von Vorschriften, die eine uneingeschränkte Anwendung des Lichtbogenschweißens im Schiffbau erlauben;
erste geschweißte Personenwagen der Reichsbahn;
Verstärkung der 1872 aus Schweißeisen errichteten Elbbrücke Dömitz durch Lichtbogenschweißen (90 km Schweißnaht)

1932 Bau der Schlachthofbrücke Dresden;

1933 Der Littoriaturm auf der Mailänder Bauausstellung ist mit 109 m das höchste geschweißte Bauwerk der Welt

1934 Bau der 540 m langen Rügendammbrücke mit 57 m größter Stützweite in geschweißter Ausführung;
Zweiflammen-Handbrenner (Griesheim);
erste Kondensator-Impulsschweißmaschine durch *G. I. Rabat* (UdSSR);
größte Abbrennstumpfschweißmaschine für 25 000 mm^2 Stahlquerschnitt (Deutschland)

1935 Autobahnbrücke am Kaiserberg/Duisburg mit 103 m in geschweißter Ausführung;
Autobahnbrücke über den Lech bei Augsburg, 94 m Spannweite

1936 Die zur Union Carbid and Carbon Corporation (USA) gehörende Firma Linde patentiert ein Verfahren zum Lichtbogenschweißen unter einer Pulverschicht. Das Unionmeltverfahren wird in Europa als Ellira-Verfahren bekannt;
Rückschläge an geschweißten Brücken: Bahnhof Zoo Berlin, Autobahnbrücke Rüdersdorf (St52), Kaiserberg-Brücke/Duisburg

1937 Amerikanische Flugzeugwerke Northrop arbeiten das Argonarc- bzw. Heliarcverfahren aus, bei dem Argon bzw. Helium den Lichtbogen zwischen einer Wolframelektrode und dem Werkstück umhüllen. Im deutschen Sprachraum etwa 1946 als WIG-Verfahren übernommen

1938 Autogenes Preßschweißen durch *Knez*;
Einführung des UP-Schweißens in Deutschland;
Heißgasschweißen von PVC durch *A. Henning*;
Kaell-Verfahren

1939 Hafergut berichtet über das Elin-Hafergut-Verfahren

1940 Erster Aufsatz über Schweißen von thermoplastischen Werkstoffen in Zeitschrift »Autogene Metallbearbeitung«

1941 AGA-Tiefschweißung

1942 *Tannheim* erkennt, daß UP-Schweißung ein Lichtbogenschweißverfahren ist;
Elin-Mantelkettenautomat

1944 Einlegeschnellschweißverfahren (ESS-Verfahren)

1947 Gründung des Deutschen Verbandes für Schweißtechnik e.V. (DVS)

1948 Entwicklung des SIGMA-Verfahrens in den USA, bei dem der endlose Zusatzdraht unter Argonschutz im Lichtbogen abgeschmolzen wird. Im deutschen Sprachraum etwa 1950 als MIG-Verfahren übernommen;
Gründung des Internationalen Schweiß-Institutes in Brüssel (IIW)

1949 Gründung der Fachzeitschrift »Schweißen und Schneiden« (BRD)

1950 Gründung der Fachzeitschrift »Schweißtechnik« (DDR);
Humboldt-Meller-Verfahren;
K. H. Steigerwald entwickelt die erste Elektronenstrahlschweißanlage

1951 Kirchtürme bis zu 70 m Höhe als geschweißte Stahlhohlkörper

1951 Aufnahme des DVS in den IIW

1952 Gründung des Zentralinstitutes für Schweißtechnik der DDR in Halle (Saale) – ZIS

1956 I^2RT-Verfahren (USA); Unionarc-Schweißverfahren (USA)

1960 Plasmaschneiden von Aluminium

1965 Entwicklung der größten Abbrennstumpfschweißmaschine der Welt für 100 000 mm^2 Stahlquerschnitt (BRD)

1966 Fertigstellung der 5 300 km langen Erdöltrasse »Freundschaft« von Kuibyschew (UdSSR) zur DDR

1972 RAKOZ-Arbeitsstab des Koordinierungszentrums für Schweißtechnik im RGW gegründet

1973 Beitritt der DDR zum IIW

1974 Bisher stärkster Brennschnitt von 3,20 m dicken Stahlgußteilen durch Mitarbeiter des ZIS Halle (DDR)

1982 Vereinbarungen des DVS mit dem ZIS Halle (DDR) über die gegenseitige Anerkennung von Schweißern und Schweißaufsichtspersonen

1983 700 000. Schweißerpaß ZIS Halle übergibt

Schweißen in der kosmischen Ära

Vom Golem zum Roboter

Der Traum vom künstlichen Menschen ist uralt. Er geht auf die sagenhafte Gestalt des Golem in der jüdischen Mythologie zurück. Wer den Geheimkodex kannte, hatte die Macht, einen Golem aus Lehm zu formen und zu beleben. Dies soll im 16. Jahrhundert dem Hohen Rabbi Löw in Prag möglich gewesen sein. Er schuf einen Golem, der aber durch ein Versehen seines Herrn in Tobsucht verfiel, durch die Gassen Prags raste und alles zerschlug, was sich ihm in den Weg stellte.

Technische Geschöpfe, die im Dienste des Menschen Arbeit verrichten, regten zu allen Zeiten die Fantasie von Schriftstellern, Mechanikern und Forschern an. Bereits *Homer* beschrieb um 800 v. u. Z. künstliche Mägde, die sich Hephaistos, der Gott der Schmiede, gebaut hatte. Etwa 600 Jahre später gestaltete *Apollodores*, ein bedeutender griechischer Gelehrter, die tragische Geschichte eines mit übermenschlichen Kräften ausgestatteten künstlichen Wesens, das die Insel Kreta bewachte.

Der berühmte Mathematiker und Mechaniker des Altertums, *Heron von Alexandria* schrieb um 100 v. u. Z. mit seinen Werken »Pneumatica« und »Automatica« die ersten Handbücher der Automatisierung. Er ersann Antriebe, die mittels Luftdruck oder Schwerkraft Tempeltore öffneten, Weihwasser spendeten oder Figuren in einem Automatentheater bewegten. Diese Konstruktionen dienten nicht der Arbeitserleichterung, sondern dem Glauben an Wunder oder zur Belustigung.

Seit der Renaissance erlebte der Bau komplizierter Mechanismen neuen Aufschwung. Aus dieser Zeit stammen die Kunst- und Spieluhren, bei denen zu voller Stunde oder auf Knopfdruck Figuren kleine Handlungsabläufe darstellen, oft mit Musik untermalt. 1760 tauchte der erste Schreibautomat auf, bei dem der Text auf einer Walze mit Stiften vorprogrammiert war. Geschickte Mechaniker bauten Kunstfiguren, sogenannte Androiden, die erstaunlich viele Tätigkeiten ausüben konnten. Zu den viel bewunderten technischen Sensationen zählten das »schreibende Kind« und die automatische Orgelspielerin der Schweizer Uhrmacher und Androidenbauer *Pierre* und *Henri-Louis Jaquet-Droz*. Aufsehen erregte auch *Freiherr von Kempelen* mit seinem schachspielenden Türken, einer mechanischen lebensgroßen Puppe, die hinter einem Schachtisch saß und jeden Gegner besiegte, 1809 z. B. in Schönbrunn auch *Napoleon*. Es dauerte lange Zeit, bis das »denkende« Räderwerk als Betrug entlarvt und ein hinter Hebeln, Zahnrädern und Uhrwerk verborgener Mensch entdeckt wurde.

Aber nicht nur technische Spielereien, sondern auch die ersten automatischen Maschinen entstanden. So baute *P. Jaquet-Droz* einen Münzprägautomaten, und *Jacques de*

Vaucanson, ebenfalls ein berühmter Androidenbauer, entwickelte den ersten mechanischen Webstuhl, der über eine gelochte Rolle beliebige Muster anfertigen konnte. Ende des 19. Jahrhunderts zogen Automaten zur Herstellung oder Verpackung der vielfältigsten Erzeugnisse in die Industrie ein. Sie erleichterten jedoch unter den kapitalistischen Produktionsverhältnissen das Los der arbeitenden Menschen in keiner Weise.

Der Roboter »Rauchender Ritter« des Kanadiers G. Moore um 1900 wurde mit einer gasbeheizten Dampfmaschine angetrieben. Er konnte rauchen und mit erstaunlicher Geschwindigkeit laufen

In seinem Drama »Rossums Universal Robots« greift *Carel Capek* 1920 dieses Thema auf. Mechanische Gestalten – Roboter – ersetzen in großer Anzahl in den Fabriken ihre menschlichen Kollegen. In düsterer Zukunftsvision läßt *Capek* die Automaten zum Herrscher über die Menschen werden, bis sie ihre Schöpfer schließlich vernichten. In dieser Kritik der wenig humanen Entwicklung der Technik im Kapitalismus erscheint der Begriff »Roboter« zum ersten Mal. Er geht auf die Wurzel »rob« (a. d. Altbulgarischen; Sklave) und auf »robota« (a. d. Slawischen; Fronarbeit) zurück.

Nachdem sich die utopische Literatur in zahlreichen Romanen des »Roboters« bemächtigt hatte, begann man in den 20er Jahren mit der Realisierung des alten Wunschtraumes.

Die ersten Roboter, die als technische Attraktionen auf Ausstellungen gezeigt wurden, konnten sehen, hören, sprechen, sich bewegen oder sogar radfahren. Über Funksignale ferngesteuerte blecherne Monstren waren meist das Werk geschickter Bastler und hatten menschenähnliche Gestalt. Obwohl sie vielseitige Handlungen ausführten, konnten sie noch nicht als Partner im Arbeitsprozeß dienen.

1969 bot eine englische Firma erstmals den mannsgroßen Industrieroboter »Versatran« an. Die magnetbandgesteuerte Maschine war mit mehreren Greifhänden ausgerüstet und dazu bestimmt, dem Menschen monotone, schmutzige, heiße oder laute Arbeit abzunehmen. Im Unterschied zu Automaten, die diese Aufgaben auch übernehmen können, sind Roboter anpassungsfähig. Bei einem Wechsel der Arbeitsaufgabe können sie ihre Funktion oder den Bearbeitungsablauf nach dem Austausch eines vorgegebenen Programms ändern. Sie sind dadurch universell einsetzbar und für Serienfertigung mit häufig wechselndem Bauteilsortiment von Bedeutung. Zur Industrierobotertechnik zählen aber auch festprogrammierte, prozeßspezifische Handhabegeräte für die Großserie.

Den »lernfähigen« Robotern wird einmal

»gezeigt«, was sie zu tun haben, und danach wiederholen sie diese Bewegung exakt und beliebig oft. Das Programmieren des technologischen Arbeitszyklus erfolgt dabei entweder durch das von Hand gesteuerte Abfahren mit dem Arbeitsorgan des Roboters (Greifer, Farbspritzpistole) unmittelbar am Objekt oder durch punktweises Eingeben der Koordinaten der Bewegungskurve in einen Speicher.

Die Industrieroboter fanden sofort Aufnahme in vielen Wirtschaftszweigen. Sprunghaft stieg ihre Anzahl. 1980 hatte Japan bereits über 20 000 im Einsatz. Sie arbeiten genauer, ausdauernder und zuverlässiger als Menschen, benötigen keinen Urlaub, keine Erholungspausen – und streiken nicht. Sie übernehmen körperlich schwere, gesundheitsgefährdende sowie monotone Arbeit und setzen Arbeitskräfte für qualifizierte Tätigkeiten frei.

Obwohl die Robotertechnik noch relativ jung ist, zeichnen sich schon Entwicklungsstufen ab. Die Roboter der 1. Generation können den Bewegungsablauf nur nach einem streng vorgegebenen Programm ausführen. Roboter der 2. Generation verfügen über Sensoren und Mikrorechner, die über aufgenommene Informationen den Prozeßverlauf selbst steuern können. Sie erkennen ihre Umwelt und passen sich den Abweichungen in Form, Lage, Masse und anderen Meßgrößen an. In der künftigen 3. Generation werden die Roboter eine beschränkte künstliche Intelligenz haben. Nach einer Analyse des Arbeitsprozesses sollen sie selbständig die effektivsten Verfahrensschritte auswählen können.

Eines der ersten Einsatzgebiete von Robotern war das Schweißen. An einem PKW sind mehrere tausend Punktschweißungen notwendig. Wenn auch Punktschweißautomaten in den Fließstraßen bereits eine Vielzahl der Arbeiten an den Karosserieteilen ausführten, blieb noch eine beträchtliche Zahl von Verbindungen der manuellen Tätigkeit mit der Punktschweißzange vorbehalten. Eine schwere, monotone Arbeit. Seit Beginn der 70er Jahre ersetzen immer mehr Punktschweißroboter ihre menschlichen Kollegen. Im Gegensatz zu den Vielpunktautomaten, bei denen jeder Schweißpunkt mit einem gesonderten Elektrodenpaar gesetzt werden muß, bewegt sich die Schweißzange des Roboters wie eine Geisterhand entlang der Bauteilkonturen und schweißt an den vorgesehenen Stellen zuverlässig die Verbindungen. Der Einsatz von Schweißrobotern führte besonders in der Automobilproduktion zu bedienerlosen Schweißstraßen, da die Roboter auch Einzelteile dem Magazin entnehmen und zur Schweißstation bringen. Alle zwei Minuten rollt im Automobilwerk Sachsenring Zwickau ein »Trabant« vom Montageband. Aus rund 4 000 Einzelteilen besteht der beliebte Kleinwagen. Über 4 200 Schweißpunkte müssen gesetzt und 22 m Schweißnaht gezogen werden. Auf der vollautomatischen Bodenschweißstraße wird das Fahrzeugunterteil aus 27 Einzelteilen mit 720 Schweißpunkten zusammengefügt. Schweißroboter sorgen dafür, daß der manuelle An-

Erster Schweißroboter. Fernbedienter Schweißautomat zum Schweißen von Rohren in Kernkraftwerken, 1960

teil der restlichen Schweißarbeiten auf ein Minimum reduziert werden konnte.

Industrieroboter eroberten auch bald das Gebiet des Lichtbogenschweißens. Nahtverlauf und die dazugehörigen Prozeßparameter (Stromstärke, Spannung, Schweißgeschwindigkeit, Drahtvorschubgeschwindigkeit) werden in die Steuerung eingespeichert. Der Schweißbrenner fährt dann an den Nahtkanten der Bauteile entlang und führt beliebig viele Schweißungen in gleichbleibender Qualität aus. Das erfordert allerdings eine gute, stets gleiche Nahtvorbereitung, die besonders bei großen Schweißteilen, z. B. Behältern, nicht immer oder nur mit einem hohen Kostenaufwand möglich ist. Deshalb lösen hier bereits Schweißroboter der 2. Generation das Problem. Sensoren erfassen alle Abweichungen im Nahtbereich und geben Signale an die Prozeßsteuerung, die Brennerabstand sowie entsprechende Parameter korrigiert.

Die Bewegungsabläufe beim Schweißen können mit Gelenkarmrobotern ausgeführt werden oder von Robotern, die linear im kartesischen Koordinatensystem jeden Raumpunkt erreichen. Beide Varianten haben Vor- und Nachteile. Die lineare Ausführung ermöglicht eine kostengünstige Fertigung aus dem Baukasten. Jeder Anwender kann damit einen Schweißroboter für seine speziellen Belange zusammenbauen. Diesen Weg beschritt das Zentralinstitut für Schweißtechnik in Halle, dessen System von Baueinheiten inzwischen internationale Anerkennung gefunden hat. Viele Betriebe nutzten diese Vorteile und setzten die Roboter aus dem Baukasten zum Schweißen, Löten und Brennschneiden ein.

Aus Baueinheiten aufgebauter moderner Schweiß- und Lötroboter

Lange bevor der erste aus serienmäßig hergestellten Baueinheiten gefertigte Schweißroboter seinen Weg aus dem halleschen Schweißinstitut in das Zwickauer Automobilwerk antrat, hatte in Halle 1960 der erste Schweißroboter der Welt das »Laufen« und Schweißen erlernt. Für das Arbeiten in radioaktiven Räumen von Kernkraftwerken bestimmt, konnte er Schweißungen in allen Lagen ausführen.

»Blitze« im All

Präzise zündeten die Triebwerke; donnernd erhob sich das Raumschiff »Sojus 6« von der Startrampe und entschwand am 11. Oktober 1969 mit einem Feuerschweif im grauen Morgenhimmel. In kurzer Zeit erreichte das Raumschiff seine vorgesehene Umlaufbahn in etwa 200 km Höhe. Nach den aufregenden Minuten des Starts und der Anpassung an die Schwerelosigkeit begann für die beiden sowjetischen Kosmonauten Valeri Nikolajewitsch Kubassow und Georgi Stepanowitsch Schonin der mit wissenschaftlichen Experimenten ausgefüllte kosmische Alltag.

Neben medizinischen Untersuchungen, astrophysikalischen Studien sowie Erderkundungen während des fünftägigen Fluges standen erstmals unter Weltraumbedingungen Schweißversuche auf dem Programm, die für den Aufbau von Orbitalstationen große Bedeutung haben. Wegen ihrer Ausmaße müssen die einzelnen Sektionen im Kosmos verbunden werden. Zwar gibt es hierfür bereits mechanische Methoden, doch die Forderung nach einer hermetischen Verbindung kann die Schweißtechnik besonders günstig lösen.

Orbitalstationen sind für eine weitere Erschließung des Weltalls, für Forschungsarbeiten größerer Dimensionen und künftige Produktionen im Weltraum nach Meinung von Raumfahrtexperten das erklärte Fernziel der Kosmosforschung. Sie ermöglichen technologische Experimente und die Verarbeitung von Werkstoffen unter Bedingungen, die auf der Erde nicht erreicht werden können. Der Kosmos ist ein einzigartiges, gigantisches Laboratorium; mittels der ungestört einfallenden Sonnenenergie können Metalle geschmolzen und im natürlichen Vakuum entgast werden. Die dort herrschende Kälte mit Temperaturen nahe dem absoluten Nullpunkt ist ideal für die Erprobung supraleitfähiger Legierungen. Die Schwerelosigkeit ermöglicht die Herstellung eines leichten, schaumartigen Stahls hoher Festigkeit sowie die Mischung von geschmolzenen Metallen, die sich auf der Erde immer wieder trennen. Unter schwerelosen Bedingungen können Stoffe höchster Reinheit erschmolzen und Kristalle ungeahnter Größe gezüchtet werden. Gestützt auf die erfolgreichen Experimente der sowjetischen und amerikanischen Raumstationen »Salut« bzw. »Skylab« sagen Wissenschaftler voraus, daß im Jahre 2000 mehr als 300 000 kg elektronische Kristalle von höchster Reinheit im Weltraum hergestellt werden.

Auch für das Schweißen bietet der Kosmos ideale Voraussetzungen. Das Vakuum schützt das Schmelzbad vor dem Zutritt von Gasen; ohne Gravitationskräfte wird die Bildung von Schweißnähten hoher Güte begünstigt. Zunächst war das Schweißen im Weltraum besonders für die Metalle interessant, die beim Bau von Raumschiffen eingesetzt werden. Hitzebeständige, hochfeste oder extrem leichte Werkstoffe, wie Chrom-Nikkel-Stähle, Titan- und Aluminiumlegierungen, werden in der irdischen Praxis mit dem Plasmalichtbogen oder dem Elektronenstrahl geschweißt. Aufgabe der Besatzung von »Sojus 6« war es, die auf der Erde bewährten Schweißverfahren unter kosmischen Bedingungen zu erproben.

Ein kompliziertes technisches Problem bestand darin, das Elektronenstrahlgerät sehr klein zu halten. Den sowjetischen Wissenschaftlern des Instituts für Elektroschweißen »E. O. Paton« in Kiew gelang es, ein nur 50 kg schweres Elektronenstrahlschweißgerät zu entwickeln. Es enthielt eine Akkumulatorenbatterie als Energiequelle. Die Spezialanlage trug den Namen »Vulkan«, womit der Begründer des Lichtbogenschweißens, *N. N. Benardos* geehrt werden sollte, der sein Verfahren »Hephaistos« nannte.

Das Schweißen erfolgte im Raumschiff. Dazu wurde eine Sektion von »Sojus 6« gelüftet, so daß die Versuche unter Weltraumatmosphäre stattfanden. Die Kosmonauten bedienten das automatische Schweißgerät unter normalen Bedingungen in einer anderen Sektion. Nach Beendigung der Versuche wurden im gesamten Komplex wieder normale Bedingungen hergestellt und die Schweißproben in einem anderen Teil des Raumschiffes untergebracht. Anschließend wurde die Sektion, in der die Schweißversuche stattfanden, vom Raumschiff abgetrennt. Sie verglühte beim Eindringen in die tieferen Schichten der Atmosphäre.

Zu den Versuchen mit dem Elektronenstrahl- und Plasmaschweißen kam noch das Lichtbogenschweißen mit abschmelzender Elektrode. Dabei stellte sich heraus, daß jede Zündwirkung beim Schweißen einen Rückstoß erzeugt.

Vor den Weltraumexperimenten hatten Erprobungen im Schweißlabor eines Flugzeugs stattgefunden. Nach der Landung von »Sojus 6« erfolgte die Auswertung. Das Ergebnis bestätigte alle Hypothesen; sämtliche Schweißproben waren fehlerfrei. Die Struktur des Nahtgefüges hatte sich gleichmäßiger ausgebildet, da der Einfluß der Schwerkraft fehlte.

Zur Auswertung gehörte auch ein Film, den *Georgi Schonin* von seinem Partner *Valeri Kubassow* gedreht hatte, als er Handschweißoperationen imitierte. Meteoriteneinschläge können Schäden an Orbitalstationen hervorrufen, für deren schnelle und zuverlässige Ausbesserung nur das Handschweißen in Frage kommt. Die Untersuchungen sollten Aufschluß darüber geben, inwieweit dies unter den Bedingungen der Schwerelosigkeit möglich ist. Vorstellungen darüber existieren, und an ihrer praktischen Verwirklichung wird gearbeitet. Somit ist der Zeitpunkt nicht mehr fern, an dem der Mensch im Kosmos frei schwebend künstliche »Himmelskörper« montieren wird. Es wird dann eine neue Kategorie von »Blitzen« im All aufleuchten, die davon künden, daß die Schweißtechnik auch im Weltraum zu Hause ist.

Die erfolgreichen Schweißversuche der sowjetischen Kosmonauten wurden 1973 durch Experimente an Bord der amerikanischen Raumstation »Skylab« bestätigt. Hierbei wurde der Elektronenstrahler in einer Arbeitskammer während der Schweißversuche nach außen verlagert, um das Vakuum des kosmischen Raumes zum Schweißen zu nutzen. Gute Ergebnisse zeigten auch die durchgeführten Lötversuche an Rohrverbindungen aus rostfreiem Stahl und Nickel. Da die Schwerkraft fehlt und das Löten auf der Kapillarwirkung beruht, lassen sich im Kosmos breitere Lötspalte ausfüllen. Die in der Raumstation gelöteten Verbindungen waren den auf der Erde hergestellten Vergleichsproben weit überlegen.

Die Lötstellen wurden durch eine exotherme chemische Reaktion erhitzt. Dieses Verfahren ist für künftige Fügearbeiten in Raumstationen sehr vorteilhaft, da keine Elektroenergie aus dem Bordsystem benötigt wird. Zum Schweißen sind leistungsstarke Energiequellen erforderlich. Die Besatzung von »Skylab« führte eine 20 kg schwere Hochleistungsbatterie mit, die 100 A bei 28 V erzeugen kann. Nach einer Transformation auf 20 kV und 100 μA konnte damit zehn Minuten lang elektronenstrahlgeschweißt

Als erste Frau in der Geschichte der Raumfahrt führte die sowjetische Kosmonautin Swetlana Sawizkaja am 25. 7. 1984 Schweißarbeiten mit einem Elektronenstrahl-Schweißgerät im freien Weltraum durch

werden. Für künftige Schweißarbeiten an Raumstationen müssen jedoch Energiequellen mit größerer Kapazität verfügbar sein.

Durch eine effektive Temperatur von etwa 5 500 °C an der Oberfläche stellt die Sonne eine unerschöpfliche Energiequelle dar. Mit Solarzellen versucht man auf der Erde und im Kosmos, diese kostenlose Energie technisch zu nutzen. Die Sonnenstrahlen, mit einer Sammellinse oder einem Parabolspiegel in einem Brennpunkt gebündelt, können hohe Temperaturen erzeugen. Da im Kosmos weder Wolken noch Luftatmosphäre die Strahlung behindern, bietet sich die Sonnenenergie zum Schweißen und Löten als nahezu ideale Lösung an.

Schweißversuche mit Sonnenstrahlen wurden in der Sowjetunion schon erfolgreich durchgeführt. Ein Parabolspiegel mit 2 m Durchmesser erzeugte im Brennpunkt eine Temperatur von 3 200 °C. Dort befand sich eine mit Quarzglas bedeckte Vakuumkammer. Die Schweißproben aus rostfreiem Stahl und Titan drehten sich in der Vakuumkammer langsam unter einem Blendenloch. Es entstanden spiegelglatte Schweißnähte. Auch Lötversuche wurden auf diese Weise mit guten Ergebnissen durchgeführt. Da die idealen Bedingungen im Kosmos kleinere Spiegel erlauben, ist im Weltraum ein Schweißen mit Sonnenenergie denkbar.

Die Weltraum- und Raketentechnik stellen höchste Anforderungen an Werkstoffe und Schweißverbindungen. In den Brennkammern der Triebwerke herrschen Temperaturen von mehr als 3 000 °C. 15 000 kg flüssiger Treibstoff verbrennen je Sekunde beim Start und verleihen den Flugkörpern die erforderliche Schubkraft. Auch beim Eintauchen in die dichtere Erdatmosphäre kommt es zu einer enormen Beanspruchung. Die hochhitzebeständigen und superfesten Legierungen werden durch Metall-Inertgas-, Wolfram-Inertgas- oder Elektronenstrahlschweißen verbunden. Höchste Präzision ermöglicht auch das Vakuumlöten. Einige tausend Verbindungen zwischen den Leitblechen und den Brennkammern sowie den Kühlsystemen eines Strahltriebwerkes werden gleichzeitig in einer Vakuumkammer bei 10^{-4} Torr (etwa 0,013 Pa) durch berührungslose Strahlungswärme hochtemperaturgelötet.

Die Erkenntnisse und Erfahrungen, die aus den für das Schweißen sowie Löten von Raketenwerkstoffen entwickelten Technologien und Verfahren gewonnen wurden, werden heute auf allen Gebieten der Technik genutzt. So erreicht die Kosmosforschung gegenwärtig bereits einen mehrfachen Gewinn im Vergleich zu den gewiß nicht geringen Ausgaben. Auf eine Million Rubel je Tag bezifferte der Chef des sowjetischen Kosmonautenkorps, Generalleutnant Dr. *W. Schatalow*, den volkswirtschaftlichen Nutzen einer bemannten Orbitalstation. Auch im Kosmos spielt die Schweißtechnik eine wichtige Rolle.

Schweißen – gestern, heute und morgen

Im Zentrum Moskaus befindet sich schon seit mehr als 100 Jahren das Gebäude des Polytechnischen Museums, des größten populärwissenschaftlichen Bildungszentrums des Landes. In einem der zahlreichen Säle steht ein bescheidenes Gerät, das unter den Tausenden von Exponaten leicht übersehen werden kann. Es ist der von Slawjanow gebaute Elektroschweißapparat mit automatischer Regulierung der Lichtbogenlänge. Mit diesem begann 1891 die Mechanisierung der Schweißtechnik. Nach mühsamen Anfangsschritten steigerte sich das Entwicklungstempo allmählich, bis es gegenwärtig wahrhaft kosmische Geschwindigkeit angenommen hat. Dabei verdrängten immer neuere Ausführungen die bis dahin gebräuchlichen Anlagen und Maschinen so rasch, daß nur noch wenige Zeugen der schweißtechnischen Vergangenheit erhalten blieben. Selbst die ersten Geräte der in jüngster Zeit zur Reife entwickelten Hochleistungsschweißverfahren sind schon aus den Werkhallen verbannt und auf dem Schrottplatz gelandet. Wo kann man heute noch eine alte, wassergekühlte CO_2-Schweißpistole oder eines der unhandlichen Hohlkabelgeräte aus den Anfängen des UP-Schweißens finden? Doch gerade diese Geräte trugen zum großen Fortschritt in der Schweißtechnik bei.

Das Zentralinstitut für Schweißtechnik in Halle hat sich die Aufgabe gestellt, neben der Erforschung des Neuen auch das Alte zu bewahren. Durch den Aufbau einer technischen Sammlung will es den weiten Weg von *Slawjanows* Schweißapparat zum sensorgesteuerten Schweißroboter mit einigen erhalten gebliebenen Exemplaren alter Schweißtechnik dokumentieren. Längst hat sich aus dem Schweißen im Schmiedehandwerk ein selbständiges, wichtiges Verfahren der Metallbearbeitung herausgebildet. Es hat deshalb Anspruch auf seine geschichtliche Darstellung.

Prof. *Manfred Beckert* von der Technischen Hochschule Magdeburg schlug vor, die Entwicklung der Schweißtechnik zu einer Technikwissenschaft in zwei Vor- und zwei Hauptperioden zu gliedern:
Die erste Vorperiode umfaßt den Zeitraum vom Beginn der Metallzeit bis zur Renaissance. Gemeinsam mit ersten Erfahrungen beim Bearbeiten und Gewinnen von Metallen werden Kenntnisse über das stoffschlüssige Fügen von Metallen gesammelt. Löten und Kaltpreßschweißen an Gegenständen aus Gold, dem vermutlich ersten von Menschenhand bearbeiteten Metall, lassen sich in ver-

schiedenen Kulturkreisen und Zeitaltern nachweisen. Der Beginn der Eisenzeit ist auch gleichzeitig der Anfang des Feuerschweißens. Kleine, im Rennfeuer gewonnene Luppen wurden zu größerem Vormaterial verbunden, aus dem eiserne Schmuckgegenstände, Waffen und Arbeitsgeräte entstanden. Das Feuerschweißen gehörte zur Arbeitstechnik des Schmiedes. Über Jahrtausende blieben das Löten und Feuerschweißen die bedeutendsten stoffschlüssigen Verbindungsverfahren. Wichtigstes Merkmal war das Holzkohlefeuer als Energiequelle, zu dem die Fügeteile hinbewegt wurden. Als Werkzeuge dienten Hammer und Lötrohr. Geringe Bedeutung hatte auch das ebenfalls schon bekannte Gießschweißen zum Verbinden von Bronzegefäßen und Bleirohren sowie für Reparaturen an Gegenständen aus Buntmetallen.

Während man mit dem Feuerschweißen ausschließlich Eisen bzw. Stahl stoffschlüssig fügen konnte, kam das Kaltpreßschweißen, Löten oder Gießschweißen für das Verbinden von Edelmetallen, Kupfer, Messing, Bronze und Blei zum Einsatz. Dieser schweißtechnische Entwicklungsstand blieb auch in der sich unmittelbar anschließenden zweiten Vorperiode unverändert. Bis zur Mitte des 19. Jahrhunderts kamen weder neue Schweißverfahren noch weitere Metalle hinzu, die eine Veränderung ermöglichten bzw. erforderlich machten. Lediglich die Erfindung der Lötlampe war bedeutsam, denn dadurch konnte die Energie auf den ruhenden Arbeitsgegenstand übertragen werden. Wenn auch kein unmittelbarer Fortschritt in dieser Vorperiode auf schweißtechnischem Gebiet zu erkennen ist, entstehen in ihr wesentliche Voraussetzungen für die weitere Entwicklung der Schweißtechnik.

Der steigende Eisenbedarf des entstehenden Manufakturkapitalismus führte zu neuen Verfahren der Eisenerzeugung. Die Wasserkraft wurde genutzt. Sie verstärkte auch den Arm des Schmiedes. Hervorragende Zeugnisse der Kunst des Feuerschweißens entstanden. Die Dampfmaschine leitete das Industriezeitalter ein, und moderne, auf Experimenten beruhende Naturwissenschaften brachten neue Erkenntnisse, die bewußt im Produktionsprozeß angewandt wurden.

Mit der um 1838 von *Desbassayns de Richemont* erfundenen Einrichtung zum autogenen Schweißen niedrigschmelzender Metalle begann die »klassische« Hauptperiode der Schweißtechnik. Die stürmische Entwicklung der Elektrotechnik und die Verfahren zur Massenerzeugung von Stahl und Eisen prägten das Bild dieser Epoche. Sie beschleunigten das Wachsen der industriellen Großproduktion. Erzeugnisse aus Stahl und Eisen veränderten sich in großem Maße sowohl qualitativ als auch quantitativ. Das traditionelle, an die Schmiedewerkstatt gebundene Feuerschweißen konnte weder den Stahlträgern auf die Baustellen folgen noch den Anforderungen einer Massenfertigung gerecht werden.

Durch die Fortschritte in den Naturwissenschaften entdeckte man neue physikalische und chemische Wirkprinzipien, die auch für das Schweißen genutzt werden konnten. Innerhalb eines halben Jahrhunderts wurden die klassischen Methoden zur Übertragung der Wirkenergie auf den Werkstoff erfunden, die zu den konventionellen Schweißverfahren führten, wie sie im wesentlichen noch heute angewendet werden. Typisch für diese Erfindungen sind ihr empirischer und zufälliger Charakter, obwohl sie objektiv notwendig waren, denn das gesellschaftliche Bedürfnis sowie die materiellen Voraussetzungen waren vorhanden. Das Autogenschweißen, das Schweißen mit dem Lichtbogen, das elektrische Widerstandsschweißen sowie das aluminothermische Schweißen bildeten nun neben dem Feuerschweißen das Grundgerüst der Schweißtechnik. Den neuen Verfahren ist gemeinsam, daß sie nicht sofort zu tiefgreifenden Veränderungen in der Fügetechnik führten, sondern sich langsam entwickelten.

Dagegen fand das um 1880 erfundene Wassergasschweißen sehr schnell Eingang in die Industrie, da es im Prinzip ein Feuerschweißen ist, wofür Erfahrungen aus Jahrtausenden vorlagen. Mit den genannten Erfindungen kann man die erste Hauptperiode Ende des 19. Jahrhunderts als abgeschlossen betrachten. In ihr entwickelte sich die Schweißtechnik zur Technikwissenschaft.

In der seit der Jahrhundertwende andauernden zweiten Hauptperiode haben sich der Wandel der Schweißtechnik zum dominierenden Fügeverfahren und die Entwicklung zu einem der wichtigsten Metallbearbeitungsverfahren vollzogen. In der ersten Etappe trugen geräte- und verfahrenstechnische Entwicklungen sowie die Ausbildung schweißtechnischer Fachleute zur Konsolidierung bei. Die Anwendung von Prüfmethoden und die Erarbeitung von Konstruktionsrichtlinien erweiterten den Einsatz des Schweißens auf alle Gebiete der metallverarbeitenden Industrie.

Der dringende Bedarf an Schweißkonstruktionen förderte die Einführung der hochleistungsfähigen Schutzgas- und UP-Schweißverfahren in der zweiten Etappe, die Mitte der 50er Jahre begann. Gleichzeitig verstärkten sich die Bestrebungen, den Schweißprozeß weiter zu vervollkommnen. Gegenwärtig befinden wir uns in der Phase einer weitgehenden Automatisierung der Verfahren mit Hilfe der Mikroelektronik, wie es der Einsatz sensorgesteuerter Schweißroboter nachdrücklich zeigt. Weiterhin konzentriert sich die Forschung mit systematischen Untersuchungen auf den Einsatz neuer, bis dahin für diesen Zweck noch nicht genutzter Energiequellen und physikalischer Effekte für das Schweißen.

Mit den neuesten, aus wissenschaftlichen Erkenntnissen entwickelten Schweißverfahren setzt sich der Trend zur Steigerung der Energiedichte an der Wirkstelle fort. Dabei verringern sich der spezifische Energieaufwand und die Bearbeitungszeit wesentlich. Doch die modernen Verfahren stellen erhöhte Anforderungen an die Vorbereitung des Werkstücks, die zu einem Überdenken des gesamten Fertigungsprozesses zwingen.

Hier knüpfen auch die Aufgaben für die zukünftige schweißtechnische Entwicklung an. Es werden wohl kaum spektakuläre Veränderungen auf diesem Gebiet zu erwarten sein. Der eingeschlagene Entwicklungsweg kann nur durch wissenschaftliche Untersuchung aller am schweißtechnischen Gesamtprozeß beteiligten Faktoren erfolgreich weiter beschritten werden. Nur eine allseitige Intensivierung kann das hohe Entwicklungstempo wahren, die Produktion erweitern und den volkswirtschaftlichen Bedarf absichern.

Stahl ist für die gesamte metallverarbeitende Industrie der wichtigste Werkstoff und wird es in der überschaubaren Zukunft auch bleiben. Allerdings wird das Wachstum der Stahlproduktion aus einer Reihe ökonomischer, ökologischer und sozialer Ursachen in der Perspektive eingeschränkt werden. Dafür kann die Hüttenindustrie neue Stahlsorten mit spürbar verbesserten Eigenschaften bereitstellen. Eine weitere Zunahme des Produktionsausstoßes im Maschinenbau und in der Metallverarbeitung läßt sich durch eine beträchtliche Senkung des spezifischen Metallverbrauches bei Schweißkonstruktionen gewährleisten.

Da, wie der deutsche »Dichteringenieur« *Max von Eyth* in einem seiner Werke schrieb, ». . . keiner weiß, wie einem Eisenträger ums Herz ist, kurz bevor er bricht«, lassen die klassischen Berechnungsverfahren noch einige Reserven in der Werkstoffausnutzung zu. Deshalb ist es Aufgabe der Festigkeitsforschung, die tatsächlich ertragbaren Spannungen in geschweißten Bauteilen durch neue Annahmen besser zu erfassen.

Im Arbeitsbereich des Konstrukteurs liegt es, die Werkstoffe beanspruchungsgerecht einzusetzen. Seine Verantwortung ist groß; er beeinflußt die Kosten des Erzeugnisses entscheidend. Neben einer sicheren Funktion bei gutem Design muß die Herstellung mit modernsten Technologien beachtet werden. Besonders die Fertigung durch automatische, hochleistungsfähige Schweißverfahren erfordert eine neue Qualität der konstruktiven und technologischen Vorbereitung. Mit einer traditionellen Arbeitsweise kann der Konstrukteur den Ansprüchen nicht mehr gerecht werden. Zwischen 1900 und 1965 stieg die Produktivität in der maschinentypischen Fertigung um 1 000 %, in der Konstruktion nur um 20 %. Künftig wird der Zeichencomputer im Dialog mit dem Konstrukteur die Einzelteile optimal berechnen, dimensionieren und auch zeichnen.

Bei der Wahl der günstigsten Fertigungsvariante wird auch der Technologe nicht mehr allein seiner Erfahrung vertrauen, sondern ebenfalls die Hilfe des Rechners in Anspruch nehmen. Das wird um so notwendiger, als die Palette der Schweißverfahren sich in Zukunft noch reichhaltiger gestaltet. Untersuchungen haben ergeben, daß es theoretisch weit über 10 000 Möglichkeiten gibt, physikalische und chemische Effekte zum Schweißen, Schneiden oder Löten verschiedener Werkstoffe einzusetzen. Der gegenwärtige technische Entwicklungsstand würde es erlauben, etwa 1 000 davon zu nutzen. Für ungefähr 100 Effekte sind bereits Schweißverfahren ausgereift. Doch nur etwa 10 von ihnen finden in der Industrie allseitige Anwendung. Hier hat die schweißtechnische Forschung noch einen großen Spielraum.

Mehr als eine halbe Million Kombinationsmöglichkeiten sind für Metalle und Metalllegierungen theoretisch denkbar. Ein großer Teil von ihnen scheidet zwar aus technischen Gründen aus, aber täglich werden neue Legierungen mit speziellen Eigenschaften in den Labors entwickelt und in der Industrie eingeführt. Oft lassen sich diese Werkstoffe mit den konventionellen Schweißverfahren nicht oder nur schwierig verbinden. Deshalb sind hierfür neue Verfahren notwendig. Einen idealen Prozeß kann man sich so vorstellen, daß die beiden zu verbindenden Teile bis auf die Größenordnung des Atomabstandes einander angenähert werden, so daß die atomaren Kräfte wirken und eine spontane Bindung eintritt. Die dazu erforderliche Oberflächengenauigkeit setzt Bearbeitungsverfahren voraus, die mit heutigen Mitteln noch nicht erreicht werden. So muß die notwendige Annäherung unter Einwirkung von Druck oder Wärme bzw. von beiden erfolgen. Um den Einfluß dieser beiden Faktoren, die zu einer makroskopischen Verformung und Änderung der Eigenschaften im Nahtbereich führen, sehr gering zu halten, aber auch aus energiesparsamen Gründen, haben Verfahren mit niedrigem Energieaufwand große Zukunftsaussichten.

Die folgende Etappe der schweißtechnischen Entwicklung wird vor allem durch die weitere Automatisierung der Schweißprozesse mit Hilfe der Mikroelektronik sowie der Robotertechnik gekennzeichnet sein. Zur Steuerung der Parameter notwendige Signale müssen vorwiegend aus dem Schweißprozeß selbst gewonnen werden. Selbstabtastende Systeme lösen dann auch das Problem des Schweißens kurzer unterbrochener Nähte, deren Anteil bereits jetzt sehr hoch ist und künftig durch die Minimierung der Bauteile noch steigen wird.

Die automatische Schweißfertigung ist im wesentlichen wieder an einen stationären Betrieb gebunden. Der entscheidende Vorteil, der den konventionellen Verfahren nach der Jahrhundertwende zum Durchbruch verhalf, war aber gerade die Fähigkeit, das Schweißen direkt am Werkstück, auf der Baustelle auszuführen. Deshalb muß die Automatisierung für das Schweißen großer Konstruktionen den Weg einschlagen, der das Fügen der Bauteile vor Ort erlaubt. Einmal ist gegenwärtig bei Montageschweißarbeiten noch ein geringer Mechanisierungsgrad zu verzeichnen, zum anderen wird beim Transport vorgefertigter Sektionen, Großrohre und Behälter zuviel »Luft«, d. h. toter Hohlraum befördert. Künftig werden die Rohre unmittelbar an der Baustelle in mobilen Stationen gerundet, geschweißt und zur Rohrleitung verbunden; vorgefertigte Schiffsteile mit automatisch arbeitenden Schweißgeräten direkt am Schiffskörper verschweißt, auch unter Wasser.

Die Verbesserung der Schweißzusatzwerkstoffe, die Entwicklung automatisierter Verfahren zur zerstörungsfreien Prüfung von Schweißnähten sowie die Erleichterung der körperlichen Arbeit der Schweißer sind weitere Aspekte, denen sich die schweißtechnische Forschung zu widmen hat. Letztlich ist die Ausbildung hochqualifizierter Fachkräfte nötig, um die komplizierten Systeme zu beherrschen und weiter zu entwickeln. Bei aller Technik wird immer der Mensch im Mittelpunkt und an der Spitze stehen. Von ihm wird es abhängen, ob die Schweißtechnik ihren progressiven Charakter beibehält, der das Wachstum der metallverarbeitenden Industrie und damit der gesamten Wirtschaft zum Wohl – wiederum der Menschen – in allen Ländern maßgeblich mitbestimmen wird.

Feuergeschweißte Gitter und Tore faszinieren seit Jahrhunderten den Betrachter; auch die jüngere Schmiedekunst zeigt beachtliche Leistungen

Zeittafel

1745 Selbsttätiger Musterwebstuhl (*J. de Vaucanson*)

1795 Automatische Getreidemühle (*T. Evans*)

1805 Verbesserter Musterwebstuhl (*J. M. Jacquard*)

1873 Automatische Revolverdrehbank (*Ch. M. Spencer*)

1890 Lochkartenmaschine (*H. Hollerith*)

1900 Der »rauchende Ritter« des Kanadiers *G. Moore* wird mit gasbeheizter Dampfmaschine betrieben und kann mit erstaunlicher Geschwindigkeit laufen

1904 Elektronenröhre (*J. A. Fleming*)

1923 Roboter für die Weltausstellung in Chicago

1927 Roboter »Televox« in Pittsburgh überwacht Wasserbehälter in einem Hochhaus und schaltet bei Bedarf Pumpen ein; kann telefonische Anfragen nach dem Wasserstand beantworten sowie Fenster und Türen öffnen

1932 Der »künstliche Mensch«, die Sensation der Londoner Funkausstellung, kann sehen, hören, sprechen und sich bewegen

1946 Elektronenrechner ENIAC (*Mauchly/Eckert*)

1948 Transistor (*J. Bardeen/W. H. Brattain/W. Shockley*) (USA)

1952 Numerische Steuerungen entwickelt

1960 Erster Schweißroboter zum Schweißen in Kernkraftwerken (ZIS Halle)

1961 12. April – erster bemannter Weltraumflug von *J. Gagarin* mit »Wostok« (UdSSR)

1969 Erster Industrieroboter »Versatran« einer englischen Firma, mehrere Greiferhände werden magnetbandgesteuert; 11. Oktober – Start des Raumschiffes »Sojus 6«; während des 5tägigen Fluges werden erstmals Schweißversuche unter Weltraumbedingungen durchgeführt

1971 Einsatz eines Computers zum Steuern von bis zu 100 Widerstandsschweißmaschinen durch Kontrolle der freien Leistung (Gleichzeitigkeitsfaktor) in Großbritannien

1973 An Bord des Raumschiffes »Skylab« (USA) werden während des 171tägigen Fluges Schweiß- und Lötversuche durchgeführt

1976 22. 6. – Start des Raumschiffes »Salut 5«; während des Fluges Lötversuche mit dem Lötapparat »Reaktion«

1983 29. 11. – Start der Raumfähre »Colombia« mit dem Weltraumlabor »Spacelab« an Bord; während des Fluges umfangreiche metallurgische Versuche

1984 Als erste Frau in der Geschichte der Raumfahrt führt die sowjetische Kosmonautin *Swetlana Sawizkaja* am 25. 7. 1984 von Bord des Orbitalkomplexes »Salut 7«/»Sojus T 12« das Elektronenstrahlschweißen und Lötversuche im freien Weltraum durch

Quellennachweis

Bücher

Allgemeine Geschichte der Technik – von den Anfängen bis 1870. – Leipzig: Fachbuchverl., 1981

Geschichte der Technik (Aus dem Russ.). – Leipzig: Fachbuchverl. 1967

Wer – Was – Wann? – Leipzig: Fachbuchverl., 1980

Beck, L.: Geschichte des Eisens. – Braunschweig: Verl. F. Viehweg u. Sohn, 1892 bis 1903

Beckert, M.: Eisen – Tatsachen und Legenden. – Leipzig: Dt. Verl. f. Grundstoffindustrie, 1981

Beckert, M.: Welt der Metalle. – Leipzig: Fachbuchverl., 1977

Benedek, I.: Vom Faustkeil zum Röntgenstrahl. – Berlin: Verl. Neues Leben, 1982

Conrad, W.: Erfinder – Erforscher – Entdecker. – Leipzig, Jena, Berlin: Urania-Verl., 1977

Flemming, D.; Sossenheimer, H.: Schweißen heute und morgen. – Düsseldorf: Dt. Verl. f. Schweißtechnik GmbH, 1972

Fodor, E. de: Die elektrische Schweissung und Löthung. – Wien; Pest; Leipzig: A. Hartlebens Verl., 1892 (Nachdruck: Düsseldorf: Dt. Verl. f. Schweißtechnik, 1980)

Hendrichs, F.: Der Weg aus der Tretmühle. – Düsseldorf: VDI-Verl. GmbH, 1966

Hoffmann, P.: Aus vier Jahrzehnten deutscher Autogentechnik. – Halle: Carl Marhold-Verl., 1942

Johannsen, O.: Geschichte des Eisens. – Düsseldorf: Verl. Stahleisen, 1953

Kautny, T.: Leitfaden für Acetylenschweißer. – Halle: Carl Marhold-Verl. 1914

Klemm, P.: Geschichten aus 100 000 Jahren Technik. – Berlin: Der Kinderbuchverl., 1963/1967

Manna, F.: Geschichte der Schweißtechnik (Stonia della Soldatura). – Neapel: Edizioni Scientifice italiane, 1979

Mesenin, N. A.: Erzählungen über Eisen. – Leipzig: Dt. Verl. f. Grundstoffindustrie, 1982

Sawitzkij, E.; Kijatschko, W.: Metalle der kosmischen Ära. – Leipzig: Dt. Verl. f. Grundstoffindustrie, 1982

Schaefer, W.; Roye, G.: Wunder des Lichtbogens. – Leipzig: Fachbuchverl., 1974

Strube, W.: Der historische Weg der Chemie. – Leipzig: Dt. Verl. f. Grundstoffindustrie, 1976/1981

Venetzkij, S. I.: Erzählungen über Metalle. – Leipzig: Dt. Verl. f. Grundstoffindustrie, 1976

Wolters, J.: Zur Geschichte der Löttechnik. – Frankfurt/M.: Degussa

Zeitschriften

Arcos Zeitschrift für Lichtbogenschweißung. – Aachen; ab 1929

Autogene Metallbearbeitung. – Halle: 1908 bis 1935

Dinglers Polytechnisches Journal. – Bd. 77 (1840); Bd. 156 (1859); Bd. 251 (1844), Stuttgart

Der Elektroschweißer. – Braunschweig; 1937

Die Elektroschweißung. – Braunschweig: 1930 bis 1938

Schweißen und Schneiden. – Düsseldorf: 1949 bis 1983
Schweißtechnik. – Berlin: 1950 bis 1983
Zeitschrift für Schweißtechnik. – Zürich: 1968 bis 1971
ZIS-Forschungsbericht F6–06. – ZIS Halle: 1957
ZIS-Mitteilungen. – Halle: 1959 bis 1983

Bildnachweis

ADN-Zentralbild, Berlin: 137, 167
Beckert, Magdeburg: 32 o, 54, 55, 75 r, 76, 82, 83, 84, 92 o, 117, 124, 132, 140, 149 r
Bernsdorf, Halle: 8, 31, 32 u, 40, 41, 44, 49, 50, 72, 73, 74, 75 l, 77, 81, 85, 88, 89, 93, 95, 96, 97, 101, 104, 105, 119 o, 120, 130 o, 141, 145, 162
Bildstelle Reichsbahndirektion, Halle: 79, 121
Degussa, Frankfurt/M: 15
Deutsche Fotothek, Dresden: 29, 35, 80
Deutsches Museum, München: 91
Edition, Leipzig: 68, 128
VEB Fachbuchverlag, Leipzig: 24
Giebel, Halle: 164
Karger – Decker, Berlin: 16
Karpinsky, Dresden: 30
Mager, Leipzig: 12, 18, 23, 25 u, 28, 36, 37, 38, 43, 45, 59, 64, 69, 70, 118, 142, 172
Nationale Forschungs- und Gedenkstätten in Weimar: Vorsatz
Roýe, Dresden: 25 o, 110, 130 u, 151
Schröter, Leipzig: 92 u
VEB Schweißtechnik, Finsterwalde: 119 u, 134, 146, 147, 149 l
Staatliches Heimat- und Schloßmuseum, Sondershausen: 63
Stieglitz, Halle: 150
Vereinigte Edelstahlwerke AG, Kapfenberg: 129
Zentrale Bildstelle der Deutschen Reichsbahn: 122
ZIS-Archiv, Halle: 148, 163

Namenverzeichnis

Sachwortverzeichnis